中学物理高质量
教学模式构建与创新

朱崇山　著

中国海洋大学出版社

·青岛·

图书在版编目（CIP）数据

中学物理高质量教学模式构建与创新/朱崇山著
.—青岛：中国海洋大学出版社，2023.5
ISBN 978-7-5670-3508-9

Ⅰ.①中… Ⅱ.①朱… Ⅲ.①中学物理课－教学研究
Ⅳ.①G633.72

中国国家版本馆 CIP 数据核字（2023）第 088100 号

中学物理高质量教学模式构建与创新

出版发行	中国海洋大学出版社	
社　　址	青岛市香港东路 23 号	**邮政编码**　266071
网　　址	http://pub.ouc.edu.cn	
订购电话	0532-82032573（传真）	
出 版 人	刘文菁	
责任编辑	韩玉堂	
电　　话	0532-85902349	**电子信箱**　369839221@qq.com
印　　制	日照报业印刷有限公司	
版　　次	2023 年 5 月第 1 版	
印　　次	2023 年 5 月第 1 次印刷	
成品尺寸	170 mm×240 mm	
印　　张	15	
字　　数	320 千	
印　　数	1—1 000	
定　　价	60.00 元	

发现印装质量问题，请致电 0633-8221365，由印刷厂负责调换。

把高质量定格在课堂

——代序言

  阳春三月，春风拂面，徜徉在古琅琊八景之一、有"泥沱月色"之称的双月湖畔，湖中菱荷孕绿育红，湖岸杏梨争艳，令人心旷神怡。2023 年临沂市高中教学会议在临沂第十八中学召开，学校规范的管理、科学的施教、优良的成绩，还有在高质量课堂教学模式上的艰辛探索，都给与会的领导和专家留下了深刻印象。以临沂第十八中学为代表的罗庄区高中教育，已成为临沂市高中教育的一张闪光的名片，在进军教育高质量发展的征程中书写了波澜壮阔的奋进之笔。会后，临沂第十八中学的朱崇山副校长把《中学物理高质量教学模式构建与创新》书稿送给我，让我提出一些修改建议，并希望我能给本书作序。

  捧书夜读，越发感受到崇山副校长在高质量教学模式探索之路上踔厉前行、笃行不怠的满腔热情，崇山副校长笔耕不辍，潜心研究，构建了极具推广价值的高质量教学模式。本书凝聚了崇山副校长深深的教育情结。

  司马迁在《史记·乐毅列传》中写到"善始者不必善终，善作者不必善成"，可崇山副校长却是做事善始又善终、善作且善成，有定力，耐寂寞，最终剑锋从磨砺，梅香自酷寒，终于有了这本《中学物理高质量教学模式构建与创新》。

  打开历史的长卷，传统课堂过于注重教师的作用，强调教师对课堂的掌控能力和对知识讲解的规范准确，而忽视了学生的主体作用和知识的自然生成。课堂无法成为启发学生的智慧场、学科素养的生成地，不能把学科知识上升为学科意识和学科见识，导致学生创新能力不足。

  为解决这一问题，崇山副校长提出教师角色的六个转变，即：由"权威者"向"平等者"转变；由"引领者"向"动力者"转变；由"信息源"向"信息台"转变；由"设问者"向"释疑者"转变；由"控制者"向"调控者"转变；由"讲解者"向"点拨者"转变。

  经过大量政策学习和理论研究，在充分实践的基础上，崇山副校长提出了"导学探练测"教学模式。该模式始于教师的"导"，指向教师引导下学生的"学"

"探""练""测"全链条课堂活动,终于让学生做到"我的课堂我为主"。

学生参与活动多了,对教师的要求也更高了,只有课前设计出高质量的导学案,才能统领好课中"学""探""练""测"等教学环节。这就需要个人先精心备课,同时加强集体备课,发挥团队力量,提高课堂含金量。

广泛占有、加工和筛选教学资源,是该教学模式成功的前提。教材是教学的依据,更是最通用、最基础、最重要的教学资源,教师只有过好教材关,才能有效整合教学资源,"先入格后出格",最终达到用教材教而不是教教材的效果。

操作层面上,本书每个观点后面都附有大量鲜活的教学案例,还有同课异构的课例以及比较和反思,这些必将给广大物理教育同行以启迪。为落实核心素养要求,本书还提供了大量的备考建议、培优建议等。崇山副校长从普通老师、班主任、年级主任走到学校分管教学的校长,始终坚持立德树人,牢记"为党育人、为国育才"的初心使命,部分章节后选用了一些针对学生的讲话稿。

当然,朱副校长构建的高质量教学模式尚有待做深入研究和完善之处,如各教学要素如何科学配置、系统整合,形成完整的体系。路漫漫其修远兮,吾将上下而求索。唯有如此,方能彰显出现代教育的无穷魅力。

2009年,时任教育部副部长陈小娅同志来临沂考察新课改推行情况后,深情地说:"新课改搅动了课堂教学的稳态,它使学校发生了悄无声息的本质的变化。"

我们惊喜地发现这种变化正在以临沂十八中为代表的沂蒙老区的许多学校上演着,它是一种课堂的嬗变,它把高质量教学牢牢定格在课堂。

一家之言,定有许多不当之处,望教育界同仁批评指正。并以之为序。

临沂市教育科学研究院高中物理教研员、

正高级教师,临沂大学兼职教授

冯连奎

2023 年 3 月 26 日

目录
CONTENTS

第一章

面向新时代 落实核心素养

——中学物理高质量教学模式策略研究

引 言

习近平总书记在党的二十大报告中指出,我们要坚持教育优先发展、科技自立自强、人才引领驱动,加快建设教育强国、科技强国、人才强国,坚持为党育人、为国育才,全面提高人才自主培养质量,着力造就拔尖创新人才,聚天下英才而用之。中国特色社会主义已进入了新时代,这是我国发展新的历史方位。实现中华民族伟大复兴,教育的地位和作用不可忽视。高等教育人才培养质量,人力资源强国的建立,决定着国家未来人才战略储备问题。新时代对高尖端人才的需要比以往任何时候都更加迫切,对科学知识和卓越人才的渴求比以往任何时候都更加强烈。因此,基础教育改革已经提升到国家战略层面。

面向新时代,为了对标全面建成社会主义现代化强国的新要求,落实立德树人根本任务,坚持促进公平、科学选才的根本方向,我国自 2017 年开始进行高考改革,紧紧围绕"立德树人、服务选才、引导教学"的核心功能,逐步建立了中国特色现代教育考试招生制度体系。新高考突出了对能力和素养的考查,全面提高了科学选才能力,助力实现国家人才强国战略,为社会主义现代化建设提供源源不断的人才支撑。高考的改革也倒逼基础教育进行改革,深入推进素质教育,充分发挥高考的育人功能和积极导向作用,坚持育人为本,使学生得到全面而有个性的发展,形成终身学习的意识和能力,促进学生健康成长成才。

本次基础教育改革要解决的根本问题还是教与学的问题,而教与学的问题核心是教与学的关系和职责问题,具体说就是解决怎么教与怎么学的问题。与之对应的教学质量的评价,就是解决教得怎么样与学得怎么样的问题。所以评价教学质量维度不再局限于外在的学生对知识技能的获得,还要评价内在的核心素养的提升。

前苏联教育专家赞科夫认为,通过教育让学生高质量地掌握任何一门学科知识和技能的同时,应该让学生拥有创造性、首创精神和独立性,包括勇敢和大胆想象的精神。要培养学生的独立性和首创精神,就必须提高学生的一般发展水平,就要在教学理论上打破传统的观念。这里所说的达到更高的发展水平,不仅指智力发展,而且指一般发展。他提出的"一般发展"指的是从心理学角度出发的、完整的、人的深刻全面发展,既包括智力因素,也包括非智力因素的整个身心的全面和谐发展。

基础教育的改革,需要我们从学生个人发展及未来社会对人才的要求的、新的视角下,构建与创新高质量的教学模式,让学生通过对物理学科的学习,逐步达成正确的价值观、必备品格和关键能力,培养学生的核心素养。

第一节　指导思想与基本理念

一、指导思想

以教育部《关于全面深化课程　改革落实立德树人根本任务的意见》和《普通高中物理课程标准(2020 年修订版)》为指导,坚持"以核心素养为本"的课堂教学核心理念,合理科学使用教材,转变教学方式,充分发展学生的潜能,提高教育教学质量,为党育人、为国育才。从实现"两个一百年"奋斗目标的历史高度出发,全面贯彻党的教育方针,落实立德树人根本任务。以《中国高考评价体系》为依托,自觉审视、深刻反思、勇于改革当前课堂教学的问题与不足,优化课堂教学结构与模式,促进学生有效学习,不断完善和提升课堂教学水平。着眼于学生的创新精神、实践能力和社会责任感的培养,不断深化教学改革,提升选人育人质量,助力发展素质教育。理性客观地认识和评价传统课堂教学的科学性和时代性,选择汲取、提升优化、有效融合传统课堂教学的精髓,使学生能够全面而有个性发展。探索构建"以核心素养为本"的高效课堂教学策略,提高课堂教学质量,培养学生的学科素养和终身学习能力。

二、基本理念

落实"以核心素养为本"的课堂教学核心理念,建立物理学科核心素养和物理学科核心内容之间的关系,逐步培养学生由低阶思维走向高阶思维,从浅层次学习走向深度学习,从短期学习走向终身学习。依据课程标准和新教材,将教学内容与核心素养相融合,结合情景素材,制定学习目标,设计学习活动,开展课堂教学,合理进行评价,使物理学科素养具象化,易实施,易改变,易评价。在课堂教学中以学生为本,做到因材施教,因生立标,因标择学,因学而教,学生因获得而愉悦。关注知识的生成,实施问题导学法,发现问题,提出问题,解决问题,应用解决其他问题。强化科学探究,实施教学互动、思维互动、心智互动、合作互动等互动探究,让课堂因生命律动而精彩。

(一)以核心素养为本——因材施教

教学有法,教无定法,课堂教学有其特定的内在规律。作为教师必须在课内完成落实国家课程标准和培养学生发展能力的任务,所以课堂教学要有章可循。但课堂教学不能一成不变,因人、因时、因事随时都在发生变化,所以,课堂应该是动态的,这样遵循教学内在的规律,针对预设进行的预案设计就非常具有必要性。因材施教是课堂教学最基本的原则,也是落实学科核心素养最根本的策略。

1. 因材施教的策略

学生层面:因性别、年龄、能力、性格、需要差异而施教。
学科层面:因概念、规律、探究、难易、课型差异而施教。
教师层面:因语言、性格、特长、性别、年龄差异而施教。

2. 因材施教的原则

以充分了解学情为基础,分析学生的认知特征和学习动机倾向;根据学生的风格特点,注重方法指导和激发学生的学习积极性;引领学生学习方式改变,培养学生的学习习惯和知识技能;融合学科素养与学科知识,既要符合学生认知规律,又要培养核心素养;以主题或任务为驱动,对学习内容重组整合、开发探究;以教师自身优势为主导,主动扬长避短,合理设计教学环节。

3. 因材施教的方法

注重基础、准确定位——了解和掌握受教育者的资质和家庭社会环境等因素,切实明确所学物理知识与学科素养间的关系。这是因材施教的基础。

兼顾差异、科学施教——在注重基础、准确定位的基础上有针对性地采取相应的教学方法与策略,使学生在获取知识的基础上得到素养提升与发展。这是因材施教的核心。

充分了解学生,从其家庭状况、学习习惯、性格特点等方面进行分析,找出优点,寻找不足。只有准确把握住了学生的特点,方能在教学中水到渠成。

根据智力差异、性别特点,结合《普通高中物理课程标准(2020年修订版)》

在整个高中物理课程设置中兼顾差异的特点;根据学生的认知能力和认知需要,学习同一内容时设置不同的要求。

针对学生的特点差异,结合教师自身优势,采取不同的方式方法,做到扬长避短,全力促进学生健康、和谐、全面、可持续发展,不断提高学生的思想水平、政治觉悟、道德品质、文化素养,促使学生将其内化为精神追求、外化为行动自觉,从而实现教育根本目标。

(二)以核心素养为本——问题导学

2016年9月13日,《中国学生发展核心素养》研究成果发布,明确了学生发展核心素养:学生应具备的,能够适应终身发展和社会发展需要的必备品格和关键能力。2017年10月18日,中国共产党第十九次全国代表大会确立了中国发展的历史方位,中国特色社会主义进入了新时代,《普通高中物理课程标准(2017年版)》发布实施。2019年,新教材开始实施。2020年,山东省新高考开始实施。"自主、合作、探究""深度学习""大单元教学"等教学模式开始探索,不论是哪一种模式,都注重了问题导学。思维永远从问题开始,问题导学是因材施教的基本策略。问题导学能让学生具有问题意识;能准确发现学生的既有问题,让学生能独立思考、独立判断;学生在解决问题时生成问题,从而培养学生思维缜密性,并能让学生多角度、辩证地分析问题,做出合理的选择和决定等。

所谓问题,就是客观存在的客观事物、人的意识行为的机理,或是有意识的行为预期或标准与客观实际结果之间的矛盾。我们必须去认识、驾驭客观事物,因为这是国家与社会发展的需要。它包括"给定、目标、障碍"三大要素。所谓"给定",是指问题的初始状态,即已经明确知道的、关于问题条件进行描述的情景信息。所谓"目标",是指问题的答案或目标状态,它是关于构成问题结论的明确的描述,即问题内容目标。所谓"障碍",是指问题解决途径,即超越已知信息与问题目标之间距离而建立起联系的难度。问题的解决不是直接的、显而易见的,必须间接地通过一定的思维活动才能找到答案。

教学问题就其产生来说,主要包括两个方面:预设问题、生成问题。生成问题分机理性的发现、矛盾之后的创新。科学的预设是生成问题的基础,没有科学的预设,就不会有高效准确的生成,所以,让学生具有好奇心和想象力非常重要,这是科学预设的动力。

问题导学包括两个方面:一是对导学问题加以科学预设和点拨;二是对生成问题的发现和指导,并加以解决。

1. 问题的发现

发现问题比解决问题更重要,发现问题是一种创新,而解决问题只不过是一种执行力,我们应该要学会发现问题。问题的发现过程,简单地说就是从意识与思维的感知没有被满足的期望开始,到问题被认识、驾驭并被完整定义为止。

2. 问题的提出

提出问题就要分析问题,分析问题就要揭示事物的机理,包括经历分析问题情境、发现问题实质与规律、概述问题内容及本性与本质三个阶段。

3. 导学的问题

为导学而提出的问题必须是预设性问题,要求学生能通过大胆尝试,积极寻求有效的问题解决方法,也要以有利于学习者自主学习为原则,能让学生不畏困难,坚持不懈地努力去探索,从而培养他们的科学态度与责任感。

(1)问题的性质:与学生已掌握的知识与能力发生矛盾,从而导致意识与客观的冲突,并且冲突后有切实可行的解决途径与方法,切忌生成问题为无效问题。

(2)问题的内涵:学生能借助观察或实验验证,发现内在的机理,以客观现象为依据,能用自己具备的知识进行推证得出。

(3)问题的外延:当时间与空间、内在机理与外界因素量比变化时,学生能根据导学问题再次产生其他新的问题,即有生成问题空间。

(4)问题的开放:解决问题同时能引起学习者共鸣,也一定会因客观规律适用条件的变化而产生争议,并且这些争议具有讨论的意义和价值,即有探究空间。

(5)问题的主体:问题中的各个要素能整合、归类,能总结形成经验,并在适合的条件、不同情景下可以改变关联。

4. 问题导学的策略

(1)问题确定的策略。根据物理学科的核心素养要求及相关物理知识与技能提出问题的内容。根据《普通高中物理课程标准(2020年修订版)》及新高考"立德树人、服务选才、引导教学"的核心功能要求确定提出问题的深度。根据学生的生活实际、能力水平、学习过程、支配时间等认知水平确定提出问题的难度,难度要符合学生的认知特点和认知习惯,要设在学生智力的最近发展区内,必须循序渐进,避免一步到位、全部掉队。设置具有理解性的问题、应用性的问题、反思性的问题,问题要有思维的空间,并且学生有解决问题的时间,从而培养学生自觉、有效地获取、评估、鉴别、使用信息的能力。

(2)问题导学的策略。

预设性问题:问题要有思想,因为问题设置具有目标性,它是教学意图的载体,因此问题要方便学生自主探究,并通过学生展示交流能发现新问题。问题要有深度,应体现知识的来源、出处与思想,要体现知识的生成,要体现知识的内涵与外延,要体现解决问题的方法,要体现知识的应用,不能是题目的罗列与堆积。

预设问题要以人为本,问题要有梯度,因材施教,体现层次感。问题要有展示度,要预设好展示的方法与目的。问题要有自主度,学生能够自主地完成绝大部分问题,通过合作探究能解决其他问题,有可思考的角度,并能暴露问题,再次提出问题。

生成性问题:学得怎样,是个性化问题,是课堂科学探究的焦点,科学探究生成问题是学生素养培养的关键,探究的形式可以多样化,但探究最根本的目的是在师生、生生互动下,在教师的点拨引领下,解决已有问题,提出新的问题及解决办法。学生研讨过程就是顿悟过程,同时也是解决问题的过程,也是形成科学思维的过程。在实际教学中还要防止出现伪问题与假讨论的现象,注意问题的生成价值。

(三)以核心素养为本——互动探究

互动是课堂生命的主旋律,科学探究离不开互动,科学思维的形成来自探究,科学态度与责任的生成与互动探究息息相关。没有互动的课堂是无生命的课堂,"互动"更是教师充分进行科学探究教学模式的关键性平台。

1. 课堂互动的主体

课堂互动的主体是学生、教师、课程标准、教科书和学科核心素养。

2. 课堂互动的方式

(1)协助式互动——思维生成:为解决学生不能独自解决的预设性问题和生成性问题情景下的互动。为追求正确的结论,教师与学生个体间的互动或教师与学生群体(小组)间的互动,因势利导进行助推互动。

(2)探究式互动——思维争辩:在学生遇到问题结论达不成共识和所持观点产生冲突情景下的互动。为关注差异、设疑追问,在学生个体间互动、学生群体间互动或学生个体与群体间互动。

(3)合作式互动——思维聚敛:在学生群策群力合作探究同一问题,获取正确答案或解决方法情境下的互动。为追求共同结论,组内生生之间互动、学习小组之间互动或师组之间互动。教师的主要作用是管理调控、组织引导,讨论时应能做到收放自如,讨论的目的要准确一致。

3. 互动的条件

思维发生碰撞,观点存在差异;目标具有一致性,沟通具备平等性;对问题情境预设的巧妙,对问题生成关注的高度,对思维差异展示的充分;能依据特定情境和具体条件,选择制订合理的解决方案;具有在复杂环境中进行互动的能力等。

4. 互动的策略

互动的策略包括合作、交流、质疑、探究、展示等。

第二节　理论依据

一、中国学生发展核心素养

（一）基本观点

党的二十大报告指出,我们要办好人民满意的教育,全面贯彻党的教育方针,落实立德树人根本任务,培养德智体美劳全面发展的社会主义建设者和接班人,加快建设高质量教育体系,发展素质教育,促进教育公平。

学生发展核心素养,以科学性、时代性和民族性为基本原则,以培养"全面发展的人"为核心,分为文化基础、自主发展、社会参与三个方面。

（二）教学启示

在物理教学中应做到体现素养的生成与发展,完善知识构建,为形成物理观念奠定基础;引导知识与实践关联,以物理视角剖析实际问题;认识物理模型特点,会把现实原型转换为理想模型;经历多种思维形式的科学推理过程;用证据表达观点和证明物理结论;敢于质疑,勇于创新,乐于发现;提出问题,做出猜想,检验猜想;合理设计研究方案;用恰当形式对事实进行解释;正确认识物理学科,增强掌握科学知识的责任感。围绕学生适应终身发展和社会发展所需要的必备品格和关键能力,合理确定内容的广度和深度,根据学生的身心特征合理设计教学活动,体现学生核心素养发展水平的层次性和成长性。

二、古希腊哲学家苏格拉底和柏拉图的理论

（一）基本观点

苏格拉底教学法基本思想:在与学生谈话的过程中,先不直截了当地把学生所应知道的知识告诉他,而是通过讨论问答法甚至辩论方式来揭露对方认识中的矛盾,最后逐步引导学生自己得出正确答案。

柏拉图教育教学基本思想:任何训练如果以财富、身体优势或者其他技能为目标,而不涉及理智和公正,那就既粗鄙又狭隘,完全不配称为"教育"。教育的

目的在于令个体学会辨别善和恶、真理和谬误,并且能够在个人生活和共同生活中追求智慧和善。

（二）教学启示

教育不仅仅是为了让我们有能力"制造和贩售更多的东西"。

我们不能低估孩子们已经形成的看法,教学的关键并不是去填满空无一物的容器,而是要帮助人们去审视他们自己。

教学关乎不同个体之间的关系。苏格拉底和柏拉图认为,教育的最好状态就是要将价值和态度从一个经验的个体传播到一个不太有经验的个体。

学习和生活多数时候都是一场艰难的跋涉,是一些在本质上相当乏味的达成目标的方法,之后,仍然不会动摇学生继续学习的意愿。这个问题才是教师的核心任务。

三、亚里士多德的"城邦教育"与"闲暇教育"论

（一）基本观点

一个城邦的教育制度应该对所有人一视同仁,而且该制度的提供必须是公共行动。亚里士多德特别区分了两种教育:一种旨在训练个体具有特定态度、情感及行为模式的教育;一种培养个体进行思考的教育。他认为城邦教育的核心目的就在于培养具有最高水平的人。

（二）教学启示

从第一原理开始,并允许人们产生疑惑,从而发现问题,提出问题,继而解决问题,让学生拥有理性思维、批判质疑、勇于探究的精神。

教育的目的是义务、服从与约束。自我培养就是全体公民的目标,年轻人不应该被教导去追求享乐。学习并不是一件轻松愉快的事,它需要勤奋和吃苦。

四、托马斯·阿奎纳的"发现教学"论

（一）基本观点

学生的思想才是根本,通过教学所获得的知识是以此为基础的。学生的领悟直接建构知识,而教师不过是间接的知识构造者。

恰当的教育过程应该是这样的:引导年轻人先从逻辑问题入门,因为逻辑教给人们一切科学研究的方法,然后进行数学训练,第三个阶段学习物理学,这门学科需要大量的实验,第四个阶段学习到各门学科。

"发现"和"探究"式的学习法:第一是学习者的主动性;第二是在自我发现和

探究及正式教学之间找到平衡；第三是教学的方式需要以深刻的理解为基础。

（二）教学启示

教育的起点应该是反思我们的根本目的和抱负。教育的目的始终都在于美德。

教学与教育的关系。教学就是给种子施肥。美德的种子、知识的种子预先存在于我们心中，我们可以通过自己的思想之光而直接理解它们，让它们在一定程度上得以完成。

教学与发现之间的关系：大脑凭其自身的自然力量而认识之前不知道的事物，这就是发现；大脑受到外部理性力量的帮助，这就是教学。

五、联合国教科文组织提出的教学过程"双主体"论

（一）基本观点

1996 年 4 月前欧盟主席、法国前总理雅克·德洛尔组织专家对 15 年世界教育状况的研究，在提交的总结报告中提出：教育实际上是一组主体与另一组主体的相互作用。也就是双主体。前一组主体很多情况下是一个人，即教师；后一组主体大多数情况下是一群人，即学生。它的具体含义：一是对学生要有要求，而且这个要求要适切，随时随地；二是对学生要尊重，他们自己能做的要让他们自己做。教师是主导性主体，作用对象是学生，帮助、调控学生的发展；学生是发展性主体，作用对象是自身，谋求自身的发展。

（二）教学启示

在教学活动过程中，教师与学生是"主导"与"发展"的关系，不是"主体"与"客体"的关系，更不是一对矛盾的两个方面的相互对立关系。在教学活动过程中，"教为主导，学为主体"，所指的是教师与学生的职责关系，教师与学生的关系、地位和作用不能出现偏颇。

六、孔子的"启发式"教学理论

（一）基本观点

不愤不启，不悱不发。"愤"即心里想求通而未通，指发奋学习，积极主动思考时，有疑难而又想不通的心理状态；"启"指教师开启思路，引导学生解除疑惑。"悱"即想说而又不知道怎么说，指经过独立思考，想表达问题而又表达不出来的困境；"发"指教师引导学生用通畅语言的表达。

（二）教学启示

启发式教学的核心是教师抓住"愤"和"悱"的时机,用巧妙的方式进行"启"和"发",从而激发学生积极思考,使教师的主导作用与学生的主体地位实现完美结合。在教导学生的时候,不到他百思不得其解的时候,不要去开导他,不到他想说却又说不出来的时候,不要去启发他。"愤",是指学生有了学习欲望、思考欲望,想要求知,这个时候我们才去启发他。

进行问题探究式教学,所提问题可以从简单逐渐发展到复杂;可以按学习目标的要求,分层次提出问题。问题按复杂程度与目标层次,依次可分为以下六种类型:认知性问题—理解性问题—应用性问题—分析性问题—综合性问题—评价性问题。在这六种类型的问题中,前三类是属于初级层次的认知问题,它一般有直接的、明确的、无歧义的答案;而后三类问题属于高级认知问题,通常没有唯一的正确答案,从不同的角度有不同的回答。在问题设计中,提倡课堂教学不能仅仅局限于初级认知的问题,在适当的时机,高级认知问题更能够激发学生的思维,从而培养学生的思维能力、观念和自我评价体系。

七、美国教育家布鲁姆的"教育目标分类"理论

（一）基本观点

布鲁姆教育目标分类法是一种常见的教育分类方法。教育目标可分为三大领域:认知领域、情感领域和动作技能领域。认知领域:指导、理解、应用、分析、综合、评价。情感领域:接受、反应、形成价值观、组织价值观念体系、价值体系个性化。动作技能领域:知觉、定势、指导下的反应、机械动作、复杂的外显反应、适应、创新。

（二）教学启示

教师要确立教育目标及相应的教学活动,合理分配教学时间,通过不同的范畴以及级别,根据教育目标分类法测评学生的学习表现及学习效果,帮助学生提高学习效率。

八、美国心理学家桑代克的"尝试错误"理论

（一）基本观点

1. 学习的实质在于形成一定的联结

桑代克认为,学习即试误,是形成刺激与反应的联结。所谓联结就是某情境仅能唤起某些反应,而不能唤起其他反应的倾向。学习的作用在于将与生俱来

的原本联结或永久保存或消除或改变。

2. 一定的联结需要通过试误建立

桑代克认为，一定的联结是通过尝试与错误、按一定规律养成的。动物的学习是盲目的，而人的学习是有意识的。他还认为，动物的学习和人的学习不同，动物的学习全属盲目，无需以观念为媒介。

3. 尝试错误——学习的基本规律

（1）效果律。在试误学习的过程中，如果其他条件相同，学习者对刺激情境做出特定的反应之后能够获得满意的结果时，其联结就会增强；而得到烦恼的结果时，其联结就会削弱。

（2）练习律。在试误学习的过程中，任何刺激与反应的联结，一经练习运用，其联结的力量会逐渐增大；而如果不运用，联结的力量会逐渐减少。

（3）准备律。在试误学习的过程中，当刺激与反应之间的联结，事前有一种准备状态时，实现则感到满意，无法实现则感到烦恼；反之，当此联结不准备实现时，实现则感到烦恼。

（二）教学启示

中小学生的学习特别强调"做中学"，即在实际的操作过程中学习有关的概念、原理、技能和策略。在这一过程中，教师应该允许学生犯错误，并鼓励学生从错误中进行学习，这样获得的知识学生才会是终生不忘的。在实际的教育过程中，教师应努力使学生的学习能得到自我满意的积极结果，防止一无所获或得到消极后果。应注意在学习过程中加强合理的练习，并注意在学习结束后不时地进行练习。任何学习都应该在学生有准备的状态下进行。

第三节　教学策略

教学策略是实施教学过程的教学思想、方法模式、技术手段三方面动因的简单集成，是教学思维对这三方面动因进行思维策略加工而形成的方法模式。教学策略是为实现某一教学目标而制定的、付诸教学过程实施的整体方案，它包括合理组织教学过程，选择具体的教学方法和材料，制定教师与学生所遵守的教学行为程序。有效的教学策略能较好地发挥教学理论具体化和教学活动概括化的作用，因此教学策略是教学活动过程结构和教学方法的灵魂。

"以核心素养为本"理念下的课堂教学策略就是尽可能多地帮助学生、尊重学生、关注学生。使其具备能够适应终身发展和社会发展需要的必备品格和关键能力,具体表现如下。

帮助学生:能正确认识和理解学习的价值,具有积极的学习态度和浓厚的学习兴趣;能养成良好的学习习惯,掌握适合自身的学习方法;能自主学习,具有终身学习的意识和能力等。具有问题意识,能独立思考、独立判断;思维缜密,能多角度、辩证地分析问题,并做出选择和决定等。

尊重学生:坚持育人为本,尊重学生的需求,以学生成人成才作为出发点和落脚点。

关注学生:激发学生树立强烈的批判意识、质疑意识、求异意识、探究意识、责任意识和创新意识。形成物理学科特色的核心素养,即物理观念、科学思维、科学探究、科学态度与责任。让学生在学习、理解、运用物理学科知识和技能等方面形成正确的价值标准和科学的思维方式。

一、教学策略体系

教学策略体系如图 1-3-1 所示。

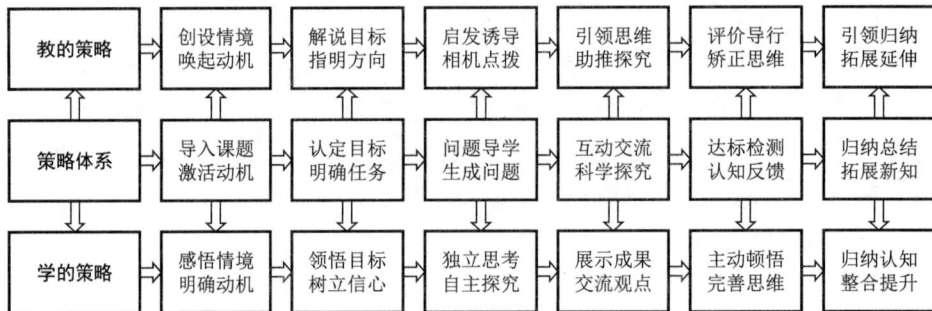

教的策略	创设情境 唤起动机	解说目标 指明方向	启发诱导 相机点拨	引领思维 助推探究	评价导行 矫正思维	引领归纳 拓展延伸
策略体系	导入课题 激活动机	认定目标 明确任务	问题导学 学生成问题	互动交流 科学探究	达标检测 认知反馈	归纳总结 拓展新知
学的策略	感悟情境 明确动机	领悟目标 树立信心	独立思考 自主探究	展示成果 交流观点	主动顿悟 完善思维	归纳认知 整合提升

图 1-3-1　策略体系结构

二、教学策略内涵

一切教学目的都必须通过一系列的教与学的活动来实现。课堂教学策略体系并不是必须严格执行的既定教学步骤和固定教学公式,而是在教与学规律指导下进行教与学活动设计的基本思维程序。在教学过程中一定要避免走入开放性与盲目性、灵活性与随意性、规范性与呆板性关系的误区。

(一)导入课题　激活动机

导入本身是手段,运用这一手段,设计这一环节的主要目的是让学生初步明白将学什么、怎样学、为什么要学,要有明确的目的。教师设计任何一种导入,都要十分清楚为什么要这样设计以及对学生的物理学习可能产生什么样的影响。针对教学内容的特点与学生实际因材施教,不搞千篇一律,目的是让学生明确学习动机,产生学习兴趣,以积极的态度投入学习。

导入要具有启发性,以便激发学生思维的积极状态。导入要有利于引起注意、激发动机、启迪智慧,以生动、具体的事例和实验为依托,引入新知识、新概念。导入时设问与讲述要求能做到激其情、引其疑、发其思。

前苏联教育家苏霍姆林斯基曾说过:"如果教师不想方设法使学生进入情绪高昂和智力振奋的内心状态就急于传授知识,那么这种知识只能使人产生冷漠的态度,而不动感情的脑力劳动就会带来疲倦。"

学习动机和学习策略是学习过程的关键因素。良好的学习动机对学生的学习起促进作用。培养和激发学生的学习动机,对教师的教学成效以及学生的成功学习来说是非常重要的。

(二)认定目标　明确任务

布卢姆的目标教学论指出:有效的教学始于准确地知道希望达到的目标是什么。

要突破囿于"知识理解"层面的传统教学模式,实现发展学生核心素养的教学目标,在教学过程应当做到物理知识教学与思想教学相结合、结果性知识与过程性知识相结合、学科性知识与实践性知识相结合、外显性知识与内隐性知识相结合、证实性知识与证伪性知识相结合。从"知识理解""知识迁移"和"知识创新"三个层面落实物理学科核心素养。让学生具备适应终身发展和社会发展需要的必备品格和关键能力。

教学目标决定课堂教学的方向。课堂教学目标要明确,让学生知道做什么,达到什么标准,进而把握学习目标,明确学习任务,知道学习重点,树立学习信心,确保把有限的精力投入到最关键问题的学习上。

教学目标应在充分研究课标和学情的基础上,围绕学科核心素养制定,必须是切实可行的,对教学具有针对性。教学目标对于整个教学过程来说是至关重要的,是实现有效教学的关键。

教学目标必须具有全面性:制定目标要面向全体学生,要对学生的发展有实质性的作用,要涉及课程目标的各个方面,以确保学生的全面发展。

教学目标必须具有系统性:高中物理教学目标设计需要建立完整的体系。课程目标不能单单只是一个课时的目标,而是整个高中物理教学内容的整体目标,要具有系统性。

教学目标必须具有层次性:确定目标必须体现因材施教,每个学生都有适合的目标;确定目标要寻找物理的重、难点,突出主目标,明确主次关系。只有具有层次性的目标,才有真正意义上的激励性,才能实现不同层次学生的全面发展。

教学目标必须具有可操作性:所制定的目标要与学生学习发展的需求、物理课时计划、教学进度相匹配,这样目标才能具有可操作性,才能高质量地完成物理教学任务。只有具有可操作性的目标,才能避免教与学的随意性和盲目性。

教学目标必须具有科学性:高中物理教师设计的教学目标务必满足时代发展的需要,要以学生为中心,有针对性地对学生教学,使每位学生在物理的学习中能够进步发展。

教学目标必须具有可测性:制定目标不是为了表述理想愿望,而是为了便于客观地评价。所以陈述目标应具体,要联系外显的行为,要可测量。只有可测量的目标,才能客观地判定达成的程度,才能使教学评价落到实处。

(三)问题导学 生成问题

问题导学要做到以问题为主线,以学生成长为本。这一环节的主要目的是引导学生完成能完成的问题,互助研讨能解决的问题,梳理未能解决的问题,为展示交流与合作探究奠定基础。凡事预则立,不预则废。预设问题是教学意图的载体,问题导学是将教学意图问题化,物理教师要做到"心中有学生""心中有教材""心中有思想",给学生搭建可以自主学习的平台。没有科学的预设,就不会有有效的生成。

一是问题设计的情景先从学生的实际出发,符合学生的认知特点和认知习惯,能让学生感知问题就在自己身边。

二是问题设计的难度要考虑学生的认知水平,必须设在学生智力的最近发展区内,不要在问上发难,导致成为无效问题。

三是问题设计的内涵要贴近学生的物理学习特点,比如理解性的概念问题,演绎归纳后规律性的问题,问题生成之后物理二级结论的应用性问题,科学探究之后的总结、反思与引领。

四是问题的探究要与课时计划相匹配,问题的思维空间必须与可支配的时间相匹配,具有可探究的时间与空间。

问题导学是构建高质量课堂教学策略,解决预设问题不是教学的目的,要走出解决问题的误区,在学生自主进行科学探究的学习过程中,发现物理之美,同时对未知的问题产生疑惑,从而生成新的问题。生成性问题的发现和解决,是课堂教学的核心。

(四)互动交流 科学探究

这一环节的主要目的是解决学生在自主学习过程中未能解决的问题,以及生成性问题,通过学生合作互动、讨论探究进行解决,这是课堂活动的焦点。展示交流既包括自主学习后的组内展示交流,以实现组内合作探究;也包括组内合作后的组间展示交流,以实现组间合作探究。教学的基本方式是互动,包括师生互动、生生互动、生组互动、师组互动、组组互动等。

互动交流应具有目的性:课堂教学的核心是解决学生的生成问题,课堂互动要把握必要性和实效性,不能为动而动、泛泛而动。

互动交流应具有思想性:教师的教学策略是搭建思维碰撞的平台,促进课堂的多元互动评价,适时点拨引领学生的思维方式。

互动交流应具有高度性:该自主则自主,自主探究;该互动则互动,动出效果。重在知识的生成,知识的内涵与外延,解决问题的方法,知识的应用及解决方法。

互动交流应具有准确性:问题不宜过多,学生的注意力是有限的,应把本节课的核心展示出来即可。

互动交流应具有效率性:要该讲授则讲授,讲授到位,切忌展示成了讨论,讨论成了展示,展示中可以有质疑,可以有新问题的生成,而这些是我们需要的,需要教师给予点拨的,教师的主导地位不能放弃,否则一节课可能会冗长而无法突出该节课的目标。

(五)达标检测 认知反馈

达标检测作为教学评价的一种方式,是评估学生掌握与应用知识和能力的手段。达标检测主要鉴定学生自己学得怎么样,还有哪些潜在的问题和认知误区,并通过教师评价活动或同伴研讨及时进行纠正和调整,以便于完成教学目标。达标检测,意在评价学习目标的达成情况,所以检测题的设计必须针对学习目标,体现物理学科核心素养。由于学生的实际情况不同,目标定位也不同,所以检测题必须具有层次性、选择性,体现以人为本的原则。

德国心理学家苛勒认为,学习是通过顿悟过程实现的,顿悟是对目标和达到目标的手段与途径之间的理解;学习的实质是在主体内部构成完形,学习过程中问题的解决,都是由于对情境中事物关系的理解而构成一种"完形"来实现的。学生做题的过程就是一个试误顿悟的过程,是完善认知的过程,也是教师点拨、指导、纠正错误,从而实现认知的准确性和完整性目的的过程。

(六)归纳总结 拓展新知

这一环节的主要目的是让学生明白学了哪些内容,还有哪些没有学到位,下一步的发展方向是哪些,不仅要对知识进行归纳总结,而且要对学习方法和知识获取途径进行总结。它是课堂教学的强化,是把本课学习的内容与以前学习的知识建立联系,进一步拓展的过程。课堂总结不是简单地复述本节课的主要学习内容,而是为学生提供一个自我反省的机会。

教学归纳的基本内容包括学到哪些知识,解决了哪些问题,探究了哪些题型,掌握了哪些方法,提升了哪些能力;包括对照目标反思自己发生了怎样的变化,还有哪些没有解决到位,课下应该主攻、弥补什么。总结方式既可以由学生完成之后教师点拨,也可以由教师进行总结并提出更具有拓展性的问题以引起学生新的认知冲突。

第四节　实施条件

一、新时代对高考改革提出的新任务、新要求倒逼基础教育改革

面向新时代,党中央在谋划全面深化改革时,专门对考试招生制度改革作出总体部署,凸显了高考在国家发展关键时期的重要地位和作用。当前,我国经济已由高速增长阶段转向高质量发展阶段,创新型人才的重要性愈发凸显。高考紧紧围绕"立德树人、服务选才、引导教学"的核心功能,突出对能力和素养的考查。

《中国高考评价体系》明确了"基础性、综合性、应用性、创新性"四个方面的考查要求,科学回答了"怎么考"的问题,有力地推动学生朝着未来的发展方向努力,有助于全面推进素质教育。高考不断创新考查的方式方法,通过增强考试内容的基础性、综合性、应用性、创新性,着重考查学生灵活运用所学知识分析问题、解决问题的能力,引导教学加强自主学习、探究学习、合作学习,着重培养学生的创新能力、独立思考、逻辑推理、信息加工、语言表达和写作等关键能力。新一轮高考综合改革的亮点之一是在学考中增加了学生对学习科目的选择性,要求学校在开好必修课的同时,还要开好选修课,推进走班和分层的教学模式,逐步实现因材施教、人人成才的教育理念。

高考的改革倒逼着基础教育的改革,新教材、新高考等一切都在通过"逆向设计"的思路倒逼着课堂教学模式的改革。

二、新课程理念已实施多年　教学改革不存在认知观念上的障碍

自教育部《关于全面深化课程改革落实立德树人根本任务的意见》和《普通高中物理课程标准(2017年版)》发布已经过去6年,新高考已经实施3年,坚持

"以核心素养为本"的课堂教学核心理念已经深入人心。

在新时期国家课程改革的浪潮中,广大一线教师的教学观念在不断转变和提升,在积极主动地进行各种改革尝试中,他们不仅积累了丰富的经验,而且取得了比较显著的成效。通过多年的积极探索,改革的思路逐渐得到了全体教师的认同与支持,自上而下的、压迫式的改革已经逐渐转变为常态的、自觉性的改革。要进一步提升课堂教学质量,促进学生的可持续发展,构建"以核心素养为本""理性张扬"的物理课堂教学策略体系势在必行。

三、教师追求高效课堂的强烈意识为课堂教学改革提供了内部原动力

在新课改新高考背景下,基础教育改革务必做到促进核心素养的落实,务必提升教育教学质量,务必培养学生终身学习的意识和能力。现在的物理课堂教学从不同的维度上有了一定程度的突破,但离落实学生发展的核心素养要求还有距离,尚有进一步改进和提升的空间,这无疑为课堂教学改革提供了强大的动力。

四、学校的各种教学设施设备为课堂教学改革提供了硬件保障

我国已经全面建成小康社会,物质条件得到大幅提升,教学条件也大为改善,学校的电教平台、实验室配备和网络系统为教学改革的顺利推进提供了充分的硬件保障。几乎所有教师都能比较熟练地使用多媒体教学、网络授课和各种电教设备,教学手段的改革已不存在技术上的问题。

第五节 评价体系

一、课堂教学评价观念

(一)教材观

教材是教学的有效资源,是教学的依托,但不是教学的全部,教师合理使用教材非常重要。教师应根据学生的需求和水平对教材进行整合与优化,对教学方法进行适当的取舍或调整,使教学内容和教学活动更贴近学生的实际。

(二)目标观

物理课程总体目标:通过高中物理课程的学习,促进学生物理学科核心素养

的养成和发展。

物理学科核心素养主要有物理观念、科学思维、科学探究、科学态度与责任四个方面,在物理教育中这四个方面是一个有机的整体,不能割裂开来。物理观念是基础,科学思维是核心,科学探究是物理教学的手段,科学态度与责任是目标。

(三)教学观

教学应注重学生的全面发展:评价时要以人为本,注重评价对象和主体的多元化,评价方式的多样性,评价程序的动态性,使教师教学评价能真正促进学生全面发展和终身发展。

教学应是师生间的交往互动:教学过程是师生共同协作、共同参与、共同探究、共同发展的过程,要充分体现自主学习、合作学习及探究学习。

教学应具有生成性与开放性:教学是预设问题与生成问题、严谨科学与开放探究的统一体。

(四)教师观

从教师与学生的关系来看,教师应该是学生学习的促进者。从教学与研究的关系来看,教师应该是教育教学的研究者。从教学与课程的关系来看,教师应该是课程的建设者和开发者。

(五)学生观

学生是发展的人:教师应具有以人为本的意识,认识学生是处于发展过程中的人,尊重、维护人的尊严和价值,能关切人的生存、发展和幸福等。

学生是独立的人:每个学生都有自身的独特性,学生是学习的主体,并让学生在认识自我、发展身心、规划人生等方面结合自身特点自主发展。

(六)学习方式观

自主学习:学习者正确认识与评估自我,自主确立学习目标,制定学习进度,应用学习策略,依据自身个性和潜质选择适合的发展方向;在解决问题中学习和进行自我评价,合理分配和使用时间与精力;具有达成目标的持续行动力等。

合作学习:学习者通过小组里的互助性学习,分工合作,协同作战,用团队精神面对困难,用构建的群体力量战胜困难;在合作学习中,小组成员既需要承担个人责任,还需要互动活动进行促进性的学习。

探究学习:学习者在教师引导下,主要通过积极参与对问题的分析、探索,主动发现或建构新知,并掌握其方法与程序,形成科学思维,发展创新能力,培养科学态度与责任。重在学生的探究过程,而不是现成知识的获得。

(七)教学方式观

探究式:在教师指导下,在观察和实验的基础上提出物理问题、形成猜想和假设、设计实验与制订方案、获取和处理信息、基于证据得出结论并作出解释,并对探究过程和结果进行交流、评估、反思,是学生主动获取知识、发展能力的实践活动。

体验式:根据学生的认知特点和规律,通过创造实际的或重复经历的情境和机会,呈现或再现、还原教学内容,使学生在亲历的过程中理解并建构知识、发展能力、产生情感、生成意义。它所关心的不仅是获得知识的多少、认识多少事物,更重要的是生成意义获得彰显和扩展。

互动式:通过教师与学生的有效平等探究与交流,形成和谐互动的教学环境,使不同观点得以碰撞交融,从而激发教师与学生进一步探究的空间与热情,进一步提高教学的效果和质量效益。

(八)教学效果观

课堂教学最终目的是促进学生的发展,一是自身自我的发展,一是教师促进下的发展。增强学生的创新精神、实践能力和社会责任感,促进学生发展是课堂教学效果观的出发点和落脚点。效果是针对问题、能力、目标、未知、素养、需求、愿望等而言的。从问题到答案,从目标到达标,从知识到素养,从未知到知之,从需求到满足,从理想到实现等。这就是现代课堂的教学效果观。

二、课堂教学评价体系

课堂教学评价是专指对在课堂教学实施过程中出现的客体对象所进行的评价活动,其评价范围包括教与学两个方面,其价值在于课堂教学。课堂教学评价是促进学生成长、教师专业发展和提高课堂教学质量的重要手段。课堂教学评价没有绝对统一、一成不变的标准,同一节课面对不同类型的老师评价标准不可能相同,面对新教师、骨干教师、专家教师不能用同一把尺子衡量。即使同一位教师、同一课题,评价标准也随执教经验发生变化。不同的课型也有不同的评价标准,新授课、习题课、复习课、公开示范课、研究创新课,评价标准肯定不一样。

课堂教学评价带有很强的主观性,评价的结果通常因评价主体不同而有差异,任何人都无法做到对课堂教学进行以分数形式度量的精度评价,所以客观地说,课堂教学评价实质上是一种模糊评价、比较评价、鉴赏评价。不同课堂教学的优劣比较是可以达成共识的,但差异的程度很难用分数进行具体量化,所以评价的结果最好以等级的形式呈现,等级评价要比分数评价更客观一些。等级的设置要依据评价结果的使用来制定,如公开课与讲课比赛的评价等级设置肯定不同。

新的课堂教学评价不是对原有课堂教学评价的否定,而应该是在吸收中外先进的教育理念基础上,根据"新课程标准"提出的具体化要求。其评价指标主要包括:学生学习状态评价、教师教学行为评价、教师基本功评价以及综合评价。

(一)学生学习状态评价

这是课堂教学评价的核心,既是出发点也是归宿点。分为以下三个方面。

学生的参与状态:课堂教学中学生的主体地位主要是通过学生的参与度体现出来,学生参与教学中的数量、广度、深度是衡量主体地位发挥的重要标志。就数量而言,要看学生参与的人数及时间;就广度而言,要看是否各个层面的学生参与到课堂教学中的各个环节,即全程参与问题;就深度而言,学生参与的是表面的问题还是深层次的问题,是主动地参与还是被动地参与。

学生的思维状态:学生的注意力是否集中;是否学会倾听;是否善于交流、交谈;能不能独立思考;能不能发现问题;能不能从多角度解决问题;针对问题的回答能不能进行自我评价;学生提出的问题是否得到关注;学生的回答错误或提出的异议有没有人校正,正确的回答是否得到肯定性、鼓励性的评价;师生之间、生生之间是否能够彼此交流和分享见解。

学生的达成状态:学生是否掌握了新知识并纳入自己原有的知识体系中,使其融会贯通;学生在获得新知识时是否积极主动地跟进、共鸣、投入;学生的技能是否得到训练或提高;学生的情感是否得到积极的引导;学生学习有困难时是否得到了帮助;学生取得成功的时候是否得到鼓励;学生的学习方法是否有变化;学生的求知欲是否增强;学生是否更喜欢老师。

(二)教师教学行为评价

教学目标:教师的教学目的是否明确,学科素养的目标落实状况如何。能否以平等的参与者身份,帮助学生制定适当的学习目标,确认和协调达到目标的最佳途径,能否与学生分享自己的感情和想法。

教材处理:教师是否能够恰当地处理教材、创造性地使用教材,充分开发和利用生成性的资源,给学生提供一个挑战性的教学真实情境,实现因材施教。是否能用审视和探究的目光来对待教材,在质疑中探究,在探究中认同或标新立异。

课堂气氛:教师是否能够为学生提供各种便利,营造一个接纳的、支持性的、宽容的课堂气氛,给学生以心理上的安全和精神上的鼓舞,使学生的思维更加活跃,探索热情更加高涨。能否把学生的困难、问题和经验当作课堂教学的生长点,同时给学生自尊、自信。

教学方法:教师是否能够引导学生形成良好的学习习惯,掌握科学的学习策略;能否引导学生用自己的眼睛看、耳朵听、手操作等去亲身经历,用自己的心灵去感悟,从而激发学生的生命活动,促进学生成长。

育人理念:教师是否能够提供一种跨越时空和突破教与学界限的学习平台,教育学生遵守纪律,与他人友好相处,善于在竞争中合作,在合作中成长。

总结评价:教师是否能够帮助学生对学习过程和结果进行反思,学会对自己的学习进行评价、调节、控制和总结,在学习中学会学习。

(三)教师基本功评价

教师的基本功是讲好一堂课的重要因素,因此评价课堂教学必须对教师基本功的发挥进行评价。教师的姿态、表情要积极乐观且具有感染力;教学语言要清晰流畅、规范风趣、启迪思维;善于启发和倾听学生的意见,有效组织学生讨论,并根据学生的实际与需要即时生成和利用课堂教学资源;板书中心突出,概括性、条理性强;电教手段的运用和实验演示熟练准确;手势、站位及走动适中。

(四)综合评价与等次

不同的听课者对具体指标的理解存在差异,不同的教学内容也可能影响课堂教学的评价得分,因此需要设定综合评价和等次。综合评价与等次是对课堂教学的总体评价,其中,综合评价栏内填写评课者对施教者课堂教学特点的概括性描写,一般填写突出的优点及明显的缺点,以供施教者反思与改进。等次可以用 A、B、C、D 四级进行描述,做定性的评价。"以核心素养为本"的课堂教学评价体系如表 1-5-1 所示。

表 1-5-1　"以核心素养为本"的课堂教学评价体系

执教教师_____　　　执教课题_____　　　听课教师_____

评价维度	评价指标	评价要点	评价等级
教学设计 (课程驾驭) 目标确定 环节设计 问题设计 策略设计	教学目标	① 物理核心素养目标明确,符合新课标的要求,符合学生的心理特征和水平,易于操作、测量和评价。 ② 能充分挖掘教材中的育人思想,在科学探究形成物理观的同时,培养学生的科学思维和科学态度与责任	
	教学资源	① 体现学生物理核心素养发展水平的层次性和成长性。 ② 注重体现物理学科本质,培养学生物理学科核心素养,准确把握教材内容的逻辑,关键知识和必备能力要准确无误。 ③ 注意理论联系实际,从生活、社会、科技及学生已有的知识出发,有效拓展教学资源	

评价维度	评价指标	评价要点	评价等级
教学设计 （课程驾驭） 目标确定 环节设计 问题设计 策略设计	教学环节	① 环节设计符合课型要求、物理学科特点，体现对预设问题的落实。 ② 各环节目的任务明确，方法具体得当，环节紧凑，体现教师的个性化教学风格。 ③ 重点突出，难点突破策略具体，结构合理，时间分配得当	
教学实施 （课堂驾驭） 教材使用 手段方法 教师活动 学生活动 课堂互动	教学内容	① 知识传授完整准确，符合物理学科的内在逻辑，无科学性错误。 ② 教学要点明确，对重点、难点、关键点能灵活把握，落实到位	
	教学手段	① 教学手段实用、有效、先进，能高质量完成教学任务。 ② 能开发使用多种学习资源，充分利用多媒体等科技手段服务教学，传递教学信息，提高教学效率	
	教学方法	① 教法得当，灵活多样，面向全体学生，体现因材施教。 ② 情境创设能激发学生兴趣，过渡自然，反馈合理恰当、激励强化及时。 ③ 善于运用启发式教学，善于进行科学探究，勇于探索有创新。 ④ 信息传递方式多样化，教与学互动方式多样化，交流合作，关注生成性问题，注重实效	
	教学控制	① 课堂组织有序，突发事件处理得当，课堂时间分配合理。 ② 课堂实施过程要及时掌握学生的反馈信息，并采取及时有效的调控措施进行教学	
	教学过程	① 课堂设计新颖，教学思路清晰，每个环节围绕既定的教学任务与目标展开，突出重点，突破难点，逻辑性强，符合循序渐进的原则。 ② 注重物理学科核心素养的落实，引导学生理解物理学的本质，形成科学思维的习惯，增强科学探究能力和解决实际问题的能力。 ③ 引导学生自主学习，创设学生积极参与、乐于探究、善于实验、勤于思考的学习情景。 ④ 面向全体学生，落实问题导学，关注生成性问题与学生个体的差异，注重学生的有效参与和学法指导	

续表

评价维度	评价指标	评价要点	评价等级
教学效果 （学情驾驭） 问题发现 问题提出 问题讨论 问题解决 自主探究	学习氛围	① 课堂活而不乱，张弛有度，民主和谐。 ② 学生兴趣浓厚，主动参与，思维活跃，积极互动，合作共研，反馈及时	
	学习态度	① 主体意识强，独立思考，独立练习，思维积极。 ② 主动质疑，勇于探究，善于表达	
	学习方式	① 自主合作，科学探究。 ② 听讲、消化、顿悟、求异充分。 ③ 交流展示、相互质疑、多元评价到位	
	学习效果	① 完成教学任务，达到预期目标，育人效果好，学生拥有成功的体验，均衡提高。 ② 学生能基本掌握物理学科的必备知识和关键能力，并能很好落实物理核心素养，掌握了解决基本问题的能力，在分层达标中通过率高	
综合评价 等级	（从教材使用、时间规划、学情把握、课堂驾驭、教学效果、教学创新等方面评价）		

第二章

立足新课标 落实物理学科素养

——中学物理高质量教学模式构建与创新

以习近平新时代中国特色社会主义思想为指导，以《中国高考评价体系》为依据，以《普通高中物理课程标准》为基础，在个人发展及未来社会对人的要求新的视角下，为切实落实物理学科核心素养（物理观念、科学思维、科学探究、科学态度与责任），笔者以"聚焦物理核心素养，打造高质量课堂"为主题，在具体教学实践中实施了"导学探练测"物理课堂教学模式。"导学探练测"这一课堂教学模式，主要促进以"教为中心"向以"学为中心"转变，以"教师为中心"向以"学生为中心"转变；让教师切实做到从"以教代学"到"教学生学"的转变，学生做到从"三维目标落实"到"素养养成"的转变。同时，推动教师不断深入学习新课标和高考评价体系，聚焦课堂，突出主体，树立正确的学科育人目标；推动教师着眼实效，大胆创新，提升素养，更新教育教学理念、创新课堂教学模式，提升学生学科核心素养。

"导学探练测"教学模式是在传承的基础上继续创新，在拓展的基础上进行巩固实践。以变革课堂教学模式为切入点，探索富有活力，促进学生全面而又有个性发展的课堂教学新模式，切实提高物理学科的教育教学质量，转变育人模式，从而培养具有民族特质、拥有国际视野的时代新人。

第一节 中学物理高质量教学模式设计

一、目标任务

"导学探练测"课堂教学模式主要实现以"教为中心"向以"学为中心"的转

变,以"教师为中心"向以"学生为中心"的转变。通过"导学探练测"课堂教学模式,培养学生自主学习方式,突出学生的主体地位;培养学生的合作意识,提高学生的合作能力;培养学生的探究欲望,提升学生的探究能力。"导学探练测"全面落实立德树人教育根本任务,以培育人性光辉、播种人生智慧为价值追求,充分尊重学生在学习中的主体地位,把学习过程全部还给学生,让学生站在课堂的中央,全过程体验学习过程,体验成长乐趣。"导学探练测"让老师成为学生成长的引领者、帮助者、促进者。具体包含以下两个方面。

(一)学生方面

让学生成为教学的主体,使学生获得学习的积极的体验与情感;重视学生已有的知识经验,培养学生的发散思维;提升学生发现问题与提出问题的能力,培养学生的科学探究精神;创设使教师与学生、学生与学生有效互动的情景,培养学生积极参与科学探究的态度;突出探究活动过程,培养学生的科学思维能力;关注学生对自己以及他人的学习的反思,形成科学的态度与责任。

(二)教师方面

由"权威者"向"平等者"转变;由"引领者"向"动力者"转变;由"信息源"向"信息台"转变;由"设问者"向"释疑者"转变;由"控制者"向"调控者"转变;由"讲解者"向"点拨者"转变。

随着新课标的进一步落实与使用、教学制度的改革深入,我们教师要把转变师生地位落实在每一堂课中,而不是教学的某一个环节中。根据新课标的物理学科的核心素养,尤其是改变物理思维训练的方式,进一步强调学生的主体地位,让学生在教师指导下,自主学习、自主思考、自主巩固与提升,并自主地获得学习方法。"导学探练测"是实现这一目标的、有效的教学途径。

二、课堂环节流程

"导学探练测"教学模式是在"学科核心素养下的单元教学研究与实践"这一课题引领下,经过多方论证探讨、教学打磨实践后提出的,为高质量输送人才而设计的一种教学模式;是以学生思维能力提升为重点,转变学习方式的教学模式。坚持深刻的教育来自深刻的体验,自主学习、合作学习、探究学习是学生课堂学习的基本方式,学生学习变得更主动、更积极、更有趣,从而使课堂学习效率大幅提升。自主学习要求充分发挥学生学习的主动性,注重自主预习、自主构建知识体系;合作学习是在自主学习基础上,以小组为单位对自学不会的问题进行展示、讨论、交流,在思维碰撞中解决问题、生成新知;探究学习就是综合运用科学方法,对课堂重、难点深层次探究,让学习有深度,培养学生高阶思维,培养核心素养,达成学习目标。

(一)"导学探练测"的核心概念

所谓"导",是一种手段和形式,落实在备课中就是导学案的制定,落实在上课中就是以学生为中心,让学生通过自主学习来掌握学科知识要点,逐步形成学科素养,使学生在整个教学过程中处于主体地位,老师只是起到导学、导探、导练的主导作用。通过教师的"指导",学生自主思考、自主提升、自主巩固,有效地拨动学生的心弦,使其产生情绪高涨、心境愉悦、智力振奋的探知欲望,从而获得较好的教学效果。"学"是学科素养目标的形成渠道、是教师教学的目标;"探",是学生的科学思维训练,就是学生在教师的指导下训练思维,形成某种思维习惯和能力,便于解决具体情境中的具体问题;"练"与"测",是教学过程中的反馈过程,通过科学的训练与检测,教师及时了解学生学习的情况,并及时修正自己的教学策略,而学生在训练中巩固基础知识,提升思维水平,提高解决问题的能力。

(二)"导学探练测"的操作流程

1. 导——制定导学案

教师研读新课标及新高考的评价要求,明确新高考的考查方式,认真梳理近三年的高考题,研读新教材,明确教材的例子作用。储备好这些知识后,教师认真备课研课,遵循教育规律,贴近学生实际,做好目标指导、学法指导、问题指导,使知识问题化、问题情境化、探究情境化、质疑情境化、辨析情境化、活动情境化等,并把这些课前工作落实在导学案中。

制定导学案要遵循以下几个原则。一是主体性原则,立足于学生学习的方案与设计,杜绝教师讲授的拼盘与堆积。二是探究性原则,引导学生由知识的此岸出发,经由过程与方法的体验,到达素养的彼岸。三是合作性原则,高质量的导学案是集体智慧的结晶,同学科教师要全力合作。四是问题化原则,在导学案编写中,将教材内容经过提炼后形成几个探究性的问题。五是层次化原则,问题设计循序渐进,小阶梯,梯次化,相关问题环环相扣,步步为营,前因后果,上下相连。

2. 学——引导学生学习

导学,即以导学为方法,教师的指导为主导,学生的自主学习为主体,师生共同合作完成教学任务的一种教学模式。教师主要做学生学习的组织者、支持者和评价者,引导学生积极思维,从而培养学生的创新思维和创新能力。

导学包括三个过程。一是学生自学。即要求学生根据学案自学,它要求教师将预先编写好的学案,在课前发给学生,让学生明确学习目标,带着问题对教材进行预习。二是探讨交流。也即组织学生讨论交流,教师在学生自学过程中应进行适当辅导。在学生自学的基础上,教师应组织学生讨论学案中的有关问题,对一些简单、易懂的内容,教师只需一带而过,而教学中的重点、难点问题则应引导学生展开讨论交流,形成共识。如果学生在讨论中不能解决的问题或存在的共性问题,教师应及时汇总,以便在精讲释疑时帮助学生解决。三是精讲释疑。精讲释疑就是在学生自学、讨论交流的基础上,教师对教学重点、难点及学生在自学交流过程中遇到的问题进行重点讲解。

前苏联心理学家维果茨基的"最近发展区理论"认为"教学应当是在发展的前面""教学创造着最近发展区"。把握"最近发展区",能加速学生的发展,在最近发展区内的教学,是促进学生发展的最佳教学。教学应着眼于学生的"最近发展区",调动学生的积极性,发挥其潜能,超越其"最近发展区"而达到其"困难发展区"的水平,然后在此基础上进行下一个发展区的发展。

导学应充分体现教师的主导作用和学生的主体作用。教师主要做学生学习的组织者、支持者和评价者,引导学生积极思维,培养学生的创新思维和创新能力。在教学过程中,教师应面向全体学生,对所有的学生应一视同仁,切忌讽刺、挖苦差生,为所有的学生创设一个表现自己才能的舞台,让每一个学生都能得到发展。要做到教与学的和谐发展,教师的导和学生的学就要贯穿于整个教学的始终,切忌顾此失彼,把整个课堂变成教师的"一言堂"或教师放任自流变成"放羊式"的教学。教师应采用多种教学方式和先进的教学手段,一方面,它能使学生所学的内容当堂巩固,最大限度提高课堂效率;另一方面,它能激发学生学习的兴趣,提高教学的实效性。

3. 探——启发学生思维

苏格拉底教学法通常称"产婆术"。其基本思想是:在与学生谈话的过程中,并不直截了当地把学生所应知道的知识告诉他,而是通过讨论问答甚至辩论方式来揭露对方认识中的矛盾,逐步引导学生自己最后得出正确答案。苏格拉底教学法其实就是探究式教学法。

在导学过程中,教师要注意启发学生的思维。在"导学探练测"这一课堂模式中,单独把"探"拿出来自成一个环节,目的就是强调培养学生思维品质的重要性。教师要克服"一言堂"这一教学现象,首先就要做到"不愤不启,不悱不发"这一启发式教学,明确所教学科的课程目标,尤其是思维目标。在此基础上,了解学生现有的思维水平,对学生还没有形成的思维习惯要做到心中有数。在设置教学环节时,时刻谨记自己的教学目标,我们引导学生的是某一种或某几种思维训练,而不是熟记题型,不是死记做题方法。所以,课堂设计中老师要指导学生的思维训练,在梳理导思、情境导思、问题导思、创新导思、溯源导思、反思导思等方面做好提前的准备工作。

在课堂教学中要创设思维情景,让学生思维活跃并且有效,将学生的思维需要转化为思维活动,如安排适当活动、设置恰当的语境情景、留出质疑问难时间、让学生自我探究、让学生自我推理等,让学生的思维真正达到由表面到深层、由现象到本质的高度。

4. 练——科学设置训练题

培养学生联系的思维,对学生进行系统规划和合理指导,对习题的功能要与思维的培养联系起来,从怎样提高解题素质上考虑练习,不搞题海战术,主要培养巩固学生的思维能力和解决问题的能力。把新课、阶段性复习、高考复习等不同阶段的习题教学,都定位在思维训练这一目标下,而不是理解知识、熟练各种试题类型这个单一目的上。习题教学目的要有全面性、应用性和体验性,克服要求高一些总比低一些好的错误观点,设置难度标准恰当的习题,让多数学生通过努力后能获得习题的正确答案或大部分正确答案。在此认识下,教师指导学生训练巩固,拓展提升。

练习就是学生在老师的指导下进行积极、主动、有效地操作活动,老师引导学生练作业、练实验、练思维、练表达。在训练过程中,只有紧跟我们的新课标,熟悉我们的学科素养,培养学生的思维能力,才能形成物理学科素养。

5. 测——达标测验, 即时反馈

测验是学案制定与课堂教学一个必不可少的环节。这个环节是教师与学生沟通的重要步骤,是教师修改、制定课堂教学计划的重要依据,同时,它也能对学生的自主学习起到鞭策和导向作用。检测可以让我们对学生的学习情况进行及时地反馈与矫正,对培优补差也很有帮助,还可以督促学生认真听讲,强化正确认识,矫正错误,反思纠错。

在检测设计时,在注意构建好知识框架的同时,要有适当的变式题型出现,适当的障碍题有利于让学生的情境应对能力逐步提升。总之,检测环节的出现,是我们教学最后的收口与升华环节,教师做好这一工作,需要科学地构建、巧妙地选题。

(三)"导学探练测"的高效课堂特点

1. "导学探练测"课堂形态

通过任务驱动、情境体验、真实探究、迁移提升,引导学生自主探究与思考,积极参与,发现问题并生成问题,引导学生参与实验、参与实践,为学生提供自我活动的空间、时间与机会。通过任务创造、过程实施、能力提升,引领学生在真实、具体的情境中,体验学习过程,完成学习任务,培养核心素养。

2. "导学探练测"育人方式

通过任务驱动变"要我学"为"我要学",通过情境体验变"关注知识"为"关注

人",通过"真实探究"变"关注学习结果"为"关注学习过程",通过"迁移提升"变"关注实践应用"为"关注素养达成"。注重激发学生的学习兴趣,提供学生自主学习的动力,让学生动起来,让学生活起来,让学生问起来。

(四)"导学探练测"具体措施

1. 掌握学情,加强科学探究

随着新课标的深入学习,培养学生思维能力的重要性已经成为共识。约翰·杜威指出:"教育在理智方面的任务是形成清醒的、细心的、透彻的思维习惯,这是个体经验改造要达成的首要目标。"教师作为学生的领路人,要把备课的重点放在挖掘学生主体作用上,即了解学情,包括家庭、智力、心理、意志、兴趣等,只有找准切入点,才能激发学生的求知欲望。

2. 指导学法,优化思维品质

苏格拉底说过:"思维应当诞生在学生的心里,教师仅仅应当像助产士那样办事。"教师的任务就是做学生新思维的"产婆",以暗示性的语言和相关事例的方式进一步启发和引导学生积极思考,培养学生的科学思维品质。

3. 注重教材,落实课程标准

教材是教学的根本依据,驾驭教材不只是拥有知识,教材中不仅有知识内容,而且蕴藏着丰富的思想性、科学性、教育性的内容。教师对教材内容的理解,不但要理解知识内容,更重要的是要理解其中的思维能力训练的内容和思想内容的教育方法,通过教学把握训练的科学过程和进行思想教育的具体步骤。要做到这一点:应研究教材的逻辑性,运用科学的思维方法,做到讲述严谨细致、思路清晰;应研究教材的系统性,注意教材内容的前后联系,把教材中的知识点有机地结合起来,做到融会贯通,使知识系统化;应研究教材的合理性,针对学生的实际情况,联系生活巧妙设置问题,引导学生思维。教师不要照本宣科地背诵别人的结论,让人觉得枯燥无味,更不至于教师自己滔滔不绝,而学生却昏昏欲睡。

4. 研究高考,对应评价体系

对新课标及高考评价的"一核四层四翼"、历年高考真题,要进行深入研究。教师教学始终围绕着"考什么,教什么;考多难,教多难"做文章。高考到底考什么呢?课标和考试说明都有明确的规定和要求,历年高考真题都有生动的体现,专家的命题评价报告也有权威的分析和科学的预测。因此,教师通过认真学习和研究课标、考试说明、新课改以来高考真题和高考命题评价报告,明确高考要求,做到有的放矢。

5. 精选题目,提升实战能力

对训练题进行筛选和精选,提高训练的针对性。在信息高度发达的今天,各种各样的高考资料很多,如果不加选择,就可能在信息的海洋中迷失方向。物理备课组所有老师要发挥集体的智慧,认真搞好试题精选。我们提倡教师走进题海,学生走出题海。教师通过大量做题,可以对各类信息试卷聚焦的问题进行整合;对与历年高考试题相近的基础题进行针对性训练,尤其是对近几年的山东物理等级考试卷认真研究,寻找规律。训练要求针对性强,训练要由点及面、构成系列。

三、"导学探练测"课堂评价标准

"导学探练测"课堂评价标准如表 2-1-1 所示。

表 2-1-1 "导学探练测"课堂教学评价标准

班级		学生人数	应到		科目		教师		得分
			实到		课型		时间		
课题									
评价对象	评价要点		评 价 指 标						
教师 (50分)	教学目标 (10分)		(1) 学科核心目标表达明确,符合新课标、新教材要求,与学生自身的心理特征和认知水平相适应。 (2) 能够激发学习兴趣,重视学习习惯的养成和学习思维与能力的培养。 (3) 充分挖掘教材中的教育因素,把立德树人这一核心目标贯穿于课堂教学的过程之中						
	导学案设计 (15分)		(1) 教学内容选择科学合理,符合课标、教材要求,没有知识性错误。教学内容注重与学生生活、社会实际和学生已有的知识经验的联系;课堂容量适合学生实际。 (2) 抓住主干知识,重点、难点处理适当,条理性强。教师能够恰当地处理教材,重点突出,突破难点的方法合理有效。 (3) 能创造性地使用教材,对教学资源进行合理拓展和运用,克服随意性。 (4) 环节清晰,突出学生的主体地位						
	教学实施 (25分)		(1) 能根据"导学探练测"课堂教学模式驾驭课堂,教学思路清晰,突出重点和难点,解决难点的方法有效,指导具有针对性、启发性、实效性;课堂结构合理,知识的教学、思维的培养、技能的训练、能力的培养处理得当,符合教材内容要求,重在把知识转化为思维与能力。						

评价对象	评价要点	评 价 指 标	
教师 (50分)	教学实施 (25分)	（2）体现学为中心，能面向全体学生，兼顾个体差异，注重学生有效参与；课堂组织、调控能力强，对突发情况处理及时、恰当；能根据教学反馈信息及时调整教学活动。 （3）根据学生实际指导学法，善于引导学生思考问题，能够让学生自主学习、合作学习和探究学习，激发学生的学习兴趣。 （4）能为学生提供和创造适宜的学习条件和环境，为学生自主学习指明方向，创设探究情景，培养学生思维能力、创新能力及意识。 （5）课堂气氛和谐，师生关系融洽，绝大多数学生情绪高昂，能调动学生积极参与课堂教学活动，不同层次的学生都能参与。 （6）学生有自主学习的时间，体现经验建构和探究式的学习过程，培养学生独立思考的能力，能在学习中主动提出问题。 （7）教学语言"精、准、畅"，具有亲和力，教态自然，板书规范，教具以及现代教育技术手段运用娴熟，教学趣味性强	
学生 (50分)	参与状态与 学习效果	（1）课堂学习中，学生主体地位突出，学习兴趣浓厚，充满激情，有积极的情感体验，表现为好学、乐学、会学，并形成正确的价值观，学生能基本掌握课程标准所要求的知识和技能，思维和创新，在学会学习和解决实际问题方面形成一些基本策略。 （2）学生能自主学习、独立思考，能充分地融入学习小组或者活动，积极参与探究合作活动。 （3）学生认真参与课堂教学评价活动，积极思维，具有一定的质疑精神，能倾听他人意见，具有较好的沟通协作能力。 （4）时间利用得当，圆满完成教学任务，达到预期目标，不同层次学生都能学有所得，体验到成功的愉悦。 （5）学生学习习惯得到有效锻炼，学习能力得到进一步发展，学生能体验到学习的成就感	
总体评价：优秀（90分以上）；良好（70～80分）；合格（60～70分）；不合格（60分以下）			

附课时案例一

【选择性必修一】 第一章 动量守恒定律

第三节 动量守恒定律

一、教学内容分析

"动量守恒定律"是选择性必修一课程中"动量与动量守恒定律"主题下的一

节内容。课程标准要求为，本节课通过理论推导和实验，理解动量守恒定律内容，能用其解释生产生活中的有关现象。知道动量守恒定律的适用条件和普适性。通过查阅资料，了解中子的发现过程，讨论动量守恒定律在其中的应用和作用。动量守恒定律对于发展学生的运动与相互作用观念和科学思维很重要。本节课强调理论推导和实验的统一，要求我们能用所学的牛顿运动定律和加速度的关系式推导得出动量守恒定律，还要学会通过实验进行探究或验证，对物体相互作用过程中系统的动量守恒加深理解。学生通过学习物理学研究问题的基本思路和方法，发展科学推理能力和科学论证能力。需要学生在不同情境中应用动量守恒定律解释现象，分析和解决问题。学生需要知道动量守恒定律可以通过牛顿运动定律和运动学公式推导得出，并要知道动量守恒定律比牛顿运动定律的适用性更广，对研究宏观物体和微观粒子都适用。

二、学情分析

学生已从前面实验中知道碰撞前后物体动量之和不变，具备一定的逻辑思维能力，学生能在熟悉的问题情境中应用常见的物理模型，但在新情境中则需要建立新的物理模型；学生已掌握科学探究的一般方法，但运用知识解决问题的能力还有待提高。

三、教学目标

（一）物理观念

新课标对"动量守恒定律"的要求是："通过理论推导和实验，理解动量和动量守恒定律，能用其解释生产生活中的有关现象，知道动量守恒定律的普适性。"学生通过探究和理论推理过程，培养科学探究能力和思维能力；通过与生产生活联系，培养科学态度与责任感；通过定律的学习发现自然界守恒的美，形成重要的物理观念。

（二）科学思维

理解系统、内力、外力的概念，理解动量守恒定律及守恒条件，能运用动量守恒定律解决一维碰撞问题，了解动量守恒定律的普适性，发展相互作用观；会画滑块在气垫导轨上运动的草图，会对研究系统进行受力分析，基于实际情境建构碰撞模型；能根据动量公式计算碰撞前后系统的总动量，并根据测量数据猜测系统碰撞前后动量的关系；能根据动量定理和牛顿第三定律，推导动量守恒定律；能对实验误差进行质疑，并进行理论证明。

（三）科学探究

在实验探究中,培养从碰撞前后滑块的动量数值中探究系统碰撞前后动量关系的意识;会使用天平、游标卡尺,会调节气垫导轨使滑块匀速运动,会应用光电门和数字计算器测量速度,会计算作用前后系统总动量;会使用列表法记录实验数据,并使用 Excel 工具处理数据。

（四）科学态度与责任

能认识到动量守恒定律的普适性:它虽然可以从牛顿第二定律推导出来,但它比牛顿第二定律的应用更广;它不仅适用于两个物体组成的系统,也适用于多个物体组成的系统;不仅适用于宏观物体组成的系统,也适用于微观粒子组成的系统。通过误差分析培养实事求是的精神;通过了解动量守恒定律的物理学史,树立认真、严谨的科学态度;通过守恒定律的学习,感受物理中的守恒美;理解物理与数学、物理与技术、物理与社会的关系,树立科技是第一生产力的责任感。

四、教学重、难点

教学重点:动量守恒定律的内容和适用条件。

教学难点:动量守恒的适用条件、应用动量守恒定律分析解决问题。

五、教学过程

（一）教师主导 学生主体

用气垫导轨进行探究动量守恒定律演示实验导入新课。

1. 教师活动

提出问题:演示实验中的小球,碰撞前后动量有什么变化?

介绍实验器材:气垫导轨、滑块 2 个、光电门 2 个、数字计时器 2 个、天平、游标卡尺。

演示实验:先调平装置,使一个滑块经过两个光电门的时间相等,再让两个滑块相向运动经过光电门,碰撞反弹后再次经过光电门,记录滑块两次经过光电门的时间。重复做三次实验,实验数据记录如表 2-1-2 所示。

组织讨论:分析实验误差。

课堂小结:组织学生谈实验的体会。

表 2-1-2　实验数据记录

数据记录	所处状态						挡光片宽度
	碰前 1	碰后 1	碰前 2	碰后 2	碰前总	碰后总	
时间 t/s							
速度 $v/(m/s)$							
质量 m/kg							
动量 $p/(kg \cdot m/s)$							

2. 学生活动

思考回答：动量可能不变。

观察思考：观察实验装置，建立两滑块运动的模型，实验前知道光电门的测速原理是 $v = \dfrac{L}{\Delta t}$

分析实验误差：知道摩擦力和是否为对心碰撞是本实验的误差来源；会计算相对误差，能提炼出在误差允许范围内动量守恒定律描述内容。

谈心得体会：实验的注意事项及实验中用到的新方法，实验中碰到的问题及解决的方法等。

（二）创设情境推导动量守恒定律

1. 教师活动

创设情境：引入光滑水平面上两滑块相碰的情境，引导学生应用动量定理分析两滑块动量的变化。

组织讨论：两个小球在碰撞过程中各受到什么力的作用？对于两个滑块组成的系统，哪些力是内力，哪些力是外力？两个滑块在碰撞过程中所受到的作用力有什么关系呢？如果水平面粗糙，还能得出动量守恒的结论吗？

2. 学生活动

建立模型：根据运动情境画出运动过程简图（图2-1-1），从实际情境中抽象出碰撞模型。

应用动量定理：分析碰撞过程两球的受力，根据动量定理或牛顿第二定律列出方程。

数学处理：通过计算找出碰前、碰后两球总动量的关系（图2-1-2）。

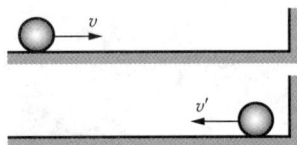

图 2-1-1

小组讨论：水平面粗糙，动量不守恒（教师先不作定论）。

前面我们学习了动量 $P=mv$,冲量 $I=Ft$,以及动量定理 $\Delta P=I$。

问题 1:单个物体动量改变的原因是什么?

例如,小球在光滑水平面上撞墙后反弹回来。

分析:小球在碰撞过程中受到墙作用力的冲量,使它的动量发生改变。动量定理给出了单个物体在一个过程中所受力的冲量与它在这个过程始末的动量变化量的关系,即 $F\Delta t=p'-p$。

问题 2:两个小球相撞后,它们的动量是否变化? 动量改变的原因是什么?

分析:两个小球相撞后,它们各自的动量都发生改变,因为受到对方的冲量。

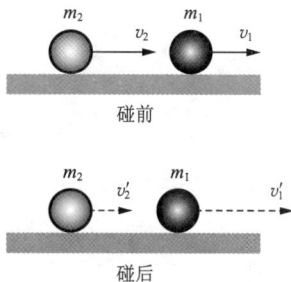

图 2-1-2

所以,如果我们用动量定理分别研究两个相互作用的物体,一定会有新的收获。

相互作用的两个物体的动量改变

如图 2-1-3 所示,在光滑水平桌面上做匀速运动的两个物体 A、B,质量分别是 m_1 和 m_2,沿同一直线向同一方向运动,速度分别是 v_1 和 v_2 且 $v_2>v_1$。当 B 追上 A 时发生碰撞。碰撞后 A、B 的速度分别是 v_1' 和 v_2'。

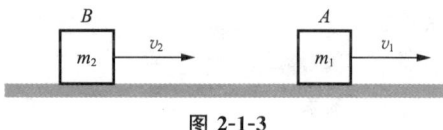

图 2-1-3

如图 2-1-4 所示,碰撞过程中 A 所受 B 对它的作用力是 F_1,B 所受 A 对它的作用力是 F_2。 碰撞时,两个物体之间力的作用时间很短,用 Δt 表示。

图 2-1-4

物体 A 动量的变化量:$F_1\Delta t=m_1v_1'-m_1v_1$

物体 B 动量的变化量:$F_2\Delta t=m_2v_2'-m_2v_2$

由牛顿第三定律 $F_1=-F_2$,故有 $m_1v_1'+m_2v_2'=m_1v_1+m_2v_2$

这说明,两个物体碰撞后的动量之和等于碰撞前的动量之和,并且该关系式对过程中的任意两个时刻的状态都适用。

思考:碰撞前后满足动量之和不变的两个物体的受力情况是怎样的呢?

分析:重力和支持力,相互作用力。

(1) 系统:在物理学中所研究的对象称为系统。如物体 m_1 和 m_2。

(2) 内力:属于同一个系统内,它们之间的力。如物体的相互作用力 F_1 和 F_2。

(3) 外力:系统以外的物体施加的力。如物体受到的重力和支持力。

（三）通过动量守恒定律学习 落实物理观念目标

1. 教师活动

定律内容：组织学生阅读书本，清楚动量守恒定律的表述。

定律条件：强调动量守恒的条件，讲授系统、内力、外力的概念。

定律表达式：强调动量守恒定律方程的矢量性，分析问题时要选好正方向。

2. 学生活动

认知融合：把动量守恒定律与牛顿运动定律、能量守恒定律作为力学三大定律来认识记忆，内化定律内容。

理解定律：掌握动量守恒定律的内容，清楚适用范围和公式中的矢量性；理解系统内力、外力的概念。

动量守恒定律：如果一个系统不受外力，或者所受外力的矢量和为 0，这个系统的总动量保持不变。

表达式：$m_1v_1' + m_2v_2' = m_1v_1 + m_2v_2$

条件：不受外力或受外力矢量和为零。系统的内力远大于外力，可忽略外力。例如：由于没有绝对光滑的冰面和桌面，所以系统受到的合外力严格来说可能并不是 0，但是当内力远大于外力时，可以近似看成是系统的动量守恒。所以说内力远大于外力，也可以近似作为动量守恒的条件。

（四）通过物理学史渗透科学态度与责任观

1. 教师活动

指导学生阅读资料活页，并强调动量守恒定律是力学三大定律之一，它最初是由实验得出的。实验是人类探索自然奥秘的有效手段之一。

2. 学生活动

了解物理学史，提升科学态度和责任观，做富有探索创新精神的时代青年。

（五）联系生活情境 建立应用动量守恒定律的模型

1. 教师活动

播放视频：火箭运送飞船升空、烟花爆炸。

归纳总结：动量守恒定律的适用范围是系统不受外力或系统所受的合外力为零；系统所受合外力虽不为零，但比系统内力小得多；系统所受合外力虽不为零，但在某个方向上的分力总和为零，则在该方向上系统的总动量保持不变，即分动量守恒。

2. 学生活动

观看视频:根据运动情境,抽象出物理模型。

讨论交流:思考火箭发射、烟花爆炸、冰壶对心碰的过程是否满足动量守恒。

做笔记:记录动量守恒的条件。

图 2-1-5

思考与讨论

如图 2-1-5 所示,静止的两辆小车用细线相连,中间有一个压缩了的轻质弹簧。烧断细线后,由于弹力的作用,两辆小车分别向左、右运动,它们都获得了动量,它们的总动量是否增加了?

烧断细线前,系统的总动量为 0;烧断细线后,由于弹力的作用,两辆小车分别向左、右运动,它们都获得了动量,但动量的矢量和仍然是 0。

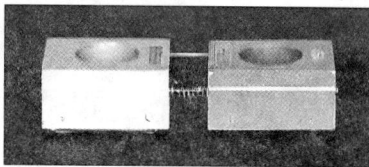

表 2-1-3

初动量		=	末动量	
物块 1	物块 2		物块 1	物块 2
0	0		m_1v_1	m_1v_2

课本例题:如图 2-1-6 所示,在列车编组站,一辆质量为 1.8×10^4 kg 的货车在平直轨道上以 2 m/s 的速度运动,碰上一辆质量为 2.2×10^4 kg 的、静止的货车,它们碰撞后结合在一起继续运动。求货车碰撞后运动的速度。

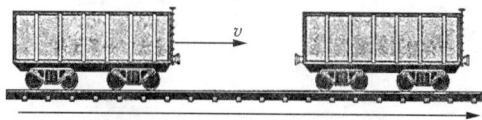

图 2-1-6

分析:两辆货车在碰撞过程中发生相互作用,将它们看成是一个系统,这个系统是我们的研究对象。系统所受的外力有:重力、地面支持力和摩擦力。重力与支持力之和等于 0,摩擦力远小于系统的内力,可以忽略。因此,可以认为碰撞过程中系统所受外力的矢量和为 0,动量守恒。为了应用动量守恒定律解决这个问题,需要确定碰撞前后的动量。

解:① 以两车厢为研究对象,取碰撞前火车运动的方向为正方向。

② 碰撞前动量为:$P_1 = m_1v_1$,$P_2 = 0$

③ 碰撞后粘在一起运动,速度为 v,则碰撞后动量为:$P' = (m_1 + m_2)v$

根据动量守恒定律列表如下。

表 2-1-4

初动量		=	末动量	
物块 1	物块 2		物块 1	物块 2
m_1v_1	0		$(m_1+m_2)v$	

则 $(m_1+m_2)v = m_1v_1$

解得 $v = \dfrac{m_1v_1}{m_1+m_2} = \dfrac{1.8 \times 10^4 \times 2}{1.8 \times 10^4 + 2.2 \times 10^4}$ m/s = 0.9 m/s

两车结合后速度的大小是 0.9 m/s、是正值,表示结合后仍然沿坐标轴的方向运动,即仍然向右运动。

练习:如图 2-1-7 所示,一枚在空中飞行的火箭,质量为 m,在某时刻的速度为 v,方向水平,燃料即将耗尽。此时,火箭突然炸裂成两块,其中质量为 m_1 的一块沿着与 v 相反的方向飞去,速度为 v_1。求炸裂后另一块的速度 v_2。

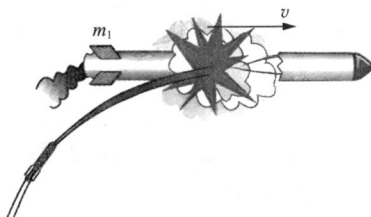

图 2-1-7

分析:炸裂前,可以认为火箭是由质量为 m_1 和 $(m-m_1)$ 的两部分组成。考虑到燃料几乎用完,火箭的炸裂过程可以看作是炸裂的两部分相互作用的过程。这两部分组成的系统是我们的研究对象。在炸裂过程中,火箭受到重力的作用,所受外力的矢量和不为 0,但是所受的重力远小于爆炸时的作用力,所以可以认为系统满足动量守恒定律的条件。

解:① 以火箭为研究对象,取爆炸前火箭运动的方向为正方向;

② 爆炸前动量为:$P = mv$;

③ 爆炸后分开运动,速度为 v_1 和 v_2,则碰撞后动量为:$P_1 = m_1v_1$,$P_2 = (m-m_1)v_2$。

根据动量守恒定律列表如表 2-1-5 所示。

表 2-1-5

初动量		=	末动量	
物块 1	物块 2		物块 1	物块 2
mv			m_1v_1	$(m-m_1)v_2$

则 $m_1v_1 + (m-m_1)v_2 = mv$

解得:$v_2 = \dfrac{mv - m_1v_1}{m-m_1}$

$m-m_1 > 0$,于是,v_2 为正值。这表示质量为 $(m-m_1)$ 的那部分沿着与坐标轴相同的方向,即沿原来的方向飞去。

(六)课堂小结

本课你学习了什么内容? 获得了哪些物理观念? 在学习过程中,你遇到了什么问题? 你是怎样解决的? 本节课的学习中你获得了哪些成功的体验?

六、教学反思

本节内容教学设计首先采用气垫导轨演示实验测量碰撞前后系统的动量是不变的,让学生形成感性的认识,再用动量定理和牛顿第三定律两个知识点推理得到系统动量守恒定律。再从物理学史角度认识动量守恒定律的建立过程,最后采用逻辑推理得到动量守恒定律的内容。这种安排使得学生对动量守恒定律的认识更加全面,从而了解了动量守恒定律在物理学的重要地位。

第二节　"导学探练测"教学模式下的导与学

推进课堂教学改革的根本目的是提升课堂教学效率,打造高质量课堂。"导学探练测"教学模式中"导"与"学"是前提,一份高质量的导学案对推进"导"与"学"事半功倍,关乎一堂课的质量高低,所以,作为教师备课、上课重要组成部分的导学案,在提升课堂教学效率上的重要性、必要性不言而喻。那么,如何设计备写一份优质导学案来引领高质量课堂呢?

一、准确认识导学案是前提

导学案是经教师集体研究、个人备课、再集体研讨得来的,是根据学生的基础水平、认知经验制定的,用于指导学生自主学习、主动参与、合作探究、优化发展的指导性材料;是教师指导学生自主学习的总的指导思想。它将物理观念问题化,科学探究过程化,科学思维、科学态度和责任的培养潜移化,是学生学会学习、学会创新、学会合作、自主发展的路线图,也是教师掌握学情,把握重点、难点教学策略的重要依据。

导学案中的"导"指的是对学生的学习内容、学习目标、学习方式、学习策略、学习过程的引导,它包含教师根据课程标准要求和学生特点进行的指导和点拨。"学"指的是学生自学,包含学生自我的自主学习和教师指导下的独立学习,通过学习掌握必备知识、关键能力,形成物理学科素养。以学为主,以学定导,先学后导,导学合一。

导学案是连接课前与课堂的桥梁和纽带,是学生进行自主学习的依据,是学生学会学习、学会创新、自主发展的路线图。学生可以通过导学案了解教师的教学意图,从而进行有效的预备学习,是物理学科核心素养的出发点、着眼点、着力点和落脚点。

二、高质量课堂构建 优质导学案设计是基础

对优质导学案的设计,我们不能单纯地追求"形似",更重要的是要"神似"。要通过对教材的深入挖掘和对学生学习情况的研究,把学生自学、小组合作、展示质疑等活动恰当有序地设计于导学案中,落实在教学活动中。要力戒盲目下载、生搬硬套,为了迎合导学案设计的形式而将知识内容的学习掌握与学生能力的培养隔离开来,使原本流畅有序的课堂教学变得支离破碎而降低课堂教学的效率。务必要做到每堂课自我三问:一是效率真的提高了吗? 二是学生真正受益了吗? 三是所有的学生都受益了吗? 要解决这个问题,需要我们从下面这些角度思考。

导学案要具有知识性。导学案要让学生明确学习内容,使知识内容问题化。应注意不要将导学案、讲案、练案混为一谈,不要仅是知识的罗列与堆积,更不要将课堂教学变成了通对答案或习题讲评。

导学案要具有层次性。导学案制定需要从学生的实际出发,根据教师的理解制定。切忌大而难,让学生预习起来不仅吃力而且耗时无效果,因为不同的个体运用的是同一张导学案,所以在导学案上要具有层次性。教师要充分考虑学生的接受能力,做到"低起点、密台阶、多问题、精练习、勤反馈",有效挖掘每一个学生的学习潜能。创造人人参与的机会,提高人人参与的能力,增强人人参与的意识,激励人人参与的热情。

导学案要具有目标性。目标要可操作、可达成、可检测,重点突出、要点明确、设计条理、标注清晰。目标要与物理学科核心素养紧密结合,要体现教学意图和课标的基本要求。

导学案要具有生成性。不同课型、不同环节、不同时段,把握住精要,让知识点贯穿成络是基础,而最为关键的是知识的生成、问题的生成。只有知识生成、问题生成才能便于后期教师点拨过程中的归纳、总结、升华,否则极易形成一味通过练习代替知识的生成的现象,成为变相的填鸭式教学。

导学案要具有指导性。"导"与"学"的目的是教会学生自主学习。在编制导学案过程中要针对学生的学去精心设计,要充分体现教学的指导性,要在学习的目标、范围、任务、方法上巧安排,在启发学生思考、帮助学生理解、调控学生时间

等学习过程中做到规划到位、系统完整。

导学案要具有挑战性。导学案要使学生充满学习信心,勇于探索和挑战。问题设计要体现导读、导探的功能,要引导学生的自主学习逐步深入,学案内容的难度要设置在学生的最近发展区,激发学生课堂学习的积极性和主动性,进而在课堂上能够实现把有限的精力集中在急需解决的问题上,以保证课堂教与学的高效益。

三、高质量课堂构建 发挥导学案功能

导学案的功能体现在"导""学""案"三个字上。即教师有针对性地指导,学生能积极地、自主地、有案可依地、科学有序地学习,达到培养学生终身学习的意识和能力的目的等。让学生能自觉、有效地获取、评估、鉴别、使用信息,并拥有对自己学习状态进行审视的意识和习惯,善于总结经验,能够根据不同情境和自身实际,选择或调整学习策略和方法等。

(一)"导"就是指引、带领、传引、传向、启发

"导"主要是指学案本身对学生的学习内容、学习目标、学习方式、学习策略、学习轨迹的引导,同时包括教师根据课程标准要求和学生特点,积极地、有针对性地加以指导和点拨,塑造学生的天性,从而最大限度地发挥学生的潜能,提高学习效率,使每个学生都获得理想的学习效果,大面积提高教学质量。

学习目标要有导向功能。导学案要有思想,目标的表述要具体,在问题设置、层次设置、训练设置上目标明确,让学生读得明白,知道要做什么、怎样做、达到什么要求,让学生一目了然,便于利用。

课堂环节要有导线功能。导学案要有深度,应体现知识的来源与出处、思想,要体现知识的生成,要体现知识的内涵与外延,要体现解决问题的方法,要体现知识的应用及解决方法,不能只是题目的罗列与堆积。通过明确目标、自主探究、合作交流、展示提升、巩固提高、达标检测,发挥导学案的导线功能。

学法指导要有导航功能。导学案要有线索性,让学生知道哪些环节是自主完成的,或能根据学案提示的问题很好地进行自主学习,哪些是合作探究之后要展示的,展示的方法与目的是什么。要在各个学习环节设有学法指导,方便引导学生学习。要明确告诉学生从哪些角度进行实验、观察、记忆、联想、对比、归纳、演绎、思考、讨论、探究等,让学生懂得知识与能力的出处与归处。

习题研究要有导学功能。导学案要有层次感。导学案要明确哪些习题是学生能解决的,哪些是通过探讨能够掌握的,哪些是需要了解等待老师讲解的,习题训练应体现研究性,不能过于浅显,也不能一棍子打死,也就是说,导学案要以人为本。习题的设计应紧扣本节课的教学内容和核心素养的培养目标及学生的

认知水平。注意科学思维培养的连续性、程序性、递进性和助推性。

必备知识要有导疑功能。导学案要有探究性。导学案要帮助学生从物理学的视角认识自然、理解自然，建构关于自然界的物理模型；引导学生经历科学探究过程，体会科学研究方法，养成科学思维习惯，增强创新意识和实践能力。

关键能力要有育人功能。导学案要有核心意识，"以核心素养为本"是新课程的核心理念。唯有当学生能自由参与创新，自主实现知识的自我内化时，身心方才处于最佳状态，思维方能被激活。"学案导学"要把以学科核心素养为本的理念具体化，可操作性强，并真正有利于教师树立起以学科核心素养为本的新理念，培养学生的科学态度、科学世界观和正确的价值观，为学生将来做有社会责任感的公民奠定基础。

（二）"学"就是效法、钻研知识从而获得知识

此处主要是指学生自主学习或教师指导下的自学，老师要明确为谁设计导学案，明确学习的主体。学是目的，导是策略、是手段。通过自主学习，培养学生的问题意识；培养学生独立思考、独立判断的能力；培养学生缜密思维，多角度、辩证地分析问题，做出选择和决定的能力等。

（三）"案"是指提出计划、方法和建议的文件或记录

案是一个方案、一种设计，而不仅仅是学习材料的堆积，不仅仅是习题的组合。导学案是指导、引领学生自主学习的学习方案。学习方案规划的关键点是教师根据学生的年龄特征和学习经验，因材施教，以帮助学生产生学习兴趣，开发学习潜能。

四、高质量课堂构建 注重教后导学案的反馈

教学评价本就是反思教学的一项程序，通过反思可以使教师自我成长。教师在做好记录的基础上，对导学案加以反思、修改、保存，形成导学案集，方便传承和借鉴。美国心理学家波斯纳曾经指出，教师的成长等于经验加反思。教师的反思即把自我和教学活动本身作为意识的对象，不断地对其进行计划、检查、评价、反馈、控制和调节。可见，如果教师没有进行反思，就不会扬长避短，就不会真正地成长。教师反思角度如下。

从课前准备角度进行反思。课前准备要明确每一堂课的学习目标，准备好课堂上需要用到的资源材料，设计好课后作业内容。从目标的明确度及完成度，从知识构建系统的流畅、有序、完整度，从因材施教、分层教学的可操作度，从环节设计中导入恰当、情景创设、思维活动等方面的科学度，从导学案的灵活度，等等多维度进行反思。

从实施过程角度进行反思。实施过程要完整流畅,达成目标。要从发布学案、评阅学案、释疑解惑、引导反馈、当堂达标等环节进行反思。

从素养养成的角度反思。素养养成要看学生主体地位的发挥,要看学生的收获、发展与成长;要从物理学科的核心素养的四个角度进行反思,看是否对学生有激励与发展。

"学案导学"的教学策略是适应新课程的、一种有效的教学方式和教学策略,它构建了师生互动的平台,充分落实了学生学习的主体性地位,科学地发挥了教师的主导作用,开辟了课堂效率及教学质量提升的有效途径。因此要对导学案不断改进,尽可能加大教师的导学空间,同时配备教案与练案,以使教师的主导作用能够得到科学、极致地发挥,获得最佳的教学效果。

附课时案例二

【必修一】 第四章 牛顿运动定律

第一节 牛顿第一定律

一、学习目标

(一)物理观念

能准确描述牛顿第一定律的内容,并能对它所揭示的运动和力的关系有深刻理解,形成运动与相互作用的物理观念。通过实例说明质量是物体惯性大小的量度。

(二)科学探究

了解伽利略关于运动和力的关系认识,了解他的理想实验和相应的推理过程,领会实验加推理的科学研究方法。

(三)科学思维

通过科学探究形成科学思维,养成科学推理和想象能力。理想实验的科学思维过程是:提出问题—设计实验—分析实验现象—科学抽象(抓住主要方面、忽略次要因素)—合理推理、得出结论。

(四)科学态度与责任

了解牛顿第一定律的发现过程,体会人类认识事物本质的曲折过程,养成严谨的科学态度与责任。

二、学案导学

所谓理想实验,是人们在思想中塑造的一种理想过程,是逻辑推理的一种方法和形式,是抓住主要方面、忽略次要因素的一种科学研究方法。

牛顿第一定律的内容:_____。

物体具有保持其原来匀速直线运动状态或静止状态的性质叫_____。惯性是物体本身具有的一种属性,与物体所处的运动状态_____,_____是惯性的唯一量度。物体的_____越大,惯性越大;物体的_____越小,惯性越小。

思考:我们经常提到物体处于什么运动状态或物体的运动状态发生了改变等。那么,描述物体运动的几个物理参量中哪一个是描述物体运动状态的标志呢?

三、核心知识小组合作探究

(一)理想实验的魅力

1. 亚里士多德的观点

古希腊哲学家亚里士多德根据一些简单的生活经验认为力是_____
____的原因。这一错误判断持续了近两千年,直到 17 世纪,意大利著名物理学家伽利略,根据理想实验打破了凭直觉得出的力是_____的原因的错误观点对人们的长期束缚。

2. 理想实验

如图 2-2-1 甲所示,让小球沿一个斜面从静止滚下来,小球将滚上另一个斜面。如果没有摩擦,小球将_____。

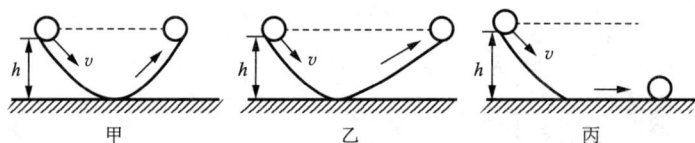

图 2-2-1

如果第二个斜面倾角变小,如图 2-2-1 乙所示,小球在这个斜面上达到原来的高度就要通过更长的路程。

继续减小第二个斜面的倾角,如图 2-2-1 丙所示,使它最终成为水平面,小球就再也达不到原来的高度,_____。

3. 伽利略的结论

水平面上运动的物体之所以停下,是物体_____的缘故,也就是说,力是_____。

4. 实验意义

伽利略理想实验将可靠的事实和理论思维结合起来,其思维过程采用"＿＿＿＿＿＿＿＿＿＿＿＿＿＿——设计思路——推断结论"的方式。

（二）牛顿物理学的基石——牛顿第一定律

1. 牛顿第一定律的内容

一切物体总保持匀速直线运动状态或静止状态,除非作用在它上面的力迫使它改变这种状态。

2. 对牛顿第一定律的理解

（1）物体不受外力时所处的状态是静止或匀速直线运动,我们把这样的状态叫平衡状态,物体处于平衡状态的条件是物体受到的外力的合力为零。

（2）物体运动状态的改变是因为受到力,力是改变物体运动状态的原因,而不是维持物体运动状态的原因,或者说力是产生＿＿＿＿＿＿＿＿的原因。

（3）一切物体都具有保持原来运动状态的特性——惯性。惯性不是外界强加给它的,是物体固有的,一切物体都具有惯性。

（4）知识链接

① 明确了惯性的概念。"一切物体总保持匀速直线运动状态或静止状态",揭示了物体所具有的一个重要属性——惯性,即物体总保持匀速直线运动状态或静止状态的性质。

② 确定了力的实质。"除非作用在它上面的力迫使它改变这种运动状态",实际上是对力的本质的定义,即力是改变物体运动状态的原因,而不是维持物体运动的原因。对这一点要切实理解。

③ 定性揭示了力和运动的关系。牛顿第一定律指出了物体不受力作用时的运动规律,它描述的只是一种理想状态,而实际中不受外力作用的物体是不存在的。当物体受外力作用、但所受合力为零时,其作用效果跟不受外力作用时相同。因此,我们可以把理想情况下的"不受外力作用"理解为实际情况中的"所受合外力为零"。但千万不要理解为牛顿第一定律是牛顿第二定律的特例。

（三）惯性与质量

【**问题情境**】　我们可以轻松地把一个石子拿起并扔远,但要拿起并扔远一个 10 kg 的铅球,却很费力,这是为什么?

1. 对惯性的理解

（1）惯性与力。

① 惯性＿＿＿＿＿＿＿力,而是物体本身固有的一种性质,因此说"物体受到了惯

性作用""产生了惯性""受到惯性力"等都是错误的。

② 力是改变物体_____的原因,惯性是维持物体运动状态的原因。力越大,运动状态越易改变;惯性越大,运动状态_____改变。

③ 惯性与物体的受力情况_____。

(2) 惯性与速度。

① 速度是表示物体运动快慢的物理量,惯性是物体本身固有的性质。

② 一切物体都有惯性,和物体是否有速度及速度的大小均无关。

2. 惯性与质量

(1) 惯性是物体的_____,一切物体都具有惯性。

(2) _____是物体惯性大小的唯一量度,_____越大,惯性越大。

(3) 质量:只有大小,没有方向,是_____。单位是千克,符号为 kg。

(四)课堂小结

(五)解题方法探究

例1.(多选)关于伽利略理想实验,以下说法正确的是( )。

A. 伽利略的理想实验是假想的,是没有科学依据的

B. 伽利略的理想实验是在可靠事实的基础上进行抽象思维而创造出来的一种科学推理方法,是科学研究中的一种重要方法

C. 伽利略的理想实验有力地否定了亚里士多德的观点

D. 现在伽利略的斜面实验已不再是理想实验,是可以做的实验了

例2.(单选)关于牛顿第一定律,以下说法正确的是( )。

A. 由牛顿第一定律可知,物体在任何情况下始终处于静止状态或匀速直线运动状态

B. 牛顿第一定律只是反映惯性的大小,因此也叫惯性定律

C. 牛顿第一定律反映了物体不受外力作用时的运动规律,因此物体在不受外力时才有惯性

D. 牛顿第一定律既揭示了物体保持原有运动状态的原因,又揭示了运动状态改变的原因

例3.(单选)我国《道路交通安全法》中规定:各种小型车辆前排乘坐的乘客(包括司机)必须系好安全带。下列说法正确的是( )。

A. 系好安全带可以减小人的惯性

B. 系好安全带可以减小车的惯性

C. 是否系好安全带对人和车的惯性都有影响

D. 系好安全带可以防止因惯性对人造成的伤害

例 4.下列说法正确的是(　　)。

A.一位同学看见某人用手推静止的小车却没有推动,于是说是因为这辆车惯性太大的缘故

B.运动得越快的汽车越不容易停下来,是因为汽车运动得越快、惯性越大

C.把一个物体竖直向上抛出后、能继续上升,是因为物体仍受到一个向上的推力

D.放在光滑水平桌面上的两个物体,受到相同大小的水平推力,加速度大的物体惯性小

四、达标测试

1.(单选)下列说法正确的是(　　)。

A.伽利略理想斜面实验的结论是完全基于实验事实得出的

B.伽利略理想斜面实验证明了力不是物体维持运动的原因

C.牛顿第一定律(惯性定律)反映了物体不受外力作用时的运动规律,因此物体只在不受外力时才有惯性

D.由牛顿第一定律可知,物体在任何情况下始终处于静止或匀速直线运动状态

2.(单选)如图 2-2-2 所示:在匀速行驶的火车车厢内,有一人从 B 点正上方相对车厢静止释放一个小球,若不计空气阻力,则小球(　　)。

A.可能落在 A 处　　　　B.一定落在 B 处

C.可能落在 C 处　　　　D.以上都有可能

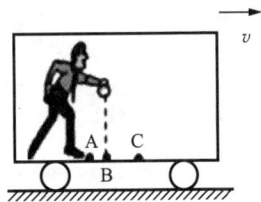
图 2-2-2

3.(单选)如图 2-2-3 所示,对于光滑的水平面上以速度 v 匀速运动的物体,下列说法正确的是(　　)。

A.物体向前运动,肯定受到向前的作用力

B.物体速度的方向就是物体惯性的方向

C.物体向前运动,没有受到向前的作用力

D.在这种情况下,物体的惯性相当于力的作用

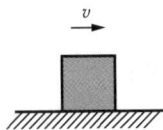
图 2-2-3

4.(单选)如图 2-2-4 所示,在一辆上表面光滑的小车上,有质量分别为 m_1、m_2 的两个小球($m_1 > m_2$)随车一起匀速运动,当车突然停止时,若不考虑其他阻力,设车足够长,则两个小球(　　)。

A.一定相碰　　　　B.一定不相碰

C.不一定相碰　　　D.难以确定是否相碰,因为不知小车的运动方向

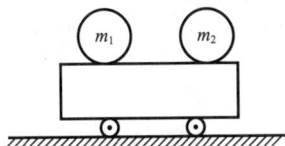
图 2-2-4

5.(多选)关于牛顿第一定律,以下说法正确的是(　　)。

A.牛顿第一定律是实验定律

B. 牛顿第一定律说明力是改变物体运动状态的原因

C. 牛顿第一定律和惯性的实质是相同的

D. 物体的运动不需要力来维持

6.(单选)科学思维和科学方法是我们认识世界的基本手段。在研究和解决问题的过程中,不仅需要相应的知识,还要注意运用科学的方法。

理想实验有时更能深刻地反映自然规律。伽利略设想了一个理想实验,如图 2-2-5 所示,其中有一个是经验事实,其余是推论。

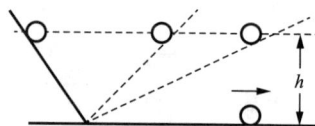
图 2-2-5

① 减小第二个斜面的倾面,小球在这个斜面上仍然要达到原来的高度;② 两个对接的斜面,让静止的小球沿一个斜面滚下,小球将滚上另一个斜面;③ 如果没有摩擦,小球将上升到原来释放的高度;④ 继续减小第二个斜面的倾角,最后使它成水平面,小球要沿水平面做持续的匀速运动。

请将上述理想实验的设想步骤按照正确的顺序排列_____(只要填写序号即可)。在上述的设想步骤中,有的属于可靠的事实,有的则是理想化的推论。下列有关事实和推论的分类正确的是(　　)。

A. ①是事实,②③④是推论　　B. ②是事实,①③④是推论

C. ③是事实,①②④是推论　　D. ④是事实,①②③是推论

7. 如图 2-2-6 所示,一个劈形物体 M,各面均光滑,放在固定斜面上,上面成水平,水平面上放一个光滑小球 m,劈形物体从静止开始释放,则小球碰到斜面前的运动轨迹是(　　)。

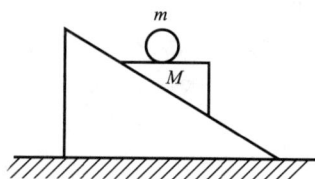
图 2-2-6

A. 沿斜面向下的直线　　B. 竖直向下的直线

C. 无规则曲线　　D. 抛物线

第三节　"导学探练测"教学模式下的合作学习

"导学探练测教学"模式下的"探",指的是探究的过程,我们在探究的组织形式上主要采取合作学习和分层学习两种形式。本节重点讲解合作学习。

合作是为了实现共赢,在合作小组中承担个人责任,发挥个人潜能,从而有能力通过有效的合作学习步骤获得良好的合作学习效果。小组合作教学能促进学生可持续发展,培养学生终身学习的意识和能力。

加拿大斯莱文认为,合作学习是指使学生在小组中从事学习活动,并依托他们整个小组的成绩获取奖励或认可的课堂的教学技术。

美国约翰逊认为,合作学习就是在教学上运用小组,使学生共同活动,以最大程度地促进他们自己以及他人的学习。

孔子的学生水平千差万别,他教学成功的关键在"论",即通过辩论和实践检验来推广思想,是合作探究教学的典范。

波尔实验室之所以世界闻名,是因为它没有真正的老师,只有学生争论不完的问题和做不完的实验。这种氛围培养了大量的科学家及诺贝尔奖获得者,是合作探究的又一典范。

合作学习是一种有效的教学手段,通过小组合作、讨论、实践等方式,培养学生的各种能力,提高学习效果和自我表达价值,具有极为重要的实践意义和价值。

一、合作学习设计应具备的几个特点

(一)合作学习要"集体性""实际性"与"特殊性"兼备

小组的设置是经班主任与任课教师集体研究的,既要考虑学生的学习状况、纪律观念、思维活跃程度,又要考虑价值观倾向,做到互补性,还要考虑每位任课教师所带的班级不同、学情不同。这就需要我们在深入调研分析班级学情的基础上,再根据学生个人学情实际对小组合作的设计做"个性化"的修改完善,最后经过老师二次审核,对每一个教学环节再推敲。这样,我们的合作探究教学才能做到既可满足全体学生的学习需要,又能为不同层次学生的个性化发展服务,真正解决了"营养不良"和"消化不良"的问题。

(二)合作学习要让物理核心素养兼备

要让学生通过导学过程达成学习目标,训练学生自主学习的方法和技能,提升学生自主合作学习的能力和水平。培养学生的学科素养是我们落实新课程改革的基本内涵和发展要求,因此,我们在小组合作教学的设计过程中不能只突出知识的强化训练而忽视了方法与能力的培养,要选择学生必备的基础知识内容,通过精心思考做具体化的问题设计,倡导学生主动参与、乐于探究、勤于动手,培养学生搜集和处理信息的能力,让学生通过学习过程掌握一定的学科学习、探究方法与技能。要注重在设计过程中加强课程内容与生活实际以及现代社会和科学发展的联系,培养学生用科学的眼光、角度和方法来认识自然社会和科学技术的发展。

(三)合作学习要突出物理学科特点 体现学习趣味

物理学科有其独特的学科语言符号、学科思想和学科方法。学科方法是学科思想在教学活动中的具体反映和体现,是处理、探索、解决学科问题,实现学科思想的手段和工具。在合作学习时,我们要通过精心设计问题,有针对性地训练学生的学科方法,进一步强化学生的学科思维和能力。合作学习要达到引导学生自学的目的,其中的"学习味"不可缺少,长时间的平铺直叙和缺少思维容量的无效问题探讨,很容易造成学生的厌倦和疲劳,甚至无所事事。为此,在问题设置上,鼓励性、激励性设问不可或缺,它能够有效地提升学习的兴趣与正能量。

(四)合作学习要体现人文素养和科学价值观的培养

合作学习在激发学生学习兴趣,引导学生自主学习的基础上,要根据学习内容,联系教学情境设计一些有利于激发学生参与热情的生活实例、实验和体验教学内容,以增强合作探究活动的趣味性和人文性。我们在合作探究的设计过程中既要确保知识内容、题设环境准确科学无误,还要保证问题的选择、环节的设计符合学生的认知规律,遵循学习的循序渐进原则,保证按照学科的逻辑系统和学生认识发展的顺序进行设计,使学生系统地掌握基础知识、基本技能,形成严密的逻辑思维能力和正确的科学价值观。

二、合作学习是高质量教学模式的重要体现

(一)合作学习——让课堂因学生的广泛参与而提高质量

教师作为教学的引导者,应培养学生主动参与的意识。要充分发挥学生主观能动性,让学生积极主动地开展学习,让学生成为课堂的主人,成为自主、合作、展示、质疑、评价学习活动的实践者和受益者,让每一位学生通过思考、交流、展示、质疑而真正感悟到课堂所带给他们收获知识的快乐和掌握技能的自豪感,让课堂因为学生充满热情的参与而成为思维驰骋的原野和成就梦想的知识乐园。教师通过目标引领,充分激发学生的学习欲望,激发学生学习的主动性。

(二)合作学习——让课堂因减少无效教学环节、规范上课行为而提高质量

要利用好小组合作模式,规范、有序、高效地落实每一个教学环节。教学的每个环节都很重要,要让学生始终处于积极的自主学习状态中,引入情景、利用情景、创设情境尤为关键,它是激发学生探究心理、学习动机的主要因素。我们要极力把课堂语言不精练,缺少对学生学习兴趣的调动,课堂提问问题简单无思维容量,集体提问多个人提问少,不给学生思考时间,随意提问学生无代表性,教师评价缺乏鼓励赞扬,不注重引导启发等无效教学行为降到最低,最大限度提高我们教学的针对性和实效性。

(三)合作学习——让课堂因有效调动学生的激情迸发而提高质量

合作学习要提供学生合作的空间,让同学能在合作空间中,质疑问难,发现

问题,相互学习。高质量的课堂也应该是在老师的调控下,让学生张弛有度,既有学生的深入思考,又有学生的积极交流和精彩展示;既有个人的自主学习、独立思考,又有小组的合作交流、共同提高。要依靠团队的力量,解决个人自学中不能独立解决的困难和障碍,启迪智慧,开发思维。在教学中要多一些鼓励,少一些批评,多一些安慰,少一些责备,让每个孩子都拥有一份对生活的热情和人生的自信。让学生在收获知识、提升能力中体验到学习的乐趣,让他们热爱上学习,让他们生活在希望之中,充满学习的欲望。

(四)合作学习——让课堂因教师的合作探究提高质量

合作学习不仅仅是学生的,也是老师的。从导学案到课堂、到课后反馈汇总再到二次备课,都是备课组集体与教师个人智慧的共同结晶。导学案是先个人备课、再集体研讨制定的,因此它应该是备课组集体通过对教材、教法、教学的重难点及教学策略进行研讨,把个人对教材的理解不一致、对导学案设计的分歧降到最低,把全体教师对于教材教法的研究成果最大化,从而提高课堂效率。

三、合作学习的关键点

(一)注重检查与落实 强化合作学习效果

没有检查,没有落实,合作学习就会成为空中楼阁。通过对合作学习效果的检查,逆推合作学习中存在的问题。要想使教学课堂高质量,加强检查是必要手段,落实检查是有力措施,进行整改是提高方法。没有检查与落实,合作学习将只是让课堂仅披上了华丽的外衣,没有实质的效果。因此应加大导学案的检查力度,加大自主检测力度,加大章节检测力度,让学生始终处于一种学习的亢奋状态,并能及时地分析学生的学习状态及知识的掌握效果,及时调整教学策略。教与学的高效依旧依赖课堂,课堂依旧是教改的主阵地,检查与落实是攻克主阵地的最重要的方法之一。

(二)杜绝伪问题与假讨论 监控合作学习过程

在合作学习中,教师要起到主导作用,否则课堂就会出现伪问题与假讨论。伪问题在一堂课中很容易出现,知识问题化了,但问题不能知识化,即单由问题不能得出目标结论。往往教师只提出问题,而忽视了问题的落实,最终落脚点依然又是教师的讲解。假讨论在一堂课中更容易出现,让学生讨论了却又不放给时间,放给时间了却又不让学生展示,学生展示了又不能生成新的问题或有效的结论,最后成就不了一节完美的课。

（三）提高展示效率 促进合作学习的质量

合作学习之后有一个展示过程，学生展示环节我们要给予学生一定的指导，即教会学生如何展示，展示可以是语言描述、可以是文字表达，或者是黑板演示等等。学生的展示不能完全代替教师的解惑。尽量让学生都积极参与展示，不能只是少数人的舞台，否则会让教育失去应有的公平。

（四）强化参与意识 实现合作学习的公平

教师要调控班级的课堂行为，让学生积极踊跃地投入，要控制无效讨论、低效耗时。多进行切块讨论、分层讨论，让所有的学生都积极参与讨论，使所有学生都有所得、有所获。

（五）强化集体教研 保证合作学习的基础

集体出智慧，集体出力量，教师要相互探讨、相互提高、相互借鉴、互通有无，共同处理教学中存在的问题，相互之间出谋划策，及时发现问题、解决问题。合作是干好工作的前提，从培养学生成人、成才出发，有大局观，做到合作共赢。

四、倾听学生的心声 注重教学反思

没有反思，就没有改进；没有改进，就没有提升。高质量的教学是不断反思改进的过程。合作学习的主体是学生，多倾听学生的声音是改进最好的方法。以下材料是笔者在 2019 级物理教学时，班级一些学生关于"导学探练测教学模式"下合作学习的主要意见反馈。

（一）时间分配问题

如果课堂上就能结束一节课的内容，不要拖到课下。（笔者按：这是对教师的建议，因为拖堂最让学生反感）知识需要预习、学习、巩固，学生把 60%～70% 的精力都放到预习上，学完之后，如果没有对知识的充分升华，转化为自己的东西，就很难应用自如。

在进行小组合作学习的过程中，总觉得心里不踏实，一天之中，除了预习就是复习，但我总觉得预习的时间多、巩固的时间少。在课堂上感觉自己像是漂在水面上，无法更进一步。虽然小组之间可以讨论，但总是停留在表面。（这是由时间的分配不均导致的，缺乏巩固与落实）

（二）课堂效率问题

在进行合作学习过程中出现的问题有：一是讨论问题方便了，但聊天也方便了,明显感觉有极个别同学纪律散漫;二是不会提出问题,会者不说,不会者又羞于启齿,有时明明知道有不懂的地方却又不好意思提问,因为感觉别人会,就只有自己不会,明知这种虚荣心态会害了自己,但总是这样做。(监管不到位,参与意识不强)

一些内容过多的讨论反而效率下降了。比如,我们讨论一些不会的,或者一些新的、难懂的知识时,大家了解的都不是很深,就不适合做过多的讨论。课本回顾不够,复习落实不能真正做到,小组讨论不够充分,发现有价值的问题很难,大多是核对答案,讨论较肤浅。(合作学习因时、人、事而发生变化,不能一个模式)

我很乐意在这种环境下学习,最大的感受是学得轻松,学得实在。我感觉凡是小组实实在在讨论过的问题就能理解其精华,剩下的便是做题巩固了,这样就克服了以前学而不精、多而不活的现象。(正向激励强,收获多)

(三)其他方面问题

对于小组合作学习我发自内心的喜欢,但是我们过分重视了讨论,忽略了课后的反思,同时小组间的合作体系尚未健全,讨论时我们是一个整体,其他时刻似乎不是。(学习上互助,乃至反思都可互助)

加强组长及老师的督促作用,把交流经常化,对知识勤思考多联系,学会调整心态。(自由是相对的)

合作学习是修饰自主学习的,所以要先自主再小组合作,自主其实更重要一些。(主次分明,合作学习是学习的一部分而不是全部)

总之,合作探究是学生经历方法探究、方案制定、技能形成、发现规律的过程,是学生自主学习之后的探究,教师要搭建探究平台,提供探究条件,让学生真正体验探究的过程。

附课时案例三

【选择性必修三】 第二章 气体、固体和液体

第二节 气体的等温变化

一、学习目标

(一)物理观念

知道描述气体的状态及三个物理参量;掌握玻意耳定律,知道气体等温变化的 p-V 图像,即等温线。

（二）科学探究

了解用实验探究气体等温变化规律的方法和思路,培养动手操作能力、采集数据能力及运用计算机处理数据的能力。

（三）科学思维

掌握物理学研究方法,当研究三个或三个以上物理量之间关系时,采用控制变量法,并形成从简单到复杂的、层层递进的方法;掌握实验数据处理中化曲为直的思想。

（四）科学态度与责任

了解玻意耳定律的发现过程,体会人类认识事物本质的曲折过程,养成严谨的科学态度与责任。掌握玻意耳定律,并能应用它解决气体的等温变化的问题、解释生活中的有关现象。

二、重点、难点分析

重点是通过实验使学生知道并掌握一定质量的气体在等温变化时压强与体积的关系,理解 p-V 图像的物理意义,知道玻意耳定律的适用条件。难点是能用力学观点求解压强,让学生能区分"状态"和"过程"。

三、学案导学

（一）气体的状态及参量

1. 状态参量

研究气体的性质,用＿＿＿、＿＿＿、＿＿＿三个物理量描述气体的状态。描述气体状态的这三个物理量叫做气体的＿＿＿＿＿＿。

2. 温度

温度是表示物体＿＿＿＿＿＿的物理量,从分子运动论的观点看,温度标志着物体内部＿＿＿＿＿＿的剧烈程度。在国际单位制中,用热力学温标表示的温度,叫做＿＿＿温度。用符号＿＿＿＿表示,它的单位是＿＿＿＿,简称＿＿＿,符号是＿＿＿＿。热力学温度与摄氏温度的数量关系是: $T = t +$ ＿＿＿＿。

3. 体积

气体的体积是指气体＿＿＿＿＿＿＿＿＿＿。在国际单位制中,其单位是＿＿＿,符号＿＿＿＿。体积的单位还有升(L)、毫升(mL),1 L＝＿＿＿ m^3,1 mL＝

____m^3。

4. 压强

气体的压强,用____表示。在国际单位制中,压强的单位是____,符号____。气体压强常用的单位还有标准大气压(atm)和毫米汞柱(mmHg),1 atm＝_____Pa＝_____mmHg。

5. 气体状态和状态参量的关系

对于一定质量的气体,如果温度、体积、压强这三个量_____,我们就说气体处于一定的状态中。如果三个参量中有两个参量发生改变,或者三个参量都发生了变化,我们就说气体的状态发生了改变,只有一个参量发生改变而其他参量不变的情况是_____发生的。

(二)玻意耳定律

1. 定律内容

英国科学家玻意耳和法国科学家马略特各自通过实验发现:一定质量的气体,在温度不变的情况下,压强 p 与体积 V 成_____。这个规律叫做玻意耳定律。

2. 表达式

玻意耳定律的表达式:$pV＝C$(常量)或者_____。其中 p_1、V_1 和 p_2、V_2 分别表示气体在1、2两个不同状态下的压强和体积。

(三)气体等温变化的 p-V 图像

一定质量的气体发生等温变化时的 p-V 图像如图2-3-1所示。图线的形状为_____。由于它描述的是温度不变时的 p-V 关系,因此称它为_____线。一定质量的气体,不同温度下的等温线是不同的。在图中,一定质量的气体,不同温度下的两条等温线,判断 t_1、t_2 的高低。

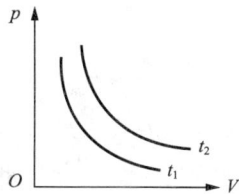

图 2-3-1

试着画出 $p-\dfrac{1}{V}$ 图像,并说明图线的形状及图线的斜率与温度的关系。

四、科学探究

(一)问题合作探究

如何求气体的压强:根据 $P＝\dfrac{F}{S}$ 理解压强的求法。

1. 平衡态下求气体的压强

(1) 固体封闭气体下的压强。

若大气压强为 P_0,活塞面积为 S、质量为 m,求图 2-3-2 中封闭气体的压强。

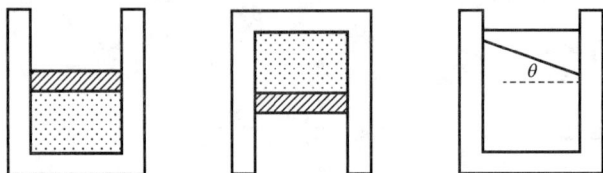

图 2-3-2

友情提示:首先对活塞进行受力分析,然后根据受力平衡,求出封闭气体的压强。

(2) 液体封闭气体下的压强(尤其注意水银封闭下的气体压强的求法)

若大气压强为 75 cm 水银柱,试管中水银的长度皆为 15 cm,求图 2-3-3 中被封闭气体的压强。

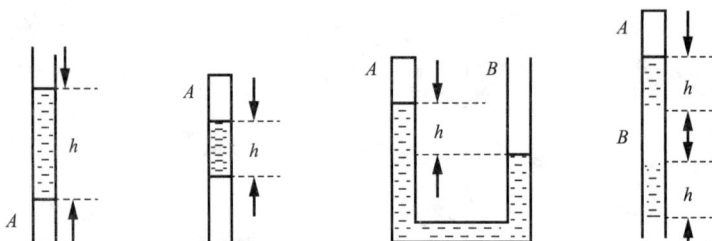

图 2-3-3

友情提示:根据初中所学知识知道 $P = \rho g h$ 以及水银柱产生压强的原理来分析此种类型题。

2. 非平衡态下求气体的压强

(1) 若大气压强为 P_0,活塞面积为 S、质量为 m,汽缸与活塞一起以加速度 a 向上加速,求图 2-3-4 中封闭气体的压强。

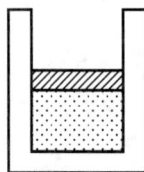

图 2-3-4

(2) 若大气压强为 75 cm 水银柱,试管中水银的长度皆为 15 cm,试管以 5 m/s^2 的加速度向下加速运动,求图 2-3-5 中被封闭气体的压强。

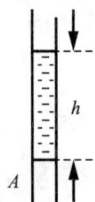

图 2-3-5

友情提示：首先进行受力分析，然后根据牛顿第二定律，列方程求出封闭气体的压强。

（二）合作探究气体等温变化的规律

怎样保证气体的质量是一定的？

怎样保证气体的温度是一定的？（注解：密封好；缓慢移活塞，针筒不与手接触。）

本实验采取了什么样的科学方法？

最终得到了怎样的结论？

友情提示：实验数据表明：一定质量的气体，在温度不变的条件下，体积缩小到原来的几分之一，它的压强就增大到原来的几倍；一定质量的气体，在温度不变的条件下，体积增大到原来的几倍，它的压强就减小为原来的几分之一。

（三）玻意耳定律

定律内容：＿＿＿＿＿＿＿＿＿＿＿＿。

数学表达式：＿＿＿＿＿＿＿＿＿＿＿＿。

友情提示：定律内容表述之一：一定质量的气体，在温度不变的情况下，它的压强跟体积成反比。数学表达式为：设初态体积为 V_1，压强为 p_1；末态体积为 V_2，压强为 p_2。则有 $p_1V_1=p_2V_2$。

定律内容表述之二：一定质量的气体，在温度不变的情况下，它的压强跟体积的乘积是不变的。数学表达式 $pV=$ 恒量。

友情链接：玻意耳定律的适用条件：玻意耳定律是用真实气体通过实验得出的规律。因此这个规律只能是在气体压强不太大、温度不太低的条件下适用。

（四）用图像表述玻意耳定律

用图像表述玻意耳定律：

纵轴代表气体的＿＿＿＿；横轴代表气体的＿＿＿＿；选取恰当的分度和单位。

讨论分析图线该是什么形状？并尝试把它画出来（等温线）。

根据不同温度下的等温线，如何判断温度的高低？

试着画出 $p-\frac{1}{V}$ 图像，并说明图线的形状及图线的斜率与温度的关系。一定质量的气体做等温变化时，压强与体积的关系图线在 $p\text{-}V$ 图上是一条双曲线，在 $p-\frac{1}{V}$ 图上是一条倾斜的直线，若气体第一次做等温变化时温度是 T_1，第二次做等温变化时温度是 T_2，从图 2-3-6 中可以看出体积相等时，温度高的对应压强大的，故 $T_2>T_1$。

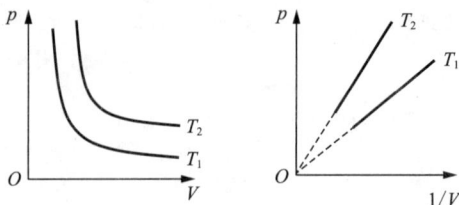

图 2-3-6

五、思维拓展

你能用分子动理论对玻意耳定律作出解释吗？

一定质量的气体，温度保持不变时，分子的平均动能是一定的。在这种情况下，体积减小时，分子的密集程度增大，气体的压强就增大。

如何用热力学定律解释等温变化过程是遵循了这样的吸放热过程？

气体分子间距离约为 10^{-9} m，分子间相互作用力极小，分子势能趋于零，可认为一定质量的气体的内能仅由分子的动能决定。温度不变，气体分子平均动能不变，气体的内能不变，即 $\Delta E = 0$。气体等温膨胀时，气体对外做功，据热力学第一定律可知，$\Delta E = 0$，$W < 0$，$Q > 0$，气体从外界吸热；气体等温压缩时，外界对气体做功，$\Delta E = 0$，$W > 0$，$Q < 0$，气体放热，所以，等温过程是一个吸热或放热的过程。

你能推导出用密度形式表达的玻意耳定律吗？

六、例题巩固 合作探究

学生自我讨论，个别学生展示答案，进行讨论质疑，极个别问题再展示。

例 1. 如图 2-3-7 所示，横截面积为 0.01 m² 的气缸内被重 $G = 200$ N 的活塞封闭了高 30 cm 的气体。已知大气压 $P_0 = 1.0 \times 10^5$ Pa，现将气缸倒转竖直放置，设温度不变，求此时活塞到缸底的高度？

练习 1. 在粗细均匀的细玻璃管中部放置一水银柱，管两端封闭。当玻璃管水平放置时，水银柱恰好在管中部，此时管内气体压强都为 76 cmHg；当玻璃管竖直放置时，水银柱上部空气柱长为下部空气柱长的 2 倍。求管内水银柱的长度。

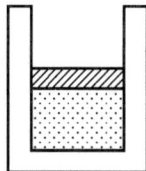

图 2-3-7

例 2. 某个容器的容积是 10 L，所装气体的压强是 2.0×10^6 Pa。如果温度保持不变，把容器的开关打开后，容器里剩下的气体是原来的百分之几？（设大气压是 1.0×10^5 Pa）

练习 2. 汽车轮胎的容积是 2.5×10^{-2} m³，轮胎原有 1 atm 的空气。向轮胎

内打气,直至压强增加到 8 atm 为止。应向轮胎里打进 1 atm 的、多少体积的空气。(温度不变)

例 3. 一个气泡从水底升到水面上时,增大 2 倍。设水的密度为 $\rho = 1 \times 10^3$ kg/m³,大气压强为 $P_0 = 1 \times 10^5$ Pa,水底与水面温差不计,求水的深度。($g = 10$ m/s²)

练习 3. 潜水艇的贮气筒与水箱相连,当贮气筒中的空气压入水箱后,水箱便排出水以使潜水艇浮起。某潜水艇贮气筒的容积是 2 m³,贮有压强为 2×10^7 Pa 的压缩空气。若贮气筒内一部分空气压入水箱后,贮气筒内压缩气体的压强变为 9.5×10^6 Pa,求贮气筒内排出的压强为 2×10^7 Pa 的压缩空气的体积为多少。

七、本节课知识归纳与总结

达标测试:

1. 下列过程可能发生的是(　　)。

A. 气体的温度变化,但压强、体积保持不变

B. 气体的温度、压强保持不变,而体积发生变化

C. 气体的温度保持不变,而压强、体积发生变化

D. 气体的温度、压强、体积都发生变化

2. 一定质量的气体发生等温变化时,若体积增大为原来的 n 倍,则压强变为原来的(　　)倍。

A. $2n$ B. n C. $1/n$ D. $2/n$

3. 如图 2-3-8 所示,一定质量的气体由状态 A 变到状态 B 再变到状态 C 的过程,A、C 两点在同一条双曲线上,则此变化过程中(　　)。

A. 从 A 到 B 的过程温度升高

B. 从 B 到 C 的过程温度升高

C. 从 A 到 C 的过程温度先降低再升高

D. A、C 两点的温度相等

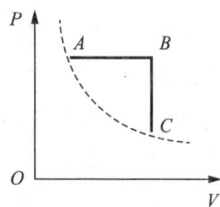

图 2-3-8

4. 如图 2-3-9 所示,两端开口的均匀玻璃管竖直插入水银槽中,管中有一段水银柱 h_1 封闭一定质量的气体,这时管下端开口处内外水银面高度差为 h_2。若保持环境温度不变,当外界压强增大时,下列分析正确的是(　　)。

A. h_2 变长   B. h_2 变短

C. h_1 上升   D. h_1 下降

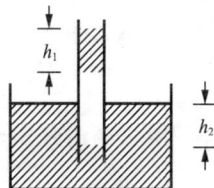

图 2-3-9

5. 一个容积是 10 升的球,原来盛有 1 个大气压的空气,现在使球内气体压强变为 5 个大气压,应向球内打入＿＿＿升 1 个大气压的空气。(设温度不变)

6. 抽气机对某容器抽气,已知被抽容器的容积是抽气机最大活动容积的两倍,在按最大活动容积抽气 2 次后,容器中气体的压强变为原来的＿＿＿＿倍。

7. 如图 2-3-10 所示,一个上下都与大气相通的直圆筒,内部横截面积 $S=0.01$ m^2,中间用两个活塞 A、B 封住一定质量的理想气体,A、B 都可沿圆筒无摩擦地上下移动、但不漏气。A 的质量不计,B 的质量为 M,并与一劲度系数为 $k=5\times10^3$ N/m 的较长轻弹簧相连。已知大气压强为 $p_0=1\times10^5$ Pa,平衡时,两活塞间的距离为 $l_0=0.6$ m。现用力压 A,使之缓慢地向下移动一定距离后保持平衡,此时,用于压 A 的力 $F=5\times10^2$ N。求活塞向下移动的距离。(假设气体温度保持不变)

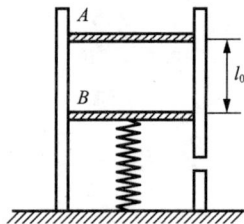

图 2-3-10

第四节 "导学探练测"模式下的分层学习

"导学探练测"模式下探究学习的另一种组织形式是分层学习。分层学习是指在班级团体教学中,依据教学新课程标准的要求,从学生的实际出发,确定不同层次的要求,进行不同层次的教学,给予不同层次的辅导,组织不同层次的检测,使各类学生在各自的"最近发展区"得到最充分的发展,较好地完成学习任务,全面提高每个学生的素质。

分层学习是学生根据自己的知识和能力水平,自愿分成不同的层次,教师根据不同层次学生的兴趣、基础和能力,结合课程标准,确定相应的教学目标,创建相匹配的教学情境,选择恰当的教学策略,从而实现总体教育目标,这是借助各层本身的力量来促进每一层次的学生都得到最好的发展。分层教学充分体现了新课程理念下"注重基础、兼顾差异"的要求。

一、分层学习背景

(一)《普通高中物理课程标准》要求不同

《普通高中物理课程标准》在整个高中物理课程设置中除了必修课程外,还设置了选择性必修和选修课程。为了配合这种课程的设置，教材在注重基础统一的前提下，在内容的设计上还体现了一些弹性，兼顾不同学生的需求，为不同潜能学生的发展提供空间。新教材增加了例题、课后习题的数量和难度，设置了单元测试 A、B 两组题目，A 组习题对应课程标准中必修内容的要求，B 组比课程标准中必修内容略有超出，供学有余力的学生选做；加强了题目梯度练习和分层教学指导，设置的一些题型更加接近高考题型，有的甚至就是高考原题，这比旧教材的高考指向更加明确。在"课题研究"中也有体现差异化要求的考虑，给学生提供了更大的开放性与发展空间。

（二）学业要求不同

高一及高二上学期，所有学生都要学习必修一、二、三，但一部分学生在合格考之后将参加等级考，老师将面对参加等级考的学生和合格考的学生两个群体，因为他们还在一个班级，所以分层教学是解决这个问题的最好办法。实施分层学习的主体对象是学生，被发展对象也是学生，所以要充分调动学生的主观能动性，要让学生自愿参与到分层学习中来，根据自己的学业要求，自愿进入不同的分层学习体系中。

二、分层学习实施原则

（一）自愿动态性原则

高中物理教学不同时期所学的内容不同，难易程度也不同。不同学生在不同的阶段对不同部分掌握程度会有差别，同一学生在不同阶段对学科知识的掌握也会有差异。因此，分层教学必须针对不同阶段，采用不同的教学措施。现在的物理教学已经发生实质性的变化，从教材到高考都发生了巨变，要让学生从个人发展、社会需要、能力兴趣等方面做出慎重选择，根据学生的实际需要自愿动态调整。

（二）符合物理学科原则

物理是一门讲"理"的学科，对思维能力的要求很高，在分层时要从物理学科的角度分层，不能全班所有学科分的层是一样的，这样的分层不利于物理的学习。现在的物理学科特点非常清晰，在新教材中对实际情景问题的考查非常突出，对学生的数学运算能力的要求大幅提升，所以分层要以物理学科学习实际为基础。

（三）科学发展性原则

高考评价体系明确了"基础性、综合性、应用性、创新性"四个方面的考查要求,科学回答了"怎么考"的问题,可以有力推动学生朝着未来的发展方向努力,有助于全面推进素质教育。高考通过增强考试内容的基础性、综合性、应用性、创新性,着重考查学生灵活运用所学知识来分析问题、解决问题的能力,引导教学加强自主学习、探究学习、合作学习,着重培养学生的创新能力、独立思考、逻辑推理、信息加工、语言表达和写作等关键能力。新一轮高考综合改革的亮点之一是在学考中增加了学生对学习科目的选择性,要求学校在开好必修课的同时,还要从育人的角度开好选修课,推进走班和分层的教学模式,逐步实现因材施教、人人成才的教育理念。促进学生全面而有个性的科学发展,不断创新考查的方式方法,提升考试的质量,是高考改革永恒的追求。

三、分层学习的组织形式

从学生的知识基础、学习条件和实际出发,通过班级组织与教学形式的变化,创设"因材施教,分类指导"的学习环境,教师通过分层组织教学、改革教法,使不同层次的学生通过努力达到相应的教学目标。分层教学的组织形式和教学运作机制是分层教学的基础和保证。

由于近年来学校生源差异很大,来自办学水平差异很大的初中毕业生,进入高中学习时的文化知识基础、学习能力基础和心智发展水平差异很大,因此,按学生发展水平的差异进行分班,既符合因材施教的基本原则,又有利于为不同的学生群体创造最适合的教学环境。为此,对不同水平的学生进行合理地分班分层教学,是完全必要的,也是可行的。

(一)学生发展目标分层

根据学生以后参与等级考还是合格考分层。不同学生量身定做设置不同的发展目标和内容。因为等级考与合格考的学业要求不同。合格考注重基础,培养学生的思维和科学价值观。而等级考对学生的要求高度高出很多。等级考对物理思想的考查更进一步,在必备知识的基础上强调关键能力,比如建模思想、理解对象模型、强化过程模型等。尤其是实际数据的运算,要求学生能快速解一元一次、一元二次方程,能利用三角函数运算、不等式、解析几何、平面几何知识、立体几何知识、数学归纳法、向量运算等;现在物理教学不仅要求学生记住公式,还要求学生记住二级结论,快速对应物理情景。务必提高数学思维,在近三年山东高考物理卷中,很多题不是难在物理情景上。例如,2020年高考的第18题,是第二问的数学归纳法和第四问的数据运算难。对物理构建物理模型的能力、字母的管理能力要求非常高,如2020年高考第17题的带字母运算。高级思维对科学探究、科学思维能力的培养大有裨益,但对参加合格考的学生而言接受起来则难度太大。

（二）以学生的能力水平分层

从个体目标分层来说，知识能力水平较差的学生，要求他们侧重识记并理解学科的核心概念、基本观点，要求他们能运用这些知识解决一般性问题。对基础较好、能力较强的学生，就要明确要求他们能加强知识的整合和迁移，做到融会贯通，加强能力的训练和提升，学会综合探究与创新。把学生分层建组是实施分层次教学的组织基础。对学生分层要在遵循自愿性原则和动态性原则的基础上，教师通过对全班学生平时的学习能力、学习积极性、学习习惯及学习成绩等因素进行综合分析进行。教师需建立学生相关智力因素、非智力因素、心理素质和学习成绩等方面的个人档案，使分层次教学更具有针对性和实效性。现在的物理教学要求越来越高，物理情景复杂多样，比如整体法与隔离法、相对运动法、逆向思维法、假设法、量纲分析法、数理结合思想（图像法）、理想实验法、比值定义法、特殊值法、排除法等方法，定性分析、定量计算、定性与定量相结合，以及转化和守恒思想等等，即使是同一个学生、面对不同的知识点，其能力表现也不一样，所以在自愿的基础上动态分层很有必要。

（三）以知识学习的深入程度分层

根据物理学科特点分层实施，既要整体驱动，又要分步实施。如在高三物理复习时，结合三轮复习法：第一轮复习主要是夯实基础，力争基础能力过关；第二轮复习主要是整合提升，力争综合能力突破；第三轮复习主要是查漏补缺、强化训练，力争提高应用能力。所以不同学生有不同需求，实施分层走班制（增开课程培优班、课程加强班、竞赛辅导班、短期专题辅导班方式，提供不同程度的教学及各类教学实验班和兴趣特长班），可以大大减少这个矛盾。

四、物理分层学习实施特点

（一）符合物理教学特点

物理学研究物质运动最一般的规律、物质的基本结构及其相互作用。它是以基本概念为基石、以基本规律为主干、以基本方法为指南而构成的严密科学体系。高中物理教材遵循现象—概念（物理量）—规律（实验、演绎）—应用的逻辑体系。通过概念的形成、模型的建立、规律的得出、知识的应用等，形成分析综合、概括、抽象、推理、想象等的思维能力。物理学科的特点就是"理"性很足，所以根据学生的理解能力分层很有必要。

（二）分层学习要有完整的体系

对备课、授课、问题、作业、测试、评价等环节都要分层实施，分层教学的实施必须贯穿于教学全过程的各个环节,形成一个完整的分层教学路径。只有将分层学习的各个环节落实到位,才能实现因材施教的目的。

备课分集体备课和个人备课两个阶段。我们规范集体备课过程,着眼合作与共享;夯实个人备课,立足班情与学情;着力二次备课与创新。比如高一物理的教学尤其要注重基础,做到全面"撒网",同时要重点突出,做到具体"捕鱼"。我们都清楚在高三复习时,掌握的最不好的知识就是高一所学内容,我们要补好多欠账。高一所学学科多、内容杂,由于学生适应高中的学习也需要一个过程,所以会出现基础不牢、重点也没有抓住的现象,因此夯实基础尤为重要。不要贪多、贪深,"一步到位,全部掉队""基础不牢,地动山摇",高一夯实基础乃重中之重。

教师在精心钻研教学大纲、教材,细致了解学生学情基础上,为不同层次的学生制定力所能及的教学目标,量身定做。分析教材,吃透教材,整合优化教学内容。授课要尊重每个层次学生的知识起点,了解学生,选择教法,设置优化教学程序,结合学生的知识目标、态度、方法以及兴趣、爱好、情感、意志等具体现状,从容应对课堂生成;切实把握课标的知识水平,切实把握练习的广度和深度。在创设问题情境→引导自主探究→反馈学习情况→巩固应用与拓展等环节都要层次化,不能千篇一律。

习题、考试、评价分层实施。分层练习、筛选习题,达到巩固课堂教学效果的目的。设计有层次性的练习题,让学生选择练习,让学生能做,而且还乐于完成,从而达到练则有效、学则有得的效果,也使每个学生都能体验到成功,从而增强学习的自信心。科学有效地分层教学,形成了一个表面宽松、但内在又有竞争的学习环境,既能激励学有余力、学有专长的学生超前发展,又能创造条件,鼓励促进学习基础较差、学习上暂时存在困难的学生能在学习中获得成功,得到相应的发展,从而落实核心素养。

五、分层学习策略

分层学习实施措施要根据分层的特点、学生的实际、教学内容等条件制定。活动安排、学习资料、学习形式、学习方法等学习领域的设计,在面向全体学生的同时,也要兼顾差异,使学习目标、学习内容、学习难度、学习速度以及学习方法更加符合学生的知识水平和接受能力,使学生的认知水平通过教学活动不断向前推进。

美国学者埃金等认为,教学策略就是"根据教学任务的特点选择适当的方法"。学习策略也是如此,但任何策略都不可能是孤立的,应该是相辅相成、相互结合、综合应用的。

(一)学案分层学习

关注学生的认知结构,尊重学生的认知规律,在导学案的设计上进行分层。

根据不同学生的特点,在问题引领环节中合理分层,旨在激发各层次学生的学习积极性。前苏联心理学家维果茨基的"最近发展区"理论提到,"教学应当是在发展的前面""教学创造着最近发展区",在最近发展区内的教学,是促进学生发展的最佳教学。

(二)课堂分层学习

不同学生有不同的心智模式,学习环境也不同,所以要根据不同学生需求、合理提供课堂资源。在师生、生生的探究形式上分层学习,在教学过程的推进上分层开展,在学习动机的驱动上新课分层导入等。在学习过程中,要增加科技、生活、社会背景,精选典型性、代表性、趣味性的新材料、新情景的内容,既给一般层次以"新颖"感,又给较高层次以探索的时间与空间。使知识不再教条化,达到活学活用。

(三)合作分层学习

自主、合作、探究分层学习。在分层学习中,可以分异质合作学习小组与同质合作学习小组两种形式。小组通过组内成员的分工协作去完成学习目标。以物理实验教学为例,同质合作学习按学生学习和实验操作能力的强弱依次分组,有利于老师指导,小组观摩学习,从而实现共同进步,也体现优生优培的思想。异质合作学习,按照"组内异质、组间同质"的原则分组,有利于学生之间的合作学习,互帮互助,体现人文思想和科学态度与责任的培养,有利于学生结对帮扶,鼓励先进,促进后进。

(四)课外分层学习

根据学生特点,提供不同的训练以及布置不同的学习任务,实施差异教育。同时加强个性化辅导,提升优等生,帮辅学困生。

附课时案例四

【选择性必修一】 第一章 动量守恒定律

第二节 动量定理

一、教学内容分析

"动量定理"是选择性必修一课程中"动量与动量守恒定律"主题下的内容。新课程标准要求为:理解冲量,通过理论推导后、理解动量定理,能用其解释生产生活中的有关现象。关于动量定理的学习,教材先考虑了物体碰撞时受到的力为恒力的情况,运用牛顿第二定律推导得出其基本表达式,再通过"微元法"将动量定理的适用范围从恒力过渡到非恒力,最后介绍生活实例帮助学生认识动量定理的实际应用。

该节教材直接引入"动量"和"冲量"的基本概念,并没有创设具体的物理情境或物理模型去引发学生的思考,不利于学生对概念的深刻理解,不利于学生科学思维的发展;教材在推导出动量定理基本表达式后缺少验证动量定理的物理实验,不利于学生的科学探究能力的培养;学习动量定理后,可引导学生将动量定理与已掌握的动能定理对比学习,能复习巩固动能定理的知识,同时也能理解两者之间的联系与区别。

二、学情分析

学生经过上节内容的学习后已经了解动量的概念,在教师的带领下能初步认识动量及其矢量性。但学生在动量基本概念的理解和动量定理的应用方面有一定困难,如对物体受力分析时,因漏掉某个力导致分析物体合外力冲量出现错误。虽然学生已具备一定的抽象思维和逻辑思维,但教师作为教学过程主导者,需要引导学生转变认知冲突,以达到对知识的正确理解。

三、教学目标

(一)物理观念

通过粉笔下面抽纸条的活动,了解物体动量的改变与力和时间的关系;知道冲量的概念及物理意义,会求合外力的冲量;知道动量定理。

(二)科学思维

根据牛顿第二定律推导 Ft 与物体动量变化的关系式(动量定理),构建模型、科学推理和科学论证;利用"微元法"思想解释 $F\text{-}t$ 图像面积的含义,体会科学思维中抽象方法和类比思想。

(三)科学探究

观察 DIS 实验演示变力作用下的碰撞实验,获取证据和论证问题,并发展科学探究能力。

(四)科学态度与责任

用动量定理去解决实际问题,理解缓冲现象,在实际生活中运用知识,提高安全意识与社会责任感。

四、教学重、难点

教学重点:冲量的概念、动量定理的含义。
教学难点:动量定理的应用。

五、教学过程

(一)新课引入

问题导学,创设情境:首先带着学生复习所学的碰撞概念及相关物理模型,然后将准备好的两颗鸡蛋在同一高度自由释放到海绵和硬木板上。

实验现象:发现落在海绵上的鸡蛋完好无损,落在硬木板上的鸡蛋会表面碎裂。

提出问题1:落在海绵和硬木板上两个鸡蛋过程有何区别?

讨论并回答:海绵比硬木板会有更明显的形变过程,海绵的形变所用时间比硬木板的形变所用时间长。

提出问题2:为何鸡蛋作用时间越长却越不容易碎裂?让学生带着疑问进入动量定理的学习。

【设计意图】物理观念是物理概念和规律在头脑中的提炼和升华,是从物理学视角解释自然现象与解决实际问题的基础。物理教师可以创设符合学生认知基础的物理情境,让学生通过已有知识分析和解释实验现象,这样能够激发学生对于物理学习的兴趣,还能够帮助学生更好地理解物理概念和规律。

(二)新课教学

建构模型,引发思考:体育课上同学对着墙壁踢球来练习足球传球技巧,足球在触碰墙壁前瞬时速度为 v_0,在触碰墙壁后瞬时速度为 v_t,触碰墙壁过程所用时间为 t,设墙壁对足球的力 F 恒为恒力,那么如何运用学过的知识来表达出力?

合作探讨,得出方案:对足球刚接触墙壁时和即将离开墙壁时分别进行分析(图 2-4-1),首先可根据加速度定义式得出:$a = \dfrac{v_t - v_0}{t}$

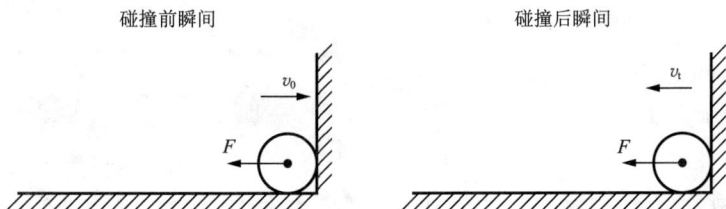

图 2-4-1

由牛顿第二定律,墙壁对足球的作用力为 $F = ma = m\dfrac{v_t - v_0}{t}$

化简得:$Ft = mv_t - mv_0$

观察后,可引出概念:式中的 mv_t 和 mv_0,是教材前一节内容所探究的碰撞中的不变量,令不变量 mv 为动量,用字母 P 表示,由于速度是矢量,则动量也是矢量。可表达为 $F\Delta t = \Delta P$,这里 F 即足球的合外力。物理学中将力与力作用时间的乘积定义叫作冲量,用字母 I 表示,由于力是矢量,则冲量同样也是矢量。上式中:物体在一个过程始末的动量变化量等于它在这个过程中所受力的冲量。这就是动量定理。

根据动量定理,解释为何鸡蛋落在海绵上不容易碎裂。

相互讨论,解决问题:同一高度下落时,鸡蛋碰撞前的初速度相同,碰撞后的末速度 $v_t = 0$,鸡蛋动量的变化量相等,由于海绵形变时间比硬木板长,海绵作用在鸡蛋上的力小于硬木板作用在鸡蛋上的力,得出鸡蛋落在海绵上不容易碎裂。

【设计意图】模型建构是在对客观事物进行抽象和概括的基础上,抓住关键因素,构建能反映其本质特征的理想模型的科学抽象过程。利用生活中的具体实例来建构利于学生理解知识的物理模型,使物理教学生活化,让学生能够切合实际的感受物理的魅力。

问题:从实验角度证明恒力作用下的动量定理,怎么操作?

实验仪器:选质量分别为 m_1 和 m_2 的两个物体($m_1 < m_2$)、定滑轮、轻绳、铁架台、游标卡尺、光电门 2 个、电源、数据采集器。

小组讨论,发现问题:根据公式 $F\Delta t = m\Delta v$ 得出,实验关键在于证明动量的变化等于物体所受合外力的冲量。物体质量已知,Δt 通过光电门来测量,但物体的合外力 F 与物体速度的变化量 Δv 该如何测量?(分析实验仪器)

教师指导,分配任务:实验仪器中两个物体、一个定滑轮和轻绳可组成阿特伍德机(图 2-4-2),由于需要测量物块 1 所受的合外力 F,则需要对实验物体运动过程进行受力分析。

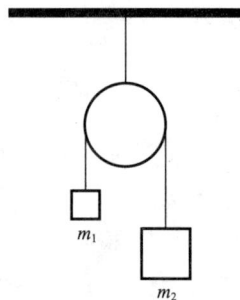

图 2-4-2

$$T - m_1 g = m_1 a, \quad m_2 g - T = m_2 a, \quad F_合 = m_1 a$$

得出合力表达式 $F_合 = \dfrac{m_2 - m_1}{m_2 + m_1} m_1 g$,即可通过已知物体质量和重力加速度来计算出物体的合力。

测量速度的变化量 Δv,首先用游标卡尺测出物块 1 的长度,再测量物块 1 通过每个光电门的时间,分别计算其通过每个光电门的瞬时速度,最终可得 Δv 的值。

实验原理现已明确,让学生分组合作讨论,将实验装置草图画在草稿纸上,并说明实验具体操作步骤。

合作学习,进行实验:学生经过讨论后展示实验草图。

实验步骤如下。

(1)依照图 2-4-3 所示,将实验仪器组装,注意组装光电门和数据采集器全过程需保持电源处于关闭状态。

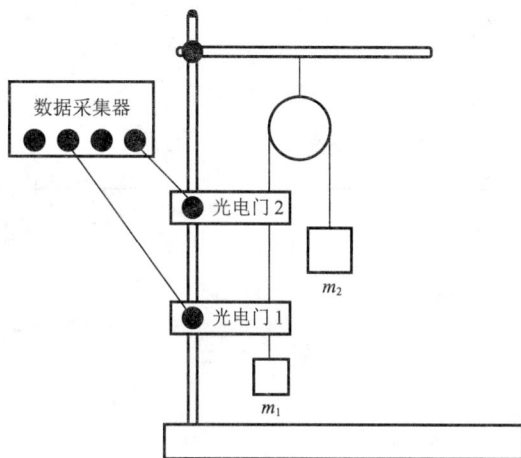

图 2-4-3

(2)用游标卡尺测量物块 1 的高度,多次测量后取物块 1 高度的平均值,记为 $\overline{l}$。

(3)检查仪器后,打开电源正式开始实验,将物块 2 置于一定高度由静止状态开始释放,该过程物块 1 通过光电门 1、2,并记录光电门 1、2 的挡光时间分别为 t_1、t_2 和物块 1 通过光电门 1、2 所用的时间为 t_2。

(4)多次测量,记录多组数据,计算合力和合力的冲量,然后比较动量变化量大小和冲量的大小。

过渡:教师要求学生根据实验所测量数据来设计实验表格,并将数据填入下表 2-4-1 中。

表 2-4-1

t_1	t_2	t_{12}	l	I	ΔP

分析数据,得出结论:学生观察 I 与 ΔP 的数据值大小在误差范围内几乎相等,实验证明恒力作用下的动量定理。

提出问题:假设物体 A 仅受到水平向右的变力 F,物体在光滑水平面上做变速直线运动,将总时间分成若干趋近于零的时间段,那么这些时间段内物体做什么运动?

学生讨论并回答:由于每段时间特别短,物体 A 所受合力 F 还来不及变化,所以物体 A 在极短时间内做匀变速直线运动。

教师引导:设第一段的初速度为 v_1,末速度为 v_1',受到的力为 F_1,然后以此类推,对于物体 A 的运动过程,依据动量定理可得(图 2-4-4):

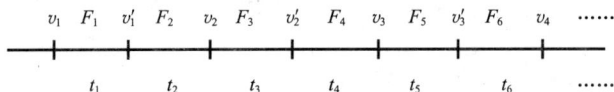

图 2-4-4

第一段 $F_1t_1=mv_1'-mv_1$;第二段 $F_2t_2=mv_2-mv_1'$;第三段 $F_3t_3=mv_2'-mv_2$;等等。现在观察这些等式有何规律?

学生回答:将所有等式相加,等式左边即物体 A 合外力的总冲量,等式右边仅剩 mv_*-mv_1,得出物体总动量变化量,证明了动量定理具有普适性,变力或恒力情况都能适用。

【设计意图】科学探究是基于观察和实验提出物理问题、形成猜想和假设、设计实验和制定方案、获取和处理信息、基于证据得出结论并作出解释,进而对于科学探究过程和结果进行交流、评价、反思。教师安排学生合作学习,促使学生相互讨论,在过程中发现问题,然后再通过适当引导学生,使学生自主完成科学目标,以此加深学生对新知识的理解,强化学生的科学探究能力。

例题讲解

例1:一个质量为 0.18 kg 的垒球,以 25 m/s 的水平速度飞向球棒,被球棒击打后,反向水平飞回,速度的大小为 45 m/s。若球棒与垒球的作用时间为 0.002 s,球棒对垒球的平均作用力是多大?

解:沿垒球飞向球棒时的方向建立坐标轴

垒球的初动量为:$p=mv=0.18\times25$ kgm/s

垒球的末动量为:$p'=mv'=-0.18\times45$ kgm/s

由动量定理知垒球所受的平均作用力为:$F=\dfrac{p'-p}{\Delta t}=\dfrac{-8.1-4.5}{0.002}N=$

$-6\,300N$

负号表示力的方向与坐标轴的方向相反,即力的方向与垒球飞来的方向相反。

（三）练习巩固

1. 一物体静止在水平地面上，受到与水平成 θ 角的恒定拉力 F 的作用时间 t 后，物体仍然保持静止，下列说法正确的是（　　）。

A. 物体所受拉力 F 的冲量方向水平向右

B. 物体所受拉力 F 的冲量大小是 $Ft\cos\theta$

C. 物体所受摩擦力的冲量大小为 0

D. 物体所受合力的冲量大小为 0

2. 下列对几种物理现象的解释正确的是（　　）。

A. 敲击铁钉时不用橡皮锤，是因为橡皮锤太轻

B. 跳高时，在沙坑里填沙，是为了减小冲量

C. 推车时推不动，是因为合外力冲量为零

D. 动量相同的两个物体受相同的制动力的作用，质量小的先停下来

3. 如图 2-4-5 所示，一个质量为 10 kg 的物体，以 10 m/s 的速度做直线运动，受到一个反方向的作用力 F，经过 4 s，速度变为反向 2 m/s。这个力是多大？

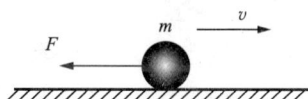

图 2-4-5

（四）课后思考 布置作业

学生利用课后时间，将动能定理和动量定理进行比较分析，思考两者的适用范围和内在联系。思考能否用动量 P 表示动能 E_k 的关系式？能否用动能 E_k 去表示动量 P 的关系式？

六、教学反思

新课改背景下教学设计的核心是研究制定学习目标来提升学生核心素养。我们要通过明确学习目标，然后基于目标整合教学资源，设计探究活动，从而有效地改进实验教学。在物理教学中，在传统实验器材难以准确测量、数据运算特别复杂或者学生现有数学能力无法运算的情况下，可以应用 DIS 实验优化物理教学。有条件者在使用 DIS 实验时，应向学生详细说明实验设计原理和仪器工作原理，鼓励引导学生自主设计实验方案，也可以让学生分组开展实验。当然用何种方式开展教学，应当基于学习目标和怎样提升学生的核心素养去选择决定。

第五节 "导学探练测教学"模式下的科学探究

"导学探练测教学"模式下,科学探究是"探"这一环节的核心所在。探究式教学又称"做中学"、发现法、研究法,是以学生为主体、由老师提出事例或问题,学生通过自主地阅读、观察、实验、思考、讨论、听讲等途径去主动探究、科学探究,自行发现并掌握相应的原理和结论的一种方法。它的指导思想是,在教师的指导下,以学生为主体,让学生自觉地、主动地探索,掌握认识和解决问题的方法和步骤,研究客观事物的属性,发现事物发展的起因和事物内部的联系,从中找出规律,形成概念,建立自己的认知模型和学习方法架构。在探究式教学的过程中,学生的主体地位得到了加强、学习主动性得到了提高。学生亲身参与课堂教学,从而确立了学生在课堂上的主体地位,给学生提供了学习的条件和机会,唤起了学生的主体意识,发挥了学生的主观能动性。

一、科学探究设计

创设探究情景,燃起学生探究的激情,引发探究问题。根据课题和学生的特点,通过学生的认知冲突创设情景。通过联系生产与生活实际、通过实验或对已有知识的拓展,创设贴近学生的问题情境;通过现实的需要性创设情景;通过课件展示现象创设情景。

依据学情发展,发掘自主探究潜能,调控探究方向。提供探究条件,鼓励学生创造条件进行探究。根据生成问题引发的矛盾点,巧妙点拨。物理新课程标准要求是学生探究的红线,要把学生的自主探究进行合理的调控。设计富有开放性的问题情境进行实验探究。帮助学生解除困惑,让学生集中精力探究关键的问题。使教学始终朝着学习目标的达成方向发展。

创设互动平台,诱导探究方向,整合探究成果。给学生提供展示学习成果的机会,引导学生自己去发现问题,在相互争辩探讨中,捕捉并处理好关键信息,找出正确信息和差异信息,并适当点拨,对探究的方向合理诱导。引导学生客观公正地评析自己的研究结论,理性地接纳别人的研究成果,形成正确、完善的结论。

激发学生的探究欲望,提升学生的探究能力。通过质疑问难,增强学生的探究意识,鼓励学生的独特见解,强化学生的探究信心。培养学生会发现、善于发现问题的能力,并采用多种方法进行探究、解决问题,学会自行探究的方法。建立良好的师生关系,灵活采用多种教学辅助手段,营造良好的探究氛围。

二、科学探究学法指导

提出探究问题,研讨探究方案。教师要在充分考虑探究内容应达到的目的及作用的前提下创设情景。先由学生积极思考、分析、发现并准确提出问题,继而对问题的特征进行思考和讨论,主动构建新知识,并提出解决问题的方法或者探究结论的方案。然后研讨问题的解决策略,有目的地引导学生在亲身实践和实际操作中提高解决问题的能力及动手能力,并在实践与研究过程中体会和学习科学方法。

互动合作探究,形成初步结论。根据形成的方案展开互动合作探究,并鼓励学生在原有知识水平与能力水平的基础上继续创新。在这个过程中,要采取多种形式的探究措施,但要明确分工与任务,提取有效信息进行加工,必要时调整方法重试,得出结论,并能用语言或文本资料进行明确的阐述。

充分交流成果,自主完善结论。在教师的调控下,学生能够用最简洁的语言或文本材料,表达自己的思想或结论。物理探究活动要符合学生认知结构和认知规律,也就是探究是科学的,只有科学的探究,才能获得科学的结论。明确探究活动方向和教育目的,让探究的结论与思想性、科学性始终统在一起。

经历科学探究,形成科学思维。通过设置情景、互动求知、合作探究,让学生亲身经历物理学科核心素养的形成过程。通过互动使不同思维与方法经过碰撞而相容,促进反思与相互评价,探求真理,寻找结论,寻求最佳方案,对结论达成共识,为探究成功提供保证。探究过程的核心是发现问题、提出问题、解决问题、作出猜想和验证猜想,从而强化了对学生进行创新思维和创新能力的培养。

三、科学探究注意事项

（一）设计方面

情景意向要明确,文本表述要简洁有思想,要有足够的探究空间;情景必须贴近学生实际,符合学生水平;情景问题内容要真实客观,学生能够亲眼看到或觉察到;问题的呈现、结论的猜想与假设的表述要准确,学生通过思考或讨论能够发现并提出新问题;验证猜想的方案要简单、明确,使所需器材尽量少,且器材方便获得;操作步骤尽量简单易行,探究过程严谨规范,探究得到的实验数据或现象应具体明确。

（二）实施方面

亚里士多德指出,想象力是发现、发明等一切创造活动的源泉。通过创设情景引起学生的注意,激发学生学习的热情,使学生进入学习情境;指明方向,进行价值引领,使学生明确学习动机,激起学习斗志;激发学生兴趣,抑制学生的其他活动。探究策略要灵活多变,防止学生产生审美疲劳,对有些课题也可直奔主题。在学情调控时,教师到位不越位,设疑、启发、点拨是教师的主导地位的体现,学生能够做的事、能够选择的事,教师要放手。

(三)效果方面

要关注研究方法的提炼,不要只关注问题的结论。根据教师设置的情景,积极思考,发现问题,领会新课研究的意图和研究的价值,愉快接受研究课题,以跃跃欲试的心态投入新课学习。

(四)价值方面

要突出科学研究对学生个体发展和对社会发展的价值,明确其必要性和价值性。要激起学生迫切学习的积极性,为终身学习与发展打下基础。

四、科学探究提高质量的切入点

关爱学生,立德树人,这是我们从教的出发点。关爱的前提是让所有学生因我们而成才,因我们感到生活的丰富多彩,因我们感到生活的激情与澎湃。关爱不是针对个别学生,而是要关注整体,要关注学生的困惑,并切合实际地解决学生存在的困惑,帮助学生成长。

(一)教师互动探究、教师讲解应具有针对性

教师应明确目标。哪些需要讲,哪些不需要讲,哪些是一讨论就明白了,哪些是不需讨论、老师直接讲解的,都要做到有的放矢。教师应明确课堂重点。讲的重点是什么,不能漫无边际,眉毛胡子一把抓,简明扼要地把问题讲清。应继续把时间交给学生,让学生根据刚才讲的,结合自己预习的导学案,对知识有一个重新生成的过程,这就需要讨论展示,对讲过的问题得到落实,而不是把落实延续到课下。

教师要发挥主导作用。学生展示过程中,教师也应该起到画龙点睛的作用,起到为学生答疑解惑的作用。我们可由学生发挥,但不能任由学生自由发挥,因为那样就脱离了教师的主导地位。教师应该是课堂的驾驭者,调控好一堂课的节奏,成为一堂课的关键人物,保证课堂始终归属于学生。

教师要充分驾驭课堂。对于一节新授课,教师讲解不能过少,也不能过多,讲就要讲到位,但针对不同的问题还要一分为二地看,不能过于机械化地操作,以免学生对知识的掌握不够牢固、掌握得不够系统,对问题认识过于浅表化。

（二）科学探究应具有目的性

探究内容要明确。学生在讨论过程中不知道要讨论什么，或知道要讨论什么却又不知道怎样讨论，这就需要教师给学生明确讨论的具体问题与方法。

探究问题要具体。问题探究不要撒大网，因为学生还不具备这种能力。因此需要老师提纲挈领把"大网"变成一张张的"小网"。学生对"小网"应用自如，把问题具体化，然后通过具体化的问题再进行延展。

时间分配要合理。讨论时应能做到收放自如，否则完不成教学任务。在讨论环节，讨论时间过长，且讨论不到点子上去，归根结底是由讨论的目的不明确所导致。一节课分阶段讨论比较好，一个知识点一讨论，一节课也就两三个知识点，教师分成几段，学生掌握起来又好又快，切块讨论省时省力、容易把握与调控。

要注重生成问题。课后练习题的答案发放不要过早，以免学生根据答案做题，讨论起来毫无意义，加上极个别题目还需展示，一旦知道答案，学生就会向答案上靠，不能展现问题，生成问题，最好是学生先讨论达成一个共识，然后再投放答案讨论。

（三）课上展示环节要有效率性

展示应具有目的性。为什么要让学生展示这个问题，要让学生明确，尤其是教师要明确，不能所有的知识都展示。

展示应具有思想性。不能把讨论搬到展示上，出现低效、耗时。展示时应讲清知识的生成，知识的内涵与外延，解决问题的方法，以及知识的应用性。

展示应具有高度性。不能就题论题，应简明扼要地讲清问题，不是对知识罗列，讲清自己的理解即可，这需要我们逐渐地培养。

展示应具有精确性。一节课展示的问题不宜过多，因为学生的注意力是有限的，把本节课的核心展示出来即可。

附课时案例五

【选择性必修二】　第二章　电磁感应

第一节　楞次定律

一、教学内容分析

楞次定律是选择性必修二第二章第一节内容，定律说明感应电流具有这样的方向,即感应电流的磁场总要阻碍引起感应电流的磁通量的变化。楞次定律是一条重要的电磁学定律,指明了电磁感应现象中感应电流方向,是法拉第电磁感应定律的一部分内容,对后面章节涡流、电磁阻尼、电磁驱动的学习和理解有重要作用。楞次定律还是能量守恒定律在电磁感应现象中的具体体现,对楞次定律的学习可以加深学生对运动、相互作用和能量观念的理解,因此楞次定律是电磁感应章节的重点内容。另外,根据楞次定律推导出了右手定则,注意引导学生把楞次定律与右手定则使用情况进行比较。

二、学情分析

学生在必修第三册已经学习并了解了电磁感应现象,知道什么是感应电流和产生感应电流的条件。这部分的学习为学生学习楞次定律奠定了基础。学生此时已初步具有科学探究的意识和能力,所以教学可以安排学生探究影响感应电流方向的实验。但学生的总结归纳能力薄弱,教学涉及的因素多,磁场方向、磁通量的变化、线圈绕向、电流方向等关系复杂,规律比较隐蔽,其抽象性和概括性很强,因此,学生理解楞次定律也有较大的难度。

三、教学目标

(一)物理观念

通过探究影响感应电流方向的因素,理解楞次定律,能用楞次定律判断感应电流的方向。从导体和磁体的相对运动角度分析,知道楞次定律的一种表现形式是总要"阻碍"相对运动。通过用能量的观点解释楞次定律,知道楞次定律是能量守恒的反映。通过分析闭合导体回路的一部分做切割磁感线的运动,理解右手定则,知道右手定则是楞次定律的一种具体表现形式,能用右手定则判定导线切割磁感线时感应电流的方向。

(二)科学思维

通过实验探究影响感应电流方向的因素,论证猜想感应电流的方向与磁通量的变化有关。经历对实验数据推理分析得出楞次定律的过程,体会归纳推理的方法。

(三)科学探究

通过观察不同磁极插入和拔出线圈等实验现象,提出问题猜想,感应电流的方向可能与磁通量的变化有关。证据:通过根据假设制定科学探究实验方案,获得可靠的有关磁通量变化、感应电流方向等实验数据。解释:通过对实验数据分析归纳得出楞次定律的内容,提升科学探究的能力。

(四)科学态度与责任

通过探究,感受到物理研究是一项创造性工作,欣赏楞次定律的简洁之美。

四、教学重、难点

(一)教学重点

楞次定律的获得及理解;应用楞次定律判断感应电流的方向;利用右手定则判断导体切割磁感线时感应电流的方向。

(二)教学难点

在探究影响感应电流方向因素实验中,学生需要在涉及磁场方向、磁通量的变化、线圈绕向、电表指针方向、感应电流方向等诸多因素中推理归纳出楞次定律,这对学生抽象概括能力要求比较高。如何引导学生用感应电流的磁场作为"中介",归纳出感应电流的磁场与原磁场的关系是教学的难点。

楞次定律的表述简明扼要,学生初学时不能深刻理解其内涵,并且还会受到字面意思的影响产生错误理解。比如表述中"阻碍"这个词,学生可能会认为是"阻止"的意思,从而认为感应电流的磁场是"阻止"原来磁通量的变化,或者是将其理解为"反抗"原磁通量的变化,再或者是理解为感应电流的磁场总是与原磁场的方向相反。因此,表述中"阻碍"这个词是教学时需要向学生重点解释说明的地方。

前面学习的"电场"和"磁场"描述的场都是"静态场",大小和方向是恒定的,而楞次定律所涉及的是变化的磁场与感应电流的、磁场之间的相互关系,是一种"动态场",所以学生在理解和应用楞次定律上具有一定的难度。

五、教学过程

(一)新课导入

老师表演"读心术",让学生从老师设计的三根签中任意抽一根,老师不看也能知道学生抽的是哪根签,从而引起学生的兴趣。进而揭秘"读心术"的判断方法——不同签,其电流表指针的偏转方向是不同的,从而引出"感应电流的方向与哪些因素有关"的探究实验。

【活动1】猜想与假设　感应电流方向的影响因素

引导学生先从实验现象中猜想感应电流的方向可能与哪些因素有关:

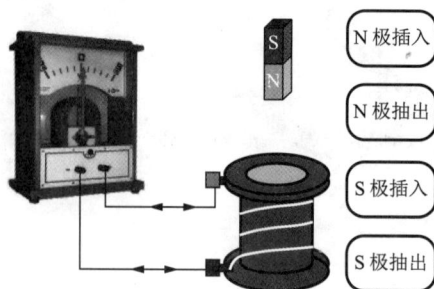

图 2-5-1

(1) 磁通量的变化;

(2) 原磁场方向。

【活动】如图 2-5-1 所示,进行实验设计,采取控制变量法评论

(1) 把条形磁铁 N 极插入线圈;

(2) 把条形磁铁 N 极抽出线圈;

(3) 把条形磁铁 S 极插入线圈;

(4) 把条形磁铁 S 极抽出线圈。

【讲授】实验准备,解决实验遇到的问题

(1) 如图 2-5-2 所示,确定线圈的绕向;

(2) 如图 2-5-3 所示,确定二极管正、负极;

(3) 方法:二极管连接干电池确定电流方向,看发光情况;

(4) 结论:长针脚为正极。

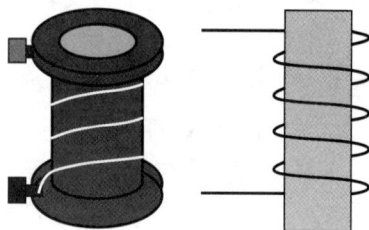

图 2-5-2

【活动 2】实验过程 分组合作评论

(1) 按照图 2-5-4 所示连接电路;

(2) 学生分成四组,按图中 N 插入、N 拔出、S 插入、S 拔出进行实验,注意线圈绕向和电流流向;

(3) 将实验现象磁铁的磁场和线圈中的感应电流方向标于图中;

(4) 学生根据标注方向,小组讨论,完成学案中的表格;

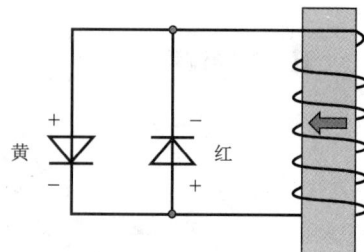

图 2-5-3

(5) 学生观察、记录、回答、交流、思考、自我评价,总结实验规律。

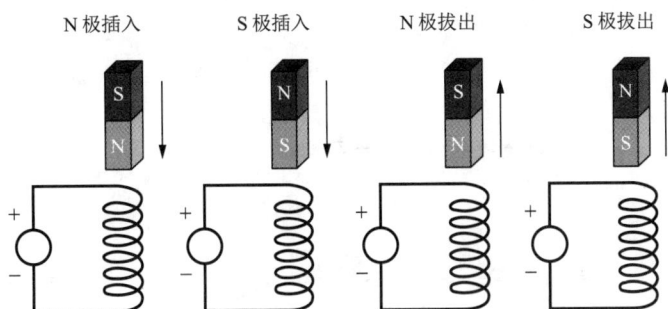

N极插入　　　S极插入　　　N极拔出　　　S极拔出

图 2-5-4

	N极插入	S极插入	N极拔出	S极拔出
原磁场 $B_原$ 方向				
原磁场磁通量的变化				
感应电流方向(俯视)				
感应电流磁场 $B_感$ 方向				
$B_原$ 与 $\Phi_原$ 变化的关系				
$B_感$ 与 $B_原$ 方向的关系				

【活动3】总结规律 得出结论

(1)学生回答,教师总结。

① 第一组和第三组实验,磁通量在增大,原磁场方向与感应电流磁场方向相反(增反);

② 第二组和第四组实验,磁通量在减小,$B_原$ 磁场方向与感应电流磁场方向相同(减同)。

(2)教师进一步引导。

① 原磁通量增加,则感应电流磁场方向与原磁场相反,阻碍磁通量的增大,使原磁通量增加得慢;

② 原磁通量减少,感应电流磁场方向与原磁场相反,阻碍磁通量的减少,使原磁通量减少得慢。

(3)学生总结回答。

感应电流的磁场总要阻碍引起感应电流的磁通量的变化。(增反、减同)

教师:这条关于感应电流方向的规律最早是由德国物理学家楞次在150多年前发现的,所以叫做楞次定律。

【讲授】理解楞次定律(图 2-5-5)

(1)楞次定律的内容:感应电流的磁场总是要阻碍引起感应电流的磁通量的变化。

(2)适用范围:各种电磁感应现象。

（3）深入理解楞次定律。

谁在阻碍？阻碍什么？怎样阻碍？能否阻止？

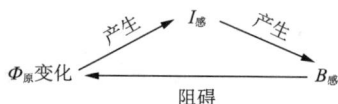

图 2-5-5

【活动 4】更换视角　拓展延伸

（1）如图 2-5-6 所示，分析学生找到的线圈的"N"极或"S"极与原磁铁的 N 极（S 极）的力的作用，得到：

① 当磁体向下运动时，同名磁极相对，二者相互排斥；

② 当磁体向上运动时，异名磁极相对，二者相互吸引。

（2）结论：感应电流总是阻碍导体和感应电流磁场的相对运动。（来拒、去留）

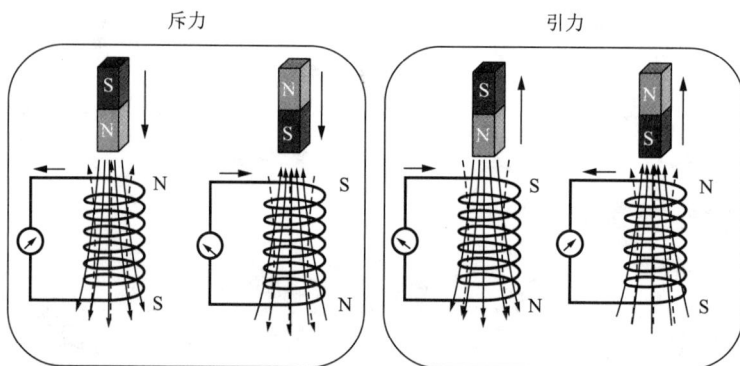

图 2-5-6

【讲授】总结：判定感应电流的方向。

（1）从磁通量变化的角度来看，感应电流的磁场总要阻碍引起感应电流的磁通量的变化。（增反、减同）

（2）从导体和磁体间的相对运动的角度来看，总是阻碍导体和感应电流磁体间的相对运动。（来拒、去留）

（3）引起这两种方式的根本原因是能量守恒。

【活动 5】磁铁和支架铝环的相互作用　验证规律

如图 2-5-7 所示，A、B 都是很轻的铝环，A 是闭合的，B 是断开的，用磁铁的任意一极去接近或远离 A 环，会产生什么现象？移近或远离 B 环，又会发生什么现象？

引导学生用学到的规律、结论合理猜想实验现象。

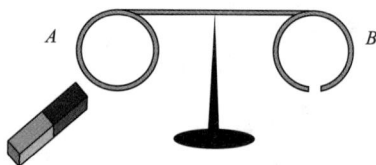

图 2-5-7

探究导体棒切割磁感线时感应电流方向的判断方法。

学生回答,教师总结:如图 2-5-8 所示,导体棒 ab 向右运动。

(1) 我们研究的是哪个闭合导体回路?

(2) 当导体棒 ab 向右运动时,穿过这个闭合导体回路的磁通量增大还是减小?

(3) 导体棒 ab 中的感应电流是沿哪个方向的?

图 2-5-8

(4) 请画出电流、速度和磁感应强度三者方向的立体图。你能用比较简单的方法来记忆三者方向的关系吗?

右手定则内容:＿＿＿＿＿＿＿＿＿＿＿＿。

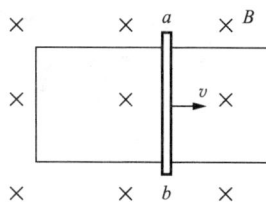

(二)运用楞次定律判断感应电流的方向

例 1:法拉第最初发现电磁感应现象的实验如图 2-5-9 所示。软铁环上绕有 M、N 两个线圈,当线圈 M 电路中的开关断开的瞬间,线圈 N 中的感应电流沿什么方向?

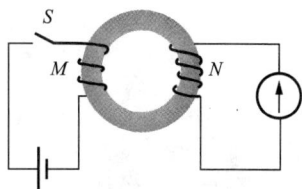

图 2-5-9

小结:运用楞次定律判断感应电流方向的一般步骤

变式 1:如图 2-5-10 所示,在通有电流 I 的长直导线附近有一个矩形线圈 $ABCD$,线圈与导线始终在同一个平面内。某段时间内,由于直导线中电流变化,矩形线圈中产生了 $A \to B \to C \to D \to A$ 方向的电流。

请判断:直导线中电流是增大了还是减小了?

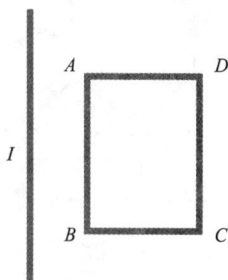

图 2-5-10

例 2:在图 2-5-11 中 $CDEF$ 是金属框,框内存在如图所示的匀强磁场。当导体 MN 向右移动时,请用楞次定律判断 $MNCD$ 和 $MNFE$ 两个电路中感应电流的方向。

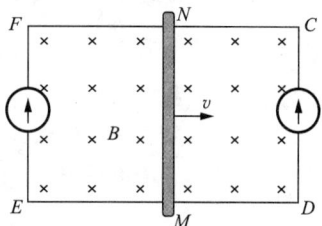

图 2-5-11

变式 2：如图 2-5-12 所示，矩形线圈 $CDEF$ 所在平面与磁场方向垂直，某时刻开始绕 OO' 逆时针转动，在线圈转过 90°的过程中，是否有感应电流产生。若有，请说明感应电流方向；若无，请说明理由。

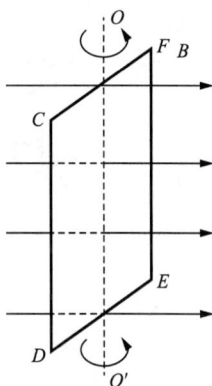

图 2-5-12

例 3：如图 2-5-13 所示，固定于水平面上的光滑平行金属导轨 AB、CD 上放着两根细金属棒 ab、cd。当一条形磁铁自上而下接近框架时，下列说法正确的是（　　）。

A. 电流方向为 $abdc$，ab 与 cd 相互靠拢
B. 电流方向为 $abdc$，ab 与 cd 相互远离
C. 电流方向为 $acdb$，ab 与 cd 相互靠拢
D. 电流方向为 $acdb$，ab 与 cd 相互远离

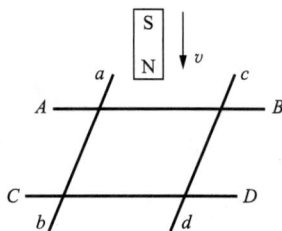

图 2-5-13

变式 3：水平桌面上放一闭合铝环，在铝环轴线上方有一条形磁铁，如图 2-5-14 所示，当条形磁铁沿轴线竖直向下迅速运动时，铝环有_____（填"收缩"或"扩张"）的趋势，铝环对桌面的压力_____（填"增大"或"减小"）。

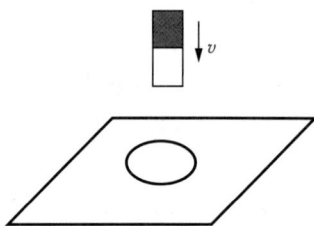

图 2-5-14

六、教学反思

新课改背景下教学设计的核心是研制学习目标来提升学生核心素养。在解决复杂电磁学问题的时候，会使用到左手定则判断安培力或者洛伦兹力，为了防止学生应用知识出现混淆，此处教学还需要将右手定则与左手定则进行比较。通过明确学习目标，基于目标整合教学资源，设计探究活动，有效地改进实验教学。当然用何种方式开展教学，应当基于学习目标及怎样提升学生的核心素养。

第六节 "导学探练测教学"模式下的练与测

美国心理学家桑代克认为,当动物或人类面对新的情景,自己不知道如何去应付时,便会运用日常所采用的各种方法,运用已有的经验去不断尝试,众多的尝试行为中有些是正确的、有些是无用的或错误的,经过多次尝试、反复练习,逐渐淘汰错误的或无用的行为,保留有效正确的行为,最后达到学习的成功。

在"导学探练测教学"模式下的练与测是及时巩固已学知识、及时得到课堂反馈的有效手段。通过练习题设置,及时巩固学生的思维能力和解决问题的能力;通过检测,教师对学生的学习情况进行及时的反馈与矫正。练习或测试改革是目前学科教育评价改革的重要任务,而练习或测试改革的关键是要让练习与测试对发展学生核心素养发挥更高的教育价值。那么,如何有效发挥练习或测试的功能?我们要优化学生练习或测试设计,改变现行大量训练、反复操作的练习与测试的状况,引导教学更加关注育人目的,更加注重培养学生的核心素养,更加强调提高学生综合运用知识、解决实际问题的能力。在教学中,结合课程标准,从育人功能、核心素养的视角进行练习与测试设计。

一、练习与测试题目的选择原则

(1)目标定位原则。练习与测试的题目选择要符合教情、学情、考情,要符合物理课程标准要求,要符合学生的认知水平与结构。能巩固、深化、完善已学知识和物理素养,能体现学生探究的过程,能渗透科学方法,能引领后面知识的学习。符合学生的发展区域,并能促进学生进一步探索知识的兴趣。

(2)突出主干原则。练习与测试梳理知识,突出主干是关键。要对重点问题重点巩固,暴露问题及时校正。要从知识的认知理解上、知识的逻辑关系上、知识的提升应用上挖掘,进行合理设置练测题目。目的是强化核心问题、主次关系、内涵外延、背景特征等,让知识主线明确,让关联问题辅助主线。

(3)整体构建原则。练习与测试要服务于整体知识体系的构建,体现综合应用能力培养的基础,使知识系统化、结构化。同时对课堂整体知识框架进行延伸,让学生由课上走向课外,由知识转向能力。

(4)典例导练原则。典例导析是强化重点、突破难点、澄清疑点、培养能力的关键环节,从学情分析的角度判断学生出错点和解决方法;从微观分析的角度掌握捕捉相关信息和筛选有效信息的方法;从整体把握的角度来明确构建学科模型和确定解题方法。

（5）反馈落实原则。进行练习和达标检测时，要给定学生时间让其尝试解答；教师要搭建学科平台让其展示结果；师生互动探究、完善解题过程，提炼思路方法。

（6）变式思悟原则。变式训练，一题多解，多题归一，对题目多角度、多方法探究出的思路和解决方法，从而让学生内化、感悟。

（7）定时定量原则。定时间、定内容、定规范是学生完成练习与测试必须要做到的。规范要求主要包括思维规范、表述规范和过程规范，训练情况一定要在课堂上进行落实，通过相互探讨实现顿悟，通过交流实现完善。

二、练测题的选择方法

对于单个新知识点的理解与应用，题目要从正确理解知识内涵和准确掌握适用条件的角度设置，题目的难度要适合学情。对于新课下不同知识点的比较与结合应用，教师一般不要读题解题，以此强化学生自我完成的能力，在评析时，重在追究学生得出结论的依据，通过设疑来启发，让学生走出认知误区。

对于新知识点与已有知识点的比较与结合应用，练习与测试时，要在思路与方法的提炼上下功夫，不要片面追求解出题目的正确结论，而要突出核心素养的考查，突出知识的生成，突出问题的解决，不要为了解决问题而解决问题。

适时检测学习效果，当堂反馈发现的问题。针对训练的题目要与例题相近、相异，且难度不高于例题，避免恶性循环，重在强化对本节课的落实。针对训练的反馈评析要通过引导学生互动争辩解决。新知探究结束后，必须针对学习目标提供必要的问题或习题让学生解决，来深化、内化对新课知识主干的理解，使学生能力得到提升。通过应用使知识与方法得到整合，通过归纳使知识和方法条理化、结构化。通过整合使新的知识与方法体系跟已有的知识与方法体系进行有机链接，实现知识的丰富和方法的提升。对发现的问题，要及时补救与解决。

练习与测试题目的选择要遵循评价性、针对性、过程性、方法性、灵活性、效益性原则。题目内容上要与学习目标相对应，难度上要与学情实际相适应，数量上要与训练时间相匹配，能力上要有丰富的思维含量，解答上要有明确的规范要求，补救教学上一定要当堂落实到位。

练习与测试要注重基础，提升能力。不要只关注知识的结论，还要关注新知的形成过程和方法的探究过程。要突出本课内容，避免搞成了拓展讲课。要高度概括，结而不散，为下节课埋下伏笔，避免复述、罗列式小结。要注重与已有知识和方法的整合，实现能力提升。

三、练习与测试工作落脚点在课堂

教学没有专家,只有专心与专注。一张好的讲义＋一次定时训练＋一次完整认真的批阅＋一份细致的分析＋一堂严谨的讲评课＋一份针对性强的补偿练习＋一次心贴心的学生沟通＝一次完美的备考。

没有落实的要求都是零。强化落实是教学的最最重要环节之一,没有落实,学生学习自然就不会扎实。强化落实就要坚持原则,就要钻研、想办法、让学生会,做到堂堂清、天天清、周周清。抓落实就要抓细节、抓管理、抓规范。

定时定量的训练才有效果。检测设置做到定时、定量、全员收批,每一次训练都是高考的准备。不同的状态下的训练,效果会有很大的不同,自由散漫地做和认真紧张地做效果大相径庭。

优质的试题是成功的一半。每日做题、议题、选题,形成一张好讲义。尽量不用套题,选题的过程也是出补偿题的过程,更具有针对性。如果我们从网上找到考试题不做选择加以使用,只会低效耗时。

批阅、分析是发现问题最好的手段。要认真批阅,只有批阅,才能发现问题所在,知道学生是怎么错的。不要估计,也不要听别人说,然后结合试题认真研究分析,会发现问题所在,教的问题与学的漏洞都会暴露无遗。

交流探究是课堂的主旋律。关于讲评课的上法多种多样,有的人提倡归类讲评,其实有时候由错得多的地方讲起也行,从头讲到底也未尝不可,关键是让学生懂,那就让学生参与其中。

身心愉悦是接受知识的最佳状态。教师上课要有激情,有激情的课堂会感染学生。课堂上我们要关注学生的学习状态是否愉悦、忙碌、平心静气,这需要兴趣、习惯、氛围形成气场。

四、优化练习与测试设计 重在经历解题过程

(一)理解课程标准 精心设计物理练习与测试

随着学习的深入,在不同的学习阶段,布置不同能力层次的作业来让学生加深对所学物理概念或规律的理解。通过练习与测试的设计,既要对学生所学知识的理解进一步巩固加深,让学生从物理学视角对概念及其规律的认识更加全面到位,又要落实物理观念以及科学思维等方面的核心素养。另外,练习与测试设计还要为分层评价学生提供一个有效的参考,为以评促学指明方向。

(二)强化问题情境 精心设计物理练习与测试

"情境"即问题情境,指的是真实的问题背景,是以问题或任务为中心构成的

活动场域,在培养学生物理核心素养方面,"情境"起着关键的作用。在物理教学中,应让学生获得在实际情境中解决问题的大量经验,形成把情境与知识相关联的意识和能力。要减少脱离实际的抽象性的练习题,增加实际问题或原始问题,尝试把练习与测试设计赋予真实的问题情境,体现核心素养下的练习与测试设计。练习与测试要与高考试题一致,做到无情境不命题。在新情境中,要求学生运用提供的信息和已具备的知识、能力、素养分析解决新的问题。

(三)重视科学思维 落实从"解题"到"问题解决"的转变

用"问题解决"的视角审视课程内容的设置与展开方式时,会选择现实的、生活中的物理素材,让学生从物理学角度观察、思考、分析、交流,发现自然界存在的问题和内在的联系,并用物理的思维方式表达和分析物理问题。分类讨论是"解题"到"问题解决"转变的一个重要标志。问题的界定、条件的约束、讨论的范围、可能情况的预判,均由学生自己做出合理的安排,而非命题者指明要求。所以在进行练习与测试设计时注重问题解决。

真实情境问题是从"解题"到"问题解决"转变的载体。要提高从"解题"到"问题解决"转变的能力,不在于做大量的真实情境试题,更不要把真实情境试题当成新题海来训练,而要将平时抽象的问题赋予真实的情境即可。让学生在真实情境问题与抽象问题之间建立起一座桥梁,让学生知道真实情境问题到抽象问题的基本思维方式,掌握模型构建的基本方法。

(四)密切联系实际 凸显物理学科的考查载体

在题目设置上要从中学物理教学实际出发,联系学生的生活实际,联系科学事件,联系前沿科学的动态,考查学生运用所学物理知识解决问题的能力,通过问题解决促进物理学科核心素养的达成。题目设置要注重与生产、生活实际相结合,是真实的问题,尽可能以立体形式呈现;是真实的立体空间,通过情境补充与转换,来考查学生的科学思维品质。

(五)增强开放性、探究性与创新性 强化学生的创新能力

近三年高考山东物理试题在开放性、探究性与创新性上体现得尤为突出,对学生创新能力的考查得到了充分的加强。所以,在练习与测试题目设计上,要在符合学生实际认知的前提下加大创新能力考查,通过创新试题的呈现方式和设问方式,要求学生从不同角度分析和思考问题,能提出个性化、创造性的思路和见解。在创造性的问题解决、创造性的实验设计等方面也要注重因材施教、分层考查,对不同层次的学生要提出不同的要求。

五、小测看问题　大考看差距

测评的目的就是根据差距找不足,根据不足找措施,利用措施补漏洞。每次考试之后要严格落实考后分析,对学生进行普润,不要让学生在后悔、等待、焦虑中度过。教师要注重思想的沟通与引导,给学生多指明方向,并教给解决问题的办法。告诉学生,纠结与磨难是对人生智慧最好的历练,学习的难度不在经历本身,而在如何克服自己的主观与偏执。每次测试后,要做好以下工作。及时下发标准答案,组织学生自查自纠自悟。讲前先让学生反思,不悱不发,不愤不启。有针对性地归类讲评并及时补偿。督促检查错题入集,要求学生做好红笔纠错,试卷留存,错题积累。进行二次阅卷,落实满分卷。建立模拟跟踪档案,印规范卷,搞规范试卷展评。组织单科冠军谈学法或优法,辐射指导学法。考试过后一定会出现懈怠、浮躁等现象,教师要及时进行校正,开好考后安定会。对学生进行普润,巡视、了解、倾听、安抚、指导、汇集问题等。师生共同撰写考后反思总结,以改进学习方法,帮助学生形成自己的学习和考试习惯。

附课时案例六

圆周运动单元测试讲评导学案

一、学习目标

(一)物理观念

掌握向心力公式的应用,知道向心力的特点;构建解决圆周运动问题的物理模型。

(二)科学思维

会分析向心力的来源,能够计算向心力;能够处理匀速圆周运动的动力学问题;能够利用圆周运动的二级结论快速解决问题,并对数学知识在物理中的运用非常熟练。

(三)科学探究

感受影响向心力大小的因素,通过实验探究他们之间的关系;通过本次试题订正,体会日常学习规范中自我纠错的方法,学会分析问题、解决问题。

（四）科学态度与责任

了解分析匀速圆周运动速度变化量时用到的极限思想；结合本次答题实际，进一步明确规范答题注意事项；观察生活中的圆周运动及离心现象，能根据所学知识分析生活中的各种圆周运动现象，并了解其在生活中的应用。

二、重、难点

能够利用二级结论快速解答问题；强化利用数学知识解决物理问题的能力，能熟练利用图像、极值等解决圆周运动的问题；强化多过程综合问题的理解及前后知识的联系与应用，注意隐含条件的挖掘。

三、探究过程

（一）多过程问题的理解

例题 1. 如图 2-6-1 所示，一根轻弹簧左端固定于竖直墙上，右端被质量 $m=1\ kg$ 可视为质点的小物块压缩而处于静止状态，且弹簧与物块不拴接，弹簧原长小于光滑平台的长度。在平台的右端有一传送带，AB 长 $L=5\ m$，物块与传送带间的动摩擦因数 $\mu_1=0.2$，与传送带相邻的粗糙水平面 BC 长 $s=1.5\ m$，它与物块间的动摩擦因数 $\mu_2=0.3$，在 C 点右侧有一半径为 R 的光滑竖直圆弧与 BC 平滑连接，圆弧对应的圆心角为 $\theta=120°$，在圆弧的最高点 F 处有一固定挡板，物块撞上挡板后会以原速率反弹回来。若传送带以 $v=5\ m/s$ 的速率顺时针转动，不考虑物块滑上和滑下传送带的机械能损失。当弹簧储存的 $Ep=18\ J$ 能量全部释放时，小物块恰能滑到与圆心等高的 E 点，取 $g=10\ m/s^2$。

（1）求右侧圆弧的轨道半径为 R；

（2）求小物块最终停下时与 C 点的距离；

（3）若传送带的速度大小可调，欲使小物块与挡板只碰一次，且碰后不脱离轨道，求传送带速度的可调节范围。

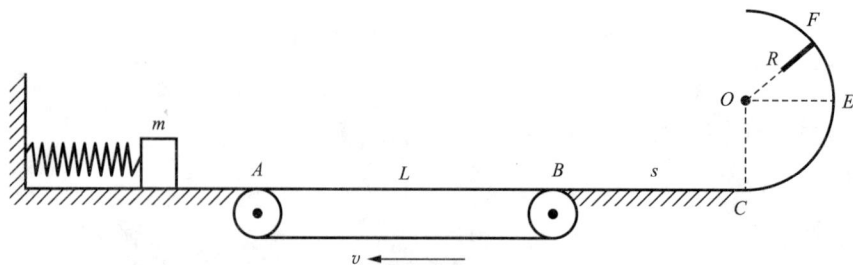

图 2-6-1

友情提示:本题是单一物体多过程的问题,弹簧、传送带、不光滑平面、圆周运动,环环相扣,涉及能量观点、运动学观点、动量观点等,最难突破的点就是小物块脱离圆周的条件,即与弹力有关的临界极值问题,这是对圆周运动知识中关键知识向心力的来源的考查,也是学生灵活运用牛顿第二定律的考查。要明确压力、支持力的临界条件是物体间的弹力恰好为零。

练习1. 如图2-6-2所示,一根轻弹簧左端固定于竖直墙上,右端被质量为 $m=1\ \text{kg}$ 可视为质点的小物块压缩而处于静止状态,且弹簧与物块不拴接,弹簧原长小于光滑平台的长度。在平台的右端有一传送带,AB 长为 $L=12\ \text{m}$,与传送带相邻的粗糙水平面 BC 长为 $x=4\ \text{m}$,物块与传送带及水平面 BC 间的动摩擦因数均为 $\mu=0.3$,在 C 点右侧有一半径为 R 的光滑竖直半圆弧与 BC 平滑连接,在半圆弧的最高点 F 处有一固定挡板,物块撞上挡板后会以原速率反弹回来。若传送带以 $v=6\ \text{m/s}$ 的速率顺时针转动,不考虑物块滑上和滑下传送带的机械能损失。当弹簧储存的 $Ep=8\ \text{J}$ 能量全部释放时,小物块恰能滑到与圆心等高的 E 点(取 $g=10\ \text{m/s}^2$)。

(1)求滑块被弹簧弹出时的速度;

(2)求右侧圆弧的轨道半径 R;

(3)若传送带的速度大小可调,欲使小物块与挡板只碰一次,且碰后不脱离轨道,求传送带速度的可调范围。

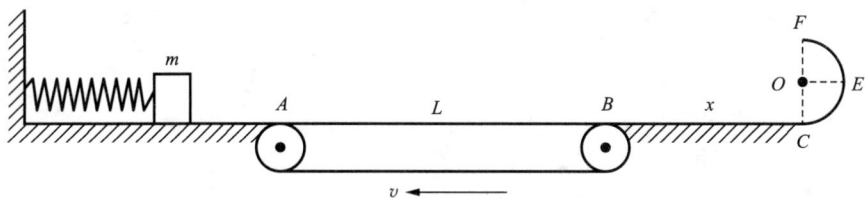

图 2-6-2

友情提示:本题是在上一道题上的改装,小球脱离位置的变化,导致所有条件都在变化,体现一题多变的思想。

(二)对二级结论的使用

例2. 天花板下悬挂的轻质光滑小圆环 P 可绕过悬挂点的竖直轴无摩擦地旋转。一根轻绳穿过 P,两端分别连接质量为 m_1 和 m_2 的小球 A、B($m_1 \neq m_2$)。设两球同时做如图2-6-3所示的圆锥摆运动,且在任意时刻两球均在同一水平面内,则( )。

A. 两球运动的周期相等

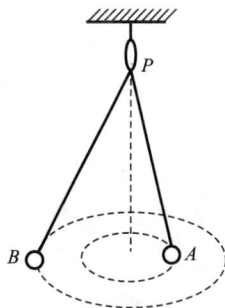

图 2-6-3

B. 两球的向心加速度大小相等

C. 球 A、B 到 P 的距离之比等于 $m_2：m_1$

D. 球 A、B 到 P 的距离之比等于 $m_1：m_2$

关于圆锥摆运动的二级结论：

如图 2-6-4 所示，对小球受力分析得 $F_拉 \sin \theta = mL\omega^2 \sin \theta$，

得 $F_拉 = mL\omega^2$，$mg\tan \theta = mL\sin \theta \cdot \omega^2$ 得 $\omega = \sqrt{\dfrac{g}{L\cos \theta}} = \sqrt{\dfrac{g}{h}}$

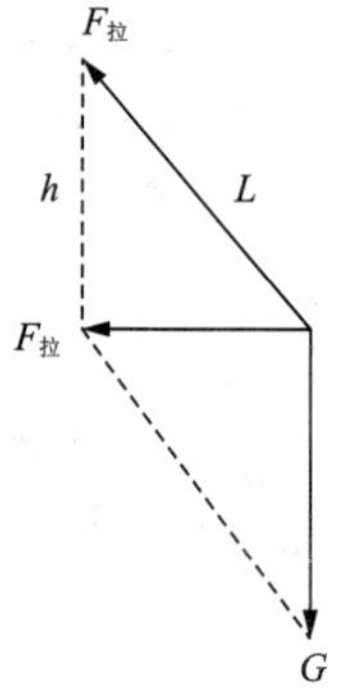

友情提示：关于圆周运动中的二级结论的理解与应用，对锥桶中物体的转动、飞机空中匀速水平盘旋等类圆锥摆运动依旧使用，要求学生掌握得非常牢固，并能熟练应用。

练习 2.（单选题）A、B 两质量相同的质点用轻质细线悬挂在同一点 O，在同一水平面上做匀速圆周运动，如图 2-6-5 所示，则（　　）。

A. A 的加速度一定比 B 的加速度小

B. A 的线速度一定比 B 的线速度小

C. A 的角速度一定等于 B 的角速度

D. A 所受的细线的拉力一定等于 B 所受的细线的拉力

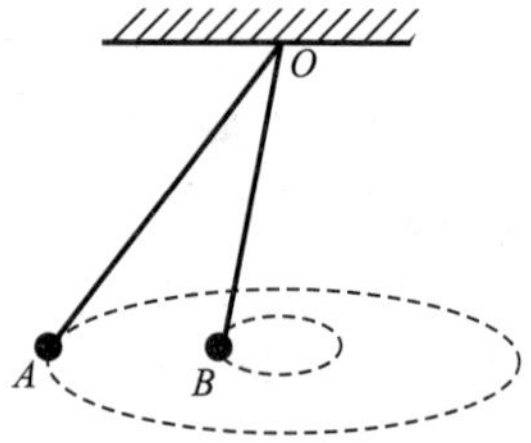

图 2-6-4

图 2-6-5

（三）数学方法的应用

例 3. 长为 L 的细线一端系一质量为 m 的小球（可视为质点），另一端固定在一光滑锥顶上，光滑锥顶角为 2θ，轴线在竖直方向，如图 2-6-6 甲所示。使小球在水平面内做角速度为 ω 的匀速圆周运动，线的张力为 F_T，经分析可得 $F_T - \omega^2$ 关系图像如图 2-6-6 乙所示，已知重力加速度为 g，则（　　）。

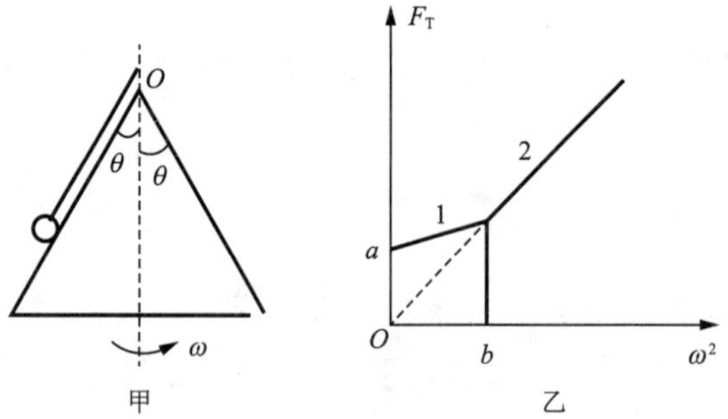

图 2-6-6

A. $a = mg\sin \theta$

B. $b = \dfrac{g}{L\cos \theta}$

C. 图线 1 的斜率 $\kappa_1 = mL\sin\theta$

D. 图线 2 的斜率 $\kappa_2 = \dfrac{m}{L}$

友情提示：本题是对数学知识解决物理问题的考查，对一次函数的一般方程、斜率、截距等数学知识与物理知识的结合的考查，再次强化解决坐标图像的方法。

练习 3.（多选题）如图 2-6-7 甲所示，用不可伸长的轻质细绳拴着一小球，在竖直面内做圆周运动，不计一切阻力。小球运动到最高点时绳对小球的拉力 F 与小球速度的平方（v^2）的图像如图 2-6-7 乙所示。已知重力加速度 $g = 10\ \text{m/s}^2$，下列说法正确的是（   ）。

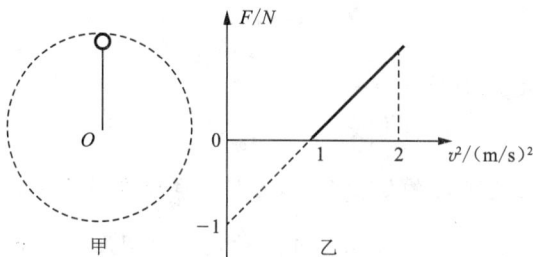

图 2-6-7

A. 小球运动到最高点的最小速度为 $1\ \text{m/s}$

B. 小球的质量为 $0.1\ \text{kg}$

C. 细绳长为 $0.2\ \text{m}$

D. 当小球在最高点的速度为 $\sqrt{2}\ \text{m/s}$ 时，细绳的拉力大小为 $2\ \text{N}$

四、补偿练习

1. 如图 2-6-8 所示，两根长度不同的细线分别系有 A、B 两个小球，小球的质量分别为 m_1、m_2，细线的上端都系于 O 点。设法让两个小球在同一水平面上做匀速圆周运动，已知细线长度之比 $L_1 : L_2 = \sqrt{3} : 1$，L_1 与竖直方向成 $60°$ 角，则（   ）。

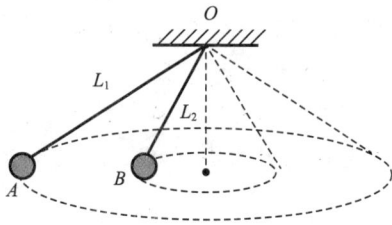

图 2-6-8

A. A、B 两球的角速度之比为 $\sqrt{3} : 1$

B. A、B 两球的周期之比为 $1 : 1$

C. A、B 两条细线的拉力之比为 $3 : 1$

D. A、B 两球的线速度之比为 $3 : 1$

2. 如图 2-6-9 所示，小球用不可伸长的轻绳连接后绕固定点 O 在竖直面内做圆周运动，小球经过最高点时的速度大小为 v，此时绳子的拉力大小为 F_T，拉力 F_T 与速度的平方(v^2)的关系如图乙所示。若图像中的数据 a 和 b、包括重力加速度 g 都为已知量，则以下说法正确的是(　　)。

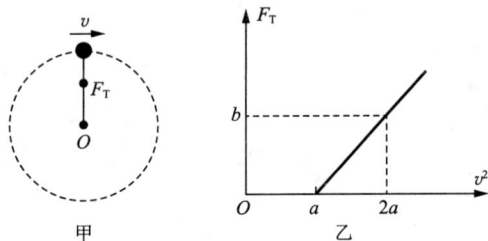

图 2-6-9

A. 数据 a 与小球的质量有关

B. 数据 b 与小球的质量有关

C. 比值 $\dfrac{b}{a}$ 不但与小球的质量有关，还与圆周轨道半径有关

D. 利用数据 a、b 和 g 能够求出小球的质量和圆周轨道半径

3. 如图 2-6-10 所示，光滑轨道由水平面内的直轨道 AB 与竖直面内的半圆形轨道 CD 组成，B、C 点光滑无缝衔接，在 C 点底部放置一压力传感器(不考虑其厚度)。质量为 $1\ \text{kg}$ 的物块 P 静止在 A 点，在拉力 F 的作用下加速向 B 点运动。到达 B 点时撤去 F，在 C 点进入轨道时压力

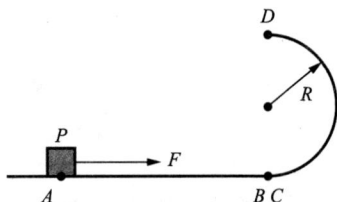

图 2-6-10

传感器的示数为 $80.0\ \text{N}$，之后沿半圆轨道到达 D 点。已知半圆轨道半径 $R = 1\ \text{m}$，外力 $F = 14\ \text{N}$，取 $g = 10\ \text{m/s}^2$，求：

(1) A 点到 B 点的距离；

(2) 物块到达 D 点时的速度；

(3) 将物块 P 换为质量为 $2\ \text{kg}$ 的物块 Q，再次用 F 将物块 Q 从 A 拉到 B，到达 B 点时撤去 F，Q 达到的最高点到地面的距离。

第三章

立足新课改 落实物理教学模式
——中学物理高质量教学模式下教学设计

教学设计是教师运用系统方法,对学生的学习行为、目标、特征、环境进行分析,选择策略手段、制定教学流程、评价教学效果,根据学情、教情编制教学预案,对课堂进行最优化的过程。教学设计包含七个要素:学生需要分析、学生特点分析、学习目标分析、学习内容分析、教学策略的制定、媒体的使用、教学效果评价。教学设计过程,需要对教材进行钻研,确定教学目标,明确教学内容、教学重点难点,选定教学方式、课型、方法、教具、时间等。

教学设计要注重以生为本,因材施教。从学生的学情、智力水平等出发,把教学过程作为一个整体系统来考虑,运用系统方法来设计、开发、运行、管理,使学生学会所要求的知识,同时使科学思维得到锻炼,科学态度与责任得到培养。下面介绍在"导学探练测"的课堂模式下进行的教学设计。

第一节　基于研究性学习的高中物理教学设计
——以"摩擦力"教学设计为例

研究性学习是指在教师的指导下,学生自主从自然、社会、生活及课本上选择和确定课题或项目,用科学研究的方式,主动地获取知识、应用知识、解决实际问题的学习活动。

研究性学习是新课程理念下一种新的课程形态,它以开放性、探索性和实践性等特点,深受一线教师和学生的欢迎。教师在平时的教学过程中除了要注意培养学生的研究兴趣外,还需要注意选择具有研究价值的教学内容、组织学生开展研究性学习活动。

本节以人教版(2019年版)必修一第三章第三节"摩擦力"为例,从研究目标设计、方法探讨、过程记录、成果升华、结论应用、课外拓展研究和体会反思等方面介绍如何将研究性学习应用到高中物理教学设计中。

一、教学设计前期分析

(一)教材的地位和作用

摩擦力与人们的日常生活紧密相连,是常见的三种力之一。学好本节内容,可以为学生下一步进行受力分析乃至整个力学的学习奠定基础,也有利于学生利用物理知识解决实际问题,达到学以致用的目的。因此,摩擦力的学习有着广泛的现实意义。

(二)教材的编排分析

本节内容是对初中摩擦力知识的延伸和拓展。教科书先说明了什么是滑动摩擦力,滑动摩擦力的大小和方向;然后介绍了静摩擦力及其方向,通过实验研究静摩擦力的大小。在内容的选择上既注意到与初中物理和科学课程的衔接,又力求帮助学生完成对整个摩擦力知识的构建。

(三)学情分析

摩擦力对于高一的学生来说是个难点,但教材把本节安排到重力与弹力之后,同学们掌握了研究力的基本方法之后再学习这一节就变得相对容易。

(四)教法、学法分析

采用教师层层引导,学生自主和师生共同实验探究的教学方法,指导学生围绕着摩擦力这个主题逐步展开科学探究活动。学生在教师的引导下,在情境中发现问题并主动探索解决的方案,经历一系列的分析、实验、推理、交流论证的活动,从实践到理论、再从理论到实践,构建起摩擦力的理论。

二、研究目标设计

通过分析摩擦现象,理解摩擦力的产生条件,会区分静摩擦力和滑动摩擦力。会根据相对运动方向判断滑动摩擦力的方向,并根据公式计算滑动摩擦力的大小。会根据相对运动趋势判断静摩擦力的方向,并会根据物体的受力和运动情况,分析静摩擦力的大小和方向。知道生产和生活中增大和减小摩擦的具体实例,具有将摩擦力知识应用于生产和生活的意识。

三、研究方法探讨

鉴于高一学生在日常生活中已经积累了大量与摩擦力有关的切身体验并形成了丰富的感性认识,并且他们在初中阶段接触过摩擦力的部分内容,利用控制变量法对影响滑动摩擦力的因素进行过定性的探究,具备了一定的动手实验能力,因此,我们针对摩擦力的几个板块设计了学生自主探究以及师生共同探究的实验。在教学中,教师层层引导,学生通过合作探究、分析实验数据得出证据,形成对摩擦力有关问题的理论解释。为使学生更好地建构知识,我们还引入了摩擦力产生的理论假说,其效果相当于在"滑动摩擦力""静摩擦力"两个下位概念与"摩擦力"这个上位概念之间,架设了一个"支架"。研究方法框架如图 3-1-1 所示。

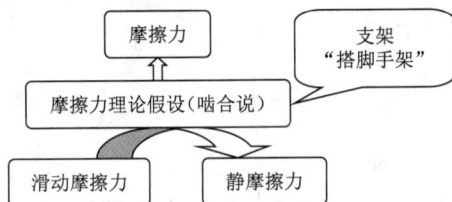

图 3-1-1

四、研究过程记录

研究过程记录如表 3-1-1 所示。

表 3-1-1　研究过程记录

教学事件及所需时间	教师活动	学生活动	媒体与实验	设计思想
创设情境录像引入	演示录像,引导学生辨别实例,进行分类	观看录像,对摩擦力进行辨别与分类	多媒体课件 ① 花样滑冰; ② 特技表演:用牙齿拉大卡车,卡车由静止变为运动	用录像将学生引入实验探究的情境中,丰富学生的感性认识,明确本节课的任务:研究摩擦力
知识回顾形成与已有知识"联系"	引导学生回忆滑动摩擦力的概念、产生条件以及与正压力和接触面的定性关系,提出第一个探究问题"探究压力与滑动摩擦力的定量关系"	回忆已有知识,列举生活应用实例	板书 条件:接触 挤压; 相对运动	引导学生复习已有知识,明确本节课的第一个探究活动:探究压力与滑动摩擦力的定量关系,为新授课做好准备

教学事件及所需时间	教师活动		学生活动	媒体与实验	设计思想
学生分组探究实验：滑动摩擦力与正压力之间关系，实现"思考"		点拨讲解实验器材、实验设备；强调注意事项	思考实验方案，阅读导学案，明确实验目的；了解注意事项；熟悉实验步骤	 **实验器材**：弹簧测力计、砝码、木块、长木板、毛巾	通过恰当地引导使学生明确探究目标、具体操作步骤，为顺利完成滑动摩擦力的探究实验奠定基础；借助导学案，学生可以把精力集中到科学探究方法的思考上，增强实验的目的性
	巡回指导学生进行实验		采用控制变量法研究滑动摩擦力与压力及接触面粗糙程度的关系。实验、记录数据，得出结论	**导学案（表格）**： 滑块重力（N）：____ 每个砝码重力（N）：____ 实验次数 1 2 3 4 压力/N 摩擦力/N 摩擦力与压力之比	使学生经历科学探究过程，明确科学探究方法；培养学生的合作意识；培养学生的科学态度和科学精神
	引导学生进行数据分析，从而得到实验结论；对学生的实验结果给予评价反馈		按照教师的引导分析实验数据、交流实验结果、总结实验规律	**板书**： 实验结果： $f = \mu N$	使学生在教师的适当引导下，通过分析实验数据得到实验结论。培养学生的分析能力和交流能力。 使学生掌握滑动摩擦力与压力的定量关系以及动摩擦因数的物理意义
实验探究课题——静摩擦力，实现"再思考"	演示实验，得出拉力与静摩擦力大小及方向关系的曲线		观察演示实验，思考、分析实验所得曲线	传感器、二维力学平台、砝码、滑块、计算机	验证物体静止时，静摩擦力与拉力等大反向，使探究过程更加完善

教学事件及所需时间	教师活动	学生活动	媒体与实验	设计思想
实验探究课题——静摩擦力实现"再思考"	引导学生利用简易设备感受静摩擦力	改变拉力大小观察弹簧测力计的示数变化,总结静摩擦力规律	实验器材:弹簧测力计、砝码、木块、长木板、毛巾。导学案板书:(1)静摩擦力大小可变;(2)静摩擦力有一个最大值	通过实验丰富学生对静摩擦力的感性认识;使学生形成一系列有关静摩擦力探究的问题,使得对静摩擦力的精确探究变得相对简单。激发学生的求知欲,从而提高课堂效率
	演示实验:用力的传感器作出物体由静止到运动的过程中摩擦力随拉力变化的精确图像;引导学生分析图像的起始阶段、最高点以及近乎水平的各段分别说明了什么问题	观察演示实验;分析曲线得出:① 静摩擦力随拉力的变化关系;② 影响最大静摩擦力的因素;③ 最大静摩擦力和滑动摩擦力的大小关系	传感器、二维力学平台、砝码、滑块、计算机、毛巾。板书:(3)最大静摩擦力滑动摩擦力。2.影响最大静摩擦力的因素:(1)压力;(2)接触面材料	学生运用所学知识分析测量结果,培养学生学以致用的习惯。在学生形成对摩擦力变化过程的感性认识基础上,通过展示摩擦力-拉力图像,使学生对整个摩擦力的变化过程形成深刻认识

五、研究成果升华

活动:总结回顾。

引导学生回顾知识点:滑动摩擦力大小与正压力之间关系;静摩擦力与拉力之间关系。

点评:学生通过回顾检验学习的成果,使学到的知识形成系统,得以升华。

六、研究成果应用

活动:生活实例解析。

投影生活实例:人在路面上走路、骑自行车,引导学生利用已学知识对实例进行分析讨论。

点评:通过对实例进行分析,加深学生对摩擦力的理解,提高应用灵活性与知识形成。

七、课外拓展研究

活动：投影摩擦力产生的理论假说。

在一个光滑的表面和一个粗糙的表面之间，有较少的脊面相交，这使得两个物体可以更容易地相互滑动

材料一　分子互相碰撞产生摩擦

材料二

点评：引导学生了解摩擦力产生的机理。

八、研究体会与反思

本堂课属于"研究性学习教学模式"的应用。笔者认为，研究性学习要与高中物理学科教学真正整合成功，必须满足以下两点。

（一）研究课题选择的合理性

所选的课题最好是新课程教学任务规定的内容，既能完成教学任务，又能培养学生的研究能力；所选的课题最好是利用学生现有的知识就能研究的，也就是接近学生最近发展区的。这样容易调动学生的研究积极性。

（二）研究性学习实施的过程性

研究性学习强调学生的学习要由单纯的积累知识向探究知识转变，由论证知识的结构向获取知识的过程转变。在教学设计中，教师要精心安排物理概念和规律的形成过程和应用过程，通过学生自己的实验、观察、分析和总结等一系列的活动，发现物理现象，探索物理规律。

总之，研究性学习要关注学生的科学意识的培养和科学素养的提高，强调学生的主体意识。教师在实际教学中既要当好"导演"，又要当好"观众"，把"舞台"交给学生，让学生成为课堂真正的主人。

第二节 物理观念的培养与教学实践的融合教学设计

——以"弹力"教学设计为例

核心素养是当前课程与教学论领域的研究热点,而物理观念又处于物理核心素养的首要位置,学生核心素养应该是通过对具体物理知识学习后积淀下来的物理观念和思维方法。本节以人教版高中物理必修一"弹力"的教学设计为例,介绍了让学生在知识建构过程中形成物理观念、提升核心素养的具体途径。

一、物理观念的含义和地位

《普通高中物理课程标准(2020 年修订)》明确指出,物理观念是从物理学视角形成的,关于物质、运动与相互作用、能量等的基本认识;是物理概念和规律等在头脑中的提炼与升华;是从物理学视角解释自然现象和解决实际问题的基础。

物理观念是科学思维、实验探究、科学态度与责任形成和发展的基础。它在教学实践中的地位,可以用德国物理学家劳厄的一句话来阐述,"教育给予人们的无非是当一切已学过的东西都忘记后所剩下的东西。"物理观念就是将知识逐渐淡化甚至遗忘后"剩下的东西"。

二、物理观念教学现状

当前的物理观念教学效果并不理想,主要表现为以下几个方面的问题:没有构建物理观念教学的意识,将解题和分数作为教学的唯一目标;虽然有构建物理观念教学的意识,但缺乏实施的途径,导致教学实践难以开展;虽然有实施的途径,但并不完善,导致物理观念教学低效。因此,构建合理途径并形成有效策略是当前物理观念教学亟待解决的问题。

三、融合物理观念培养的教学设计

融合物理观念培养的教学设计,即要在教学过程中不断关注学生的学习过程,创设与联系生活的真实情境,注重科学方法的渗透,突出实验探究在物理教学的地位与作用,挖掘学生自主、合作、探究学习的潜质。这就迫使我们在教学实践中,应牢固树立知识学习服务于学科观念建构的意识,摒弃知识本位的思想,让学生在知识建构过程中形成物理观念,提高学科素养。

(一)教学案例设计

学生在人教版八年级下册第七章第二节中已经接触过弹力,他们对于形变、弹性、塑性、弹力及弹性限度等概念已经有了一定的掌握,并且已经了解了弹簧测力计的构造、原理及使用方法,会用弹簧测力计来测量力的大小,但初中教材中并没有讲到弹力方向和胡克定律。因此,本节课的教学设计应达到以下目标:知道常见的形变(尤其是微小形变的观察),了解物体的弹性;通过观察和实验,抽象概括弹力产生的条件;知道压力、支持力和拉力都是弹力,会根据弹力的产生条件或者物体的运动状态及其变化,分析弹力的方向;了解弹力在生产和生活中的应用,体会物理学与生产、生活的紧密联系。通过实验探究弹力和形变量的关系,了解胡克定律,了解科学探究中获取及处理数据的研究方法。

1. 创设教学情境 实现学生物理观念的构建

师:同学们,这是我国射箭运动员在东京奥运会比赛时的照片(图 3-2-1),运动员松手后箭为什么会被射出去?

生:弦给它的作用力使它的运动状态发生改变。

师:这个力就是我们这节课要学习的弹力。

【设计意图】通过视觉体验抓住学生的眼球,

图 3-2-1

激发学生的内在学习动机。内在学习动机是进行深度学习的动力源泉,只有当学生的内在动机被充分调动起来,学生才能主动进行知识建构、丰富及改变认知结构。

师:请同学们观察图 3-2-2 中的 4 幅图,看看物体的形变有什么不同?

图 3-2-2

生:有的物体在形变后撤去作用力时能够恢复原状,而有的物体在形变后撤去作用力时不能恢复原状。

师:用力拉伸弹簧时,弹簧是否一定发生弹性形变呢?

生:不一定。

师(演示实验):用大小不同的力拉伸弹簧,直至弹簧不能恢复原状。

【设计意图】在体验中给出弹性限度的概念,让学生体会"由量变到质变"的物理观念。

2. 观察微小形变 渗透微小量放大的科学方法

师(问题):用力压桌子,桌子有没有发生形变?你能观察到课桌的形变吗?

生:学生互相讨论。

师:同学们观看视频,并思考发生这一现象的原因。

图 3-2-3

生:当手向下用力时,光点向下移动;当放手后,光点回到原位置,说明桌子发生了弹性形变。

师:当我们用力挤压玻璃瓶时,能观察到其形变吗?

生:不能(如图 3-2-3 所示,教师演示挤压玻璃瓶)。

师:我们能否采取类似的方法来观察其形变呢?

生:(思考)

师:如图 3-2-4 所示,现在我们在一只空的玻璃瓶里盛满有色水,在瓶塞上加一根细管并密封好。请一位同学上台体验,从玻璃瓶两侧用力挤压来看一看实验现象。

生:玻璃瓶的两侧用力挤压,细管的液面上升。

师:这种实验现象说明了什么?

图 3-2-4

生:当我们用力挤压玻璃瓶时,玻璃瓶发生了弹性形变。

最后归纳得出结论:一切物体在外力的作用下都会发生形变,只是形变的明显程度不一样。

【设计意图】本活动有助于激发学生的想象力和创造力,并让学生在不断尝试中感知微小形变的存在。

3. 揭示物理概念的本质 加强学生物理观念的形成

教师:(引导学生思考射箭比赛中各物体的受力情况)教师在学生思考的基础上,引导学生得出:发生弹性形变的弦想要恢复原状,对手产生了一个力的作用。同时手发生形变,对弦也有一个力的作用,这是一对相互作用的力。运动员松手后这对力消失,弦在恢复原状的过程中对箭有一个力,使箭的运动状态发生变化。

师:只有发生弹性形变的物体,由于要恢复原状,会对与它接触的物体产生力的作用,这个力叫作弹力。

师:请同学们指出弹力的施力物体是谁、受力物体又是谁?并探究弹力的产生条件。

生:施力物体是发生形变的物体,受力物体是与施力物体接触的物体。弹力的产生条件是两个物体必须接触并发生弹性形变。

【设计意图】引导学生思考得出弹力产生的原因;弹力的概念比较抽象,教师单纯讲解下的课堂,学生如同"知识接收器",属于被动接受。如果教师能够搭建活动"脚手架",让学生在思维交流过程中完成概念的自我建构,认知则会变得持久而深刻。

师:(实例分析)

实例1:如图3-2-5所示,将一本书放在水平桌面上处于静止状态,分析桌面对书的支持力方向及书对桌面压力的方向。

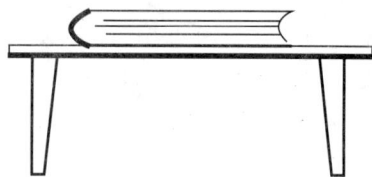

图 3-2-5

为了使同学们清晰地观察到弹力产生的过程,教师做了以下的演示实验:如图3-2-6所示,把装了水的气球放在薄板上,观察现象。

师:由于水球的重力的存在,水球和薄板同时发生了形变,水球和薄板的形变分别向哪个方向? 它们产生的弹力的方向如何?

生:薄板形变方向向下,为了恢复原状,对水球有一个向上的支持。水球形变方向向上,为了恢复原状,对薄板有一个向下的压力。

总结:压力和支持力都是弹力,其方向都跟接触面垂直。

实例2:绳上的弹力方向。

如图3-2-7所示,用绳子悬挂一个物块,处于静止状态,分析绳子对物块拉力的方向。

图 3-2-6

师:在图3-2-6中弹性绳拉水球,绳子发生的是什么形变,绳上的力的方向如何?

生:绳子被拉长,绳上的力指向绳子收缩的方向。

总结:绳子上的力也是弹力,其方向总是沿着绳而指向绳子收缩的方向。

【设计意图】弹力的方向总是指向施力物体形变恢复的方向,通过实验使学生真切地感受到薄板、水球和弹性绳的形变情况,用实验降低了学习的难度。

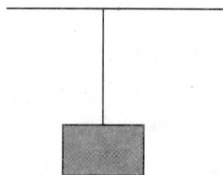

图 3-2-7

4. 分组实验探究 促进学生物理观念的发展

师:提供的器材有弹簧,50g的钩码若干,铁架台,刻度尺。

师:实验需要解决的几个问题:弹力大小如何测量? 弹簧的长度怎么测量?

弹簧的形变量如何测量? 如何改变弹簧的形变量?

生:根据力的平衡,弹力的大小等于所挂钩码的重力,弹簧长度及形变量可以用毫米刻度尺测量。

实验过程:如图 3-2-8 所示,把弹簧的一端固定在铁架上,先不挂钩码,使弹簧自然下垂,用毫米刻度尺测量弹簧原长 L;在弹簧挂钩上挂 50 g 的钩码,测量并在下表中记下弹簧总长 L,并计算出弹簧的伸长量 $x = L - L_0$。不断增加钩码的数量(确保在弹性限度内),记下每增加 1 个钩码所对应的弹簧伸长量,填入表 3-2-1 中。

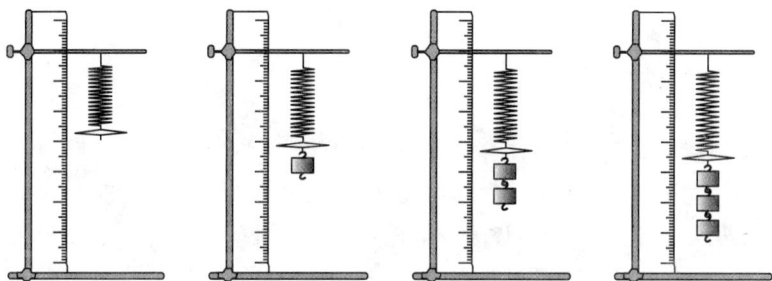

图 3-2-8

表 3-2-1

实验次数	1	2	3	4	5	6
钩码重力 G/N						
弹簧总长度 L/cm						
弹簧形变量 x/cm						

数据处理:以弹簧形变量为横坐标,弹簧弹力为纵坐标,描点绘制图线,在误差范围内为一条过原点的倾斜直线。

实验结论:弹簧发生弹性形变时,弹力的大小跟弹簧伸长的长度成正比。

师:思考当弹簧被压缩时,弹簧弹力与弹簧缩短量有什么关系?

【设计意图】弹簧是学生熟悉的玩具,柔软易发生明显形变,但用在定量实验中还是第一次。本活动以任务驱动的形式,学生悬挂钩码的过程中,随着弹簧变长,学生能感受到弹力与形变量的关系,提出了自己的猜想,并一步步得到真相。

(二)教学反思

物理学科知识往往是零散的、分离的,而物理教学过程应该是多元的、系统的。课堂教学是培养学生正确物理观念的重要手段,是提升学生物理学科核心素养的基础。教师在教学设计时,应多关注情境创设、实物模型、问题设计、类比迁移、应用反思、信息技术的应用等手段,让学生在解决问题的过程中体会物理概念、物理规律的建构过程,形成物理世界的正确图景,学会从物理学的视角去认识自然、理解自然、改造自然,最终建立正确、全面而又有深度的物理观念。

第三节　基于"问题解决"的高中物理教学设计

——以"全反射"为例

一、问题的提出

"问题解决"教学是指在教学过程中,教师有目的地提出一系列的问题或任务,引导学生主动发现、积极探索、实践体验、解决问题,深层次理解并运用基本知识,实现从知识到素养的整体发展,成为有效的问题解决者的活动过程。物理学科的学习本就是一个不断发现问题、解决问题的过程,教师若能在教学中有意识地引导学生经历问题解决的过程,将会对学生学科核心素养的培养起很大的促进作用。

二、"问题解决"教学的一般模式

根据"问题解决"学习的过程模式,本节提出"问题解决"教学的一般模式,并将教学流程分为以下三个环节。

(1)创设情境,提出问题。利用实验以及生活现象来创设问题,通过观察现象、思考问题,引发对问题的兴趣以及解决问题的求知欲。

(2)设计方案,探究问题。设置有效的问题链来引导学生一步一步得出解决问题的方法。问题的设计应该根据学生已有的认知水平,利用已知知识和现有经验来分析、思考并讨论问题解决的方案,允许学生对方案提出疑问并不断改进方案,提高分析问题的能力。

(3)建构知识,解决问题。引导学生利用理论知识或实验探究等方式去解决问题,在建构新知识的同时进一步思考解决问题的合理性,对问题解决过程提出有效评价,提高解决问题的能力。

三、"全反射"教学设计

下面以"全反射"一节的课堂教学为例,就"问题解决"教学一般模式的具体实践做简要介绍。

（一）教学内容与学情分析

1. 课标要求

认识光的全反射现象；初步了解光导纤维的工作原理和光纤在生产、生活中的应用；认识光纤技术对经济社会生活的重大影响。

2. 学情分析

学生在初中学习过基本几何光学知识，且已初步具备了抽象思维能力和物理规律运用能力，但动手操作的实践意识依然比较薄弱；在生活中全反射现象比较常见，但学生对全反射的理解却不够清楚。

3. 教材编排

本课时在"光的折射"等知识复习的基础上，学生通过观察体验、动手实践及实验探究过程体会全反射现象、原理及其应用，对人们生产、生活的巨大影响。

（二）教学目标与重难点

1. 教学目标

知道光密介质和光疏介质的概念，认识光的全反射现象；知道全反射棱镜及其应用，初步了解光导纤维的工作原理及光纤技术对社会经济生活的重大影响。

2. 教学重、难点

发生全发射的条件、光纤工作原理。

（三）教学过程

教学过程如表 3-3-1 所示。

表 3-3-1 教学过程

媒 体	学生活动	教师活动	设计意图
		创设情境导入新课	
铁球、烧杯、试管夹、蜡烛	观察现象并思考：看到了什么？说明什么？其中的物理道理是什么	演示"银蛋"实验	通过趣味实验，创设学习情境，激起学生学习兴趣，激活学生物理思维

媒　体	学生活动	教师活动	设计意图
	学习任务一:学习全反射		
学　案	1.光密介质和光疏介质 复习:利用学案,把水、水晶、金刚石两两组合,画出光的折射光路图。 体会:问题(1)不同介质折射率不同;(2)折射率大小具有相对性。 自学:(1)光密介质和光疏介质的概念,写在学案上。(2)光密介质和光疏介质的相对性	巡视、指导学生,帮助学生完成学案问题(1)、问题(2)。 帮助学生总结光密、光疏介质的概念及相对性	利用学案,教师引导学生自主学习,引领式讲解,培养学生自主学习能力,落实教学目标
全反射 现象演示仪	2.学生实验探究:光的全反射现象 猜想:光线由光密介质斜射入光疏介质时,折射角与入射角谁大?折射角会随入射角的增大而无限增大吗?为什么? 探究方案设计,分析:随入射角增大,折射角的变化情况。 讨论问题:当折射角增大到$90°$时,如果入射角再增大,会出现什么情况? 小组讨论总结:全反射现象	利用"全反射现象演示仪"指导学生分组探究实验,引导学生思考问题。 参与学生实验探究活动。 引导学生自主学习、独立思考。并对学生的概括加以总结完善	通过演示实验,引导学生观察现象、分析现象,并引发学生思考,落实教学目标
学　案	3.理论探究:发生全反射的条件 复习:完成学案问题(1)关于光的折射的复习内容,光路可逆原理及折射率的定义。 学习:临界角C的概念。 思考问题:如何计算某种介质在空气中发生全反射时的临界角C	介绍临界角的概念;启发学生自主学习计算临界角C的方法。 巡视、指导学生完成学案上的习题(2);引导学生独立思考临界角C大小与折射率n的关系。 引导学生总结发生全反射的条件	通过学生的自主探究要和教师的合理指导相结合,落实教学目标

媒　体	学生活动	教师活动	设计意图
学　案	推理计算几种介质的临界角 C。 思考问题:临界角大小 C 与折射率 n 的关系是怎样的。 小组讨论交流:一束光线斜入射到两种不同介质的界面时,是否一定会发生全反射现象?发生全反射的条件是什么		
图片课件	4. 全反射的应用 观看潜水图片: 思考问题:(1)潜水时,从水下观察水上景物的情景与平时有何不同?(2)生活中的全反射现象还有哪些	出示潜水图片课件。 引导学生描述生活中的全反射现象	加强物理与 STS 联系,有利于激发学生的学习热情,强化学生的实践意识。落实教学目标
	学习任务二:学习全反射棱镜及其应用		
学　案	1. 全反射棱镜 完成学案问题(1):画出光线从空气中分别由全反射棱镜的直角边和斜边垂直入射时的光路图。 思考问题:(1)光线从空气中分别由全反射棱镜的直角边和斜边垂直入射时,光线的传播方向发生怎样的变化?(2)全反射棱镜的作用是什么	巡视、指导学生完成学案上的问题(1)。 引导学生独立思考全反射棱镜光路的特点。 启发学生猜想全反射棱镜的作用	关注学生在学习过程中对物理学的观点、思想与方法的应用情况,通过利用学案、图片课件及教师的合理引导,落实教学目标
图片课件 学　案	2. 全反射棱镜的应用 观看图片课件;概括总结全反射棱镜的原理;思考问题,全反射棱镜还有哪些用途	出示图片课件; 帮助学生概括总结全反射棱镜的原理;	把物理知识与应用技术相结合,能使学生获得更为宽广的视野,落实教学目标

续表

媒　体	学生活动	教师活动	设计意图
	学习任务三:学习光导纤维		
"满天星"学案	1. 体验:认识光纤 打开"满天星"的开关,观察现象并思考:(1)光从哪里射出来;(2)为什么光没有从塑料丝的旁边射出来,而是从另一端射出来,这里面发生了什么;(3)猜想光在塑料丝中是怎么传播的	要求学生猜测"满天星"物理原理,引导学生一步步思考问题	学生通过体验,发现生活中的物理现象,思考原理,激发学习兴趣
自制"魔光筒"学案 动画课件	2. 实验探究:光纤工作原理 分组实验:探究学案问题1"魔光筒"原理。 思考问题:(1)看到了什么现象?(2)猜测发生这一现象的原因是什么? 分析完成学案问题光在水流中传播的光路图。 思考问题:(3)水流导光的物理道理;(4)猜想光在光导纤维中传播路径。 观看动画课件"光在光导纤维中传播路径"。 概括总结光导纤维工作原理	利用自制"魔光筒"指导学生分组探究实验。 参与学生实验探究活动。引导学生思考的问题。 巡视、指导学生完成学案上的习题; 引导学生由水流导光原理猜想光导纤维工作原理。 出示动画课件。 帮助学生概括总结光导纤维工作原理	通过设趣启思,落实教学目标。 在实验中通过观察分析和实际操作,落实教学目标。 通过学生的分组活动和讨论分析,培养其动手能力和团队合作的互助精神,落实教学目标
自制光纤应用演示仪 图片课件 视频课件		演示实验。 启发学生思考,并对学生的回答加以总结。 出示课件"改变世界的光纤技术"	

续表

媒 体	学生活动	教师活动	设计意图
自制光纤应用 演示仪 图片课件 视频课件	3. 光纤的应用 观看光纤应用演示实验： 思考问题：(1) 光纤能否传输信号？(2) 猜想光纤的用途还有哪些？ 观看课件："改变世界的光纤技术"。 思考问题：(1) 光纤的优点有哪些；(2) 光纤的缺点有哪些；(3) 光纤技术还有哪些应用。 观看视频《"光纤之父"高锟摘得诺贝尔物理学奖》。 观看图片，了解我国光纤技术的发展 	 播放视频《"光纤之父"高锟摘得诺贝尔物理学奖》。 出示图片，介绍我国光纤技术的发展。鼓励学生关心国内、外科技发展现状与趋势，培养其爱国情感	教学中，充分利用实验的优势，让学生通过科学探究的过程，亲身经历探索和发现科学方法在实验中重要作用的过程，落实教学目标。 运用图片课件和视频课件，落实教学目标
	课后学习任务		
	1. 自制变色"满天星" 课后进行活动拓展，以小组为单位继续进行学具制作。 布置课后学习任务：自制变色"满天星"		可持续发展的课堂能够让学生"既能带着问题走进课堂，又能带着问题离开课堂"。通过布置合作探究性学习题目，落实教学目标

媒　体	学生活动	教师活动	设计意图
	2.撰写科技小论文《关于光纤,我还知道……》		
科技文献 网络资源等	课后进行知识拓展,自主深入学习有关光纤的知识。 参考题目: (1)光纤的数值孔径; (2)我国光纤事业的发展	布置课后学习任务: 撰写科技小论文《关于光纤,我还知道……》。 提出参考题目	

四、总结

在"问题解决"教学过程中,学生从不断发现问题、分析问题、解决问题的过程中,完成对新知识的自主建构,体现了学生的主体地位。在设计教学时,教师需要注重有效问题的提出以及学生知识的组织和应用,同时把握一般教学模式各环节之间的衔接性。

第四节　高中物理教学连续性情境及教学设计
——以"曲线运动"为例

一、问题的提出

《普通高中物理课程标准(2017 年版)》在实施建议中指出创设情境进行教学,对培养学生的学科核心素养具有关键作用。情境教学是指教师根据一定的教学目标和学生的实际情况创设情境、进行教学,使教学兼具真实性、生动性和探索性,从而激发学生的学习兴趣、思维和情感的体验,使其自主地探索知识。

连续性情境教学是将多个情境系统地整合、串联起来,贯穿于整个教学过程。与离散的穿插情境相比,连续性情境在衔接上有明显的优势。一堂课上处处都有情境、处处都是情境,要使教师、学生做到始终在情境中教和学,这对于情境教学而言,是质的飞跃。

为此本节提出高中物理连续性情境教学策略,并以"曲线运动"为例设计教学方案。该策略以生活中自行车挡泥板作为探究的载体,通过教师问题链引导、任务驱动促进学生深度思维,从而探讨新理念下的高中物理教学。

二、教材分析

《普通高中物理课程标准（2017 版）》对"曲线运动"部分的要求是：通过实验，了解曲线运动，知道物体做曲线运动的条件。本文使用的教材选自人教版（2019 年版）高中物理必修二第五章第一节，教材的呈现可分为三部分：在第一节开始之前的序言部分，通过文字叙述多个曲线运动的案例，介绍什么是曲线运动；通过演示实验以及数学中切线的概念，说明曲线运动的速度方向；通过演示实验结合牛顿第二定律，分析物体做曲线运动的条件。

三、教学设计思路

（一）教学引入

生活情境：下雨天，当自行车行驶速度较快时，车轮上的泥水会被甩出去，溅到人的身上。为了防止这种情况发生，很多人在自行车上加装了挡泥板（图 3-4-1）。学生熟悉而且有可能亲自经历过这一过程，但不知道如何用物理知识分析此类生活问题，教师通过情境引入，容易引发学生对生活问题的思考。

图 3-4-1

（二）教学思路

以挡泥板问题为主情境，将泥水的运动过程分解为三个阶段，引导学生通过观察、思考、讨论，逐一引出问题、解决问题，让学生亲身经历深度思维的过程，建构本节知识体系。教学思路如图 3-4-2 所示。

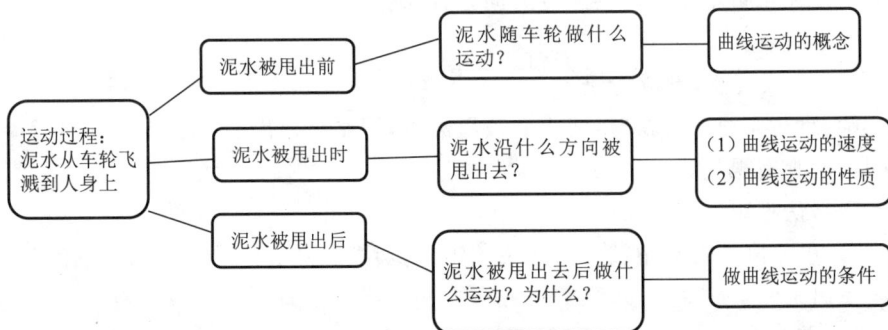

图 3-4-2

（三）教学设计

1. 曲线运动的概念

问题1：泥水被甩出去前随车轮做什么运动？能否用学过的直线运动描述出泥水的运动形式？

教学过程：

师：泥水绕车轮轴心的运动轨迹是什么？

生：是圆。

师：圆是直线还是曲线？

生：曲线。

师：如果按照运动轨迹这个标准把运动进行分类，大家认为可以分为哪两类呢？

生：直线运动和曲线运动。

师：你还能举出哪些曲线运动的生活实例吗？

生：（学生根据生活经验列举曲线运动实例，如汽车转弯、斜向上投出的篮球等）。

师：那么如何给曲线运动下定义呢？

生：运动轨迹为曲线的运动叫曲线运动。

【设计意图】根据物体的运动轨迹把运动分为两类，并且对曲线运动实例进行分析，寻找共性特征，建立曲线运动的概念。这一教学设计体现了分类、归纳的思维方法。

2. 曲线运动的速度方向

问题2：自行车的速度很快时，绕车轮运动的泥水在甩出去的瞬间沿着什么方向？即泥水被甩出去时的速度方向是什么？

教学过程：

（1）观察现象，形成猜想。

师：自行车速度很快时，泥水会被甩出去，泥水被甩出去时沿什么方向运动？请同学们观看视频。

生：（认真观看视频）

师：思考刚才视频中被砂轮磨飞的炽热微粒、运动员手中的链球分别沿什么方向飞出去？

生：微粒将沿砂轮的切线方向飞出，链球离开手时也沿切线方向飞出。

师：类比上述运动，大家推测泥水是沿车轮什么方向甩出去的？

生：应该是沿着车轮的切线方向。

师：总结以上物体的运动特点，同学们猜想一下做曲线运动的物体速度方向有什么样的特点？

生：做曲线运动时，质点在某一点的速度方向沿曲线在该点的切线方向。

（2）学生实验，验证猜想。

师：那么同学们归纳得出的猜想究竟对不对呢？请同学们通过实验验证。

（教师介绍实验器材：在水平桌面上放一张白纸，白纸上摆一条由几段稍短的弧形轨道组合而成的弯道。使表面沾有红色印泥的钢球、以一定的初速度从弯道入口 C 端滚入，钢球从出口 A 离开后会在白纸上留下一条运动的痕迹。它记录了钢球在 A 点的运动方向，拆去一段轨道，出口改在 B，用同样的方法可以记录钢球在 B 点的运动方向）

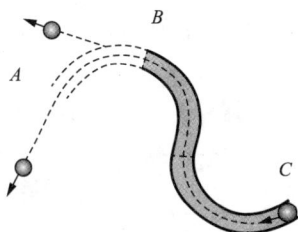

图 3-4-3

生：学生分组实验观察钢球离开出口后在白纸上留下的痕迹（如图 3-4-3 所示，可以明显看到钢球是沿着切线方向出来的），验证曲线运动速度的方向。

（3）理论分析，完善猜想。

师：实验结论也可以通过已有的理论知识解释。请大家思考，图 3-4-4 中的 AB 是曲线的什么线？

生：割线。

师：我们在必修一学过速度的概念，大家想一想曲线运动在 A 点的瞬时速度可不可以用 AB 间的平均速度来表示呢？

生：可以，但是误差有点大。

师：如何让误差变小呢？

生：将 B 点向 A 点移动。

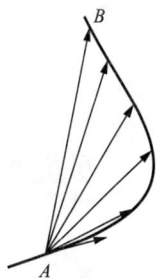

图 3-4-4

师：当 B 点与 A 点无限接近时，大家会发现，AB 段的平均速度与 A 点的瞬时速度有什么关系？

生：A 点的瞬时速度可以用 AB 段的平均速度表示。

师：那么，AB 段的平均速度方向就可以表示 A 点的瞬时速度方向了。而此时的 AB 变成了 A 点的什么线？

生：切线。

师：也就是说，A 点的瞬时速度方向是沿着什么方向呢？

生：A 点的切线方向。

（4）交流讨论，实际应用。

师：泥水沿车轮的切线方向甩出去，那么大家讨论以下问题：在车轮什么位置的泥水可能溅到人身上？在车轮什么位置加上挡泥板可以防止这种现象发生？

生：（小组讨论、画出自己的设计图并说明理由）

最后教师展示学生们的讨论结果，即实际的自行车挡泥板结构，如图 3-4-5 所示。

【设计意图】通过对物理现象的观察和思考，抓住其中的共同特点，形成关于速度方向的猜想，然后通过实验验证、理论推导、验证猜想，理解曲线运动的速度特点，这一教学设计体现了科学推理和科学论证的过程。

图 3-4-5

3. 物体做曲线运动的条件

问题 3：被甩出去的泥水做什么运动？为什么？

教学过程：

（1）问题引领，形成猜想。

师：忽略空气阻力的影响，泥水被甩出去后，受到了什么力？

生：只受重力。

师：请大家观察从车轮 B 点和 F 点甩出去的泥水的速度方向和合外力方向的关系，泥水将会做什么运动？

生：B 点和 F 点的泥水加速度方向与速度方向在同一条直线上，泥水将向下做直线运动；F 点的泥水先向上运动再下落，也是直线运动。

师：如果加速度方向与速度方向不在同一条直线上，泥水会做什么运动呢？如图 3-4-6 中的 A、C、E 点所示。

生：应该是曲线运动。

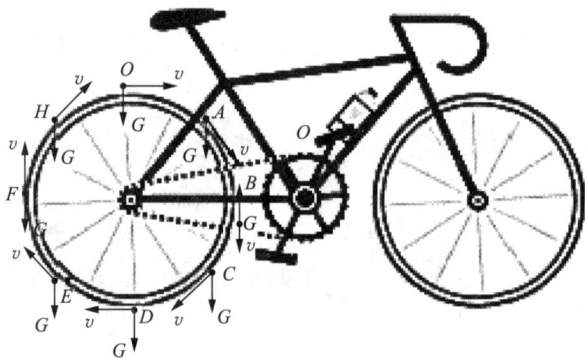

图 3-4-6

（2）学生实验，验证猜想。

师：下面同学们利用桌面上的小球和磁铁来模拟合外力与速度方向在同一条直线上和不在同一条直线上小球的运动情况，进行实验观察。

生：（学生观察现象）

师：对比分析我们发现，当速度与合外力的方向在同一条直线上时，物体做什么运动？

生：直线运动。

师：当合外力方向与速度方向不在同一条直线上时，小球速度方向发生改变，会偏向什么方向？

生：合外力的方向。

师：做什么运动？

生：曲线运动。

师：相信大家已经能够总结出车轮不同位置甩出的泥水分别做什么运动了，其实这就是我们后面要学习的抛体运动。

（3）应用知识，解决问题。

师：既然车轮上泥水的速度方向都是沿着切线方向的，为什么车子速度较小时，泥水会绕着车轮做曲线运动呢？

生：车子速度较小时，泥水粘在车轮上的力可以迫使泥水改变速度方向而随着车轮做曲线运动。

四、结束语

情境和问题的有效性是保证教学质量和激发学生思维的重要因素。物理概念建立需要创设客观情境，物理规律探究需要创设问题情境，应用物理知识解决具体问题也需要结合具体的实际情境。在高中物理教学中，教师需要创设有趣、有用、有挑战性的问题情境，尤其是设计连续性的情境，使学生经历完整的探究过程，逐步形成物理观念、科学思维以及科学态度。

第五节　核心素养视角下的高中物理教学设计

——以"自由落体运动"为例

高中物理课程是自然科学领域的一门基础课程。通过该课程的学习，提高学生的物理学科核心素养，为学生的全面发展夯实基础，落实立德树人根本任务。本节以人教版高中物理"自由落体运动"一课为例进行教学设计，旨在提高学生对物理课程的学习兴趣，加强学生的物理应用意识，激发学生的科学探究热情，帮助学生形成团结协作的科学态度，促进其物理核心素养的全面发展。希望能给读者提供一些帮助和启发。

一、教材分析

本节内容安排在匀变速直线运动之后,需借助学生对刚刚学过的匀变速直线运动规律的迁移来顺利完成这一节课的教学。自由落体运动是一种非常重要的运动过程模型,在实际生活中有许多落体运动可以近似看成自由落体运动,后面将学习的平抛运动可以看成是匀速直线运动与自由落体运动的合成,因此研究自由落体运动有着普遍的意义。

在研究自由落体运动的过程中,运用了物理学中的理想模型法,从最简单、最基本的情况入手,抓住影响运动的主要因素,忽略次要的因素,建立理想化的物理模型——自由落体运动,并且研究自由落体运动的运动规律。

二、学情分析

学生刚刚学习过匀变速直线运动的相关规律,并且学会了用打点计时器测量速度,头脑中对物体下落的问题有大量感性认识,但未必都是正确的。对于亚里士多德的一些错误观点,教师应当带领学生进行分析,设计多个演示实验来辅助学生的学习进程。为了让学生更容易理解自由落体运动的规律,教学中可以设计让学生观看演示实验,以及动手实验。这样不仅可以让学生更直观地体会物体自由下落时的运动特点,而且更是一次科学精神的熏陶。

三、教学目标

(一)物理观念

了解亚里士多德关于物体下落运动的主要观点;知道自由落体运动的定义及满足条件;知道自由落体加速度的大小和方向;知道重力加速度的概念,掌握其大小、方向;知道地球上不同地点的重力加速度可能会不同。

(二)科学思维

通过自由落体运动模型的建构,体会伽利略对自由落体运动的研究方法,领悟伽利略的科学思想;掌握自由落体的运动规律及公式,并能解决相关实际问题。

(三)科学探究

采用实验猜想、验证、归纳等方法得出自由落体运动的规律及重力加速度的大小;了解伽利略通过逻辑推理与实验相结合的方法研究自由落体运动;通过实验探究自由落体运动,经历抽象概括和推理的过程。

（四）科学态度与责任

通过学习自由落体运动,体验科学研究对技术革新的、巨大的促进作用;理解信息技术与物理学的发展密切相关;认识伽利略的科学研究方法在科学发展和人类进步中的作用和重大意义。

四、教学重、难点

教学重点:自由落体运动的公式推导;自由落体运动的公式理解;自由落体运动的公式应用。

教学难点:理解并运用自由落体运动的公式解决实际问题。

五、教学过程设计

（一）问题引入

媒体播放落体运动情景(伴有背景音乐),让学生感受落体运动及自由落体运动的区别。

1. 活动设计

课前设计好"测时间反应尺"。

师:一般刻度尺是用来测量什么的?

生:是用来测量长度的。

师:老师手中的这把尺子很神奇,它不仅能测量长度,还能测量时间,并且能测出同学们的大脑反应时间,谁想知道自己的大脑反应时间是多少? 可以用我这把尺子来测量。

2. 引入课题

如图 3-5-1 所示,同学们一定想知道这把尺子为什么能测出你的反应时间,它的奥妙与我们今天所要认识和研究的一种运动密切相关。

图 3-5-1

3. 播放动画

石头从空中落下来。雨滴从屋檐下落。

引问:观察并指出以上画面情景中物体相似的运动特点。

教师在学生表述的基础上提出问题:画面中的物体都做竖直下落运动,这类下落的运动称为落体运动。这节课我们一起来研究落体运动是否具有一定的规律。

落体运动的思考。提问：落体运动的快慢与什么因素有关？以经验来看，是否重的物体一定下落得快？

（二）实验探究

1. 教师演示实验一（图 3-5-2）

（1）先把一张硬纸片和一张薄纸片同时从同一高度下落。（观察结果：重的物体下落得快）

（2）把薄纸片揉成纸团再和硬纸片同时从同一高度下落。（观察结果：轻的物体有时也下落得快）

（3）把体积相同的塑料球和铁球同时从同一高度下落到水平桌面。（让同学用耳朵听声音。结果：只有一个声音，说明轻重不同的物体同时落地。）

（4）引问：生活实际中物体下落快慢不同可能是受什么因素影响？

（5）猜想：影响下落快慢的因素是空气阻力吗？

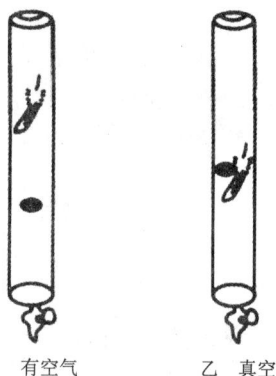

甲　有空气　　　乙　真空
玻璃管内的羽毛、铁片的下落
图 3-5-2

2. 教师演示实验二（图 3-5-3）

牛顿管实验，引导学生从观察到的实验现象得出结论。

得出概念：物体仅在重力作用下，从静止开始竖直下落的运动叫做自由落体运动。

3. 探究自由落体运动

老师提供探究的一些方法和思路，小组实验、操作、记录、思考、交流讨论、分析与总结实验结果。

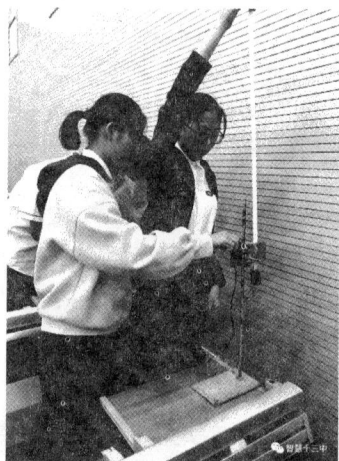

图 3-5-3

（三）自由落体运动规律

1. 规律

自由落体运动是初速度为零的匀加速直线运动。其中加速度是常量，用 g 表示，g 称重力加速度。

$$g = 9.8 \text{ m/s}^2$$

速度公式：$v = gt$

位移公式：$x = \dfrac{1}{2}gt^2$

2. 重力加速度

地球上不同位置的重力加速度一般是不同的，随纬度与高度而变化。

（四）生活应用

学生观看以下两个视频（图 3-5-4）：

① 蹦极   ② 跳水

图 3-5-4

（五）课外活动

课外制作反应时间尺：现实生活中人们遇到某种情况时，大脑能迅速作出反应。人从发现情况到作出反应采取行动所需的时间叫做反应时间。你能否制作一把尺，直接从尺上读出被测者的反应时间呢？

六、教学小结

课前播放落体运动动画，创设情景，激发学生的学习兴趣和求知欲望。从学生的"测反映时间游戏"引入来创设问题情景，建立问题期待，能有效地激发学生学习的动机。从生活情景中构建物理情景，有利于学生将所学的科学知识与社会、生活实际相联系。增加"轻的物体（薄纸团）比重的物体（硬纸片）下落快"的实验设计使得实验探究更全面。电脑动画课件仅是对教学起辅助作用。整堂课的设计体现了课程改革的理念："学生是知识的构建者""教室是师生之间交往、互动的舞台""教室是传授知识的场所，更应该是探究知识的场所"。

本节课将情景创设与实验探究相结合，充分体现新课标强调培养学生科学探究能力的要求。与此同时，将物理情景、实验探究与逻辑推理结合在一起，渗透了对学生的实验技能、探究意识、科学思维能力的培养。

第六节　基于趣味化教学探究的高中物理教学设计

——以"超重和失重"为例

物理是高中阶段学生学习过程中较容易遇到困难的一门学科,学科本身包含了较多的抽象概念和物理规律,从生活中剥离出隐性的物理知识,并在此基础上研究其定义,许多知识超出了学生的固有认识。这种特有的学科特征超越了学生一般的认知层面,也让学生在学习过程中容易遇到问题,随着知识的推进和难度的提升,问题越来越多,学生会逐渐产生畏难、厌学的心理,导致物理教学效果下滑。要想解决这一问题,笔者认为教师应当从"激趣环节"做起。本节将以人教版必修一"超重和失重"一节为例,浅谈高中物理趣味性教学的设计研究。

一、教材分析

自从人造地球卫星和宇宙飞船发射成功以来,人们常常谈到超重和失重,在实际生活中也有许多超重和失重的现象发生。因此本节课要帮助学生正确理解超重和失重现象,并且运用超重和失重现象来解决一些实际问题。

在分析超重和失重问题时,加速度是关键。物体的速度不能反映物体的受力情况,只有加速度才能反映物体的受力情况。应灵活运用牛顿第二定律和运动学的规律解题,必要时要用牛顿第三定律转换研究对象。本节知识的学习和掌握是对牛顿运动定律应用的进一步升华。

二、学生分析

有了重力的概念,有的学生可能会认为超重是重力增加了,失重是重力减少了,完全失重是重力完全消失了。要解决这个问题,比较好的方法是通过一系列演示、实验来说明物体处于超重或失重状态时,只是物体对支持物的压力或对悬挂物的拉力发生了变化,物体的重力仍然存在且大小不变。学生对超重、失重和完全失重现象比较熟悉,但往往不知道引起超重、失重和完全失重现象的原因。

三、教学目标

（一）物理观念

认识超重和失重现象；知道产生超重、失重现象的条件；能够运用牛顿第二定律和牛顿第三定律分析超重和失重现象。

（二）科学思维

经历实验观察、实例探究讨论交流的过程，体验超重和失重现象，解释生活中的超重和失重现象；会用牛顿第二定律分析超重和失重发生的动力学原因，理解超重和失重现象的本质。

（三）科学探究

经历实验和理论探究过程，体会科学探究的方法，掌握运用牛顿运动定律解决实际问题的方法；通过在电梯里观察体重计示数或其他方式发现超重和失重产生的条件。

（四）科学态度与责任

体会生活中的超重和失重现象，生成"学以致用"的意识；体验自主学习过程，养成乐于细心观察、勤于思考和相互交流的学习习惯和合作精神；培养学生从实际情景中捕捉信息、发现问题并提出问题的能力；培养学生用科学知识解释生活现象的能力，激发学生的学习热情和兴趣。

四、教学重、难点

重点：什么是超重、失重现象；产生超重、失重现象的条件、实质。

难点：产生超重和失重现象的实质；运用牛顿第二定律和牛顿第三定律对超重和失重现象进行实例分析。

五、教学过程

（一）概念探究

感受什么是超重（失重）现象。

1. 演示实验 1

如图 3-6-1 所示，自制一个金属框架，上面有可以上下自由移动的钉板，下边塞入一个气球。把钉板轻轻放到气球之上，气球完好无损。接下来让装置突

然向上运动,看看会怎样?气球爆了。设计以下三个问题让学生思考:

开始气球完好时,钉板对气球的压力和钉板重力之间是什么关系?(压力等于重力)

气球后来爆掉是什么原因?(压力大于重力)

气球爆掉时钉板的重力变了么?(重力不变)

学生分组讨论交流后,得出结果。老师针对结果进行总结:

钉板在刚才的实验过程中,对气球的压力大于自身的重力,这种现象叫做超重。

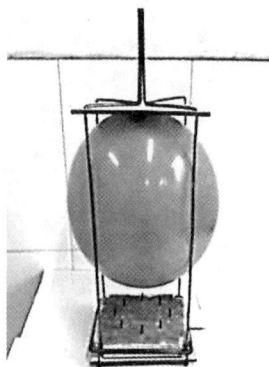

图 3-6-1

2. 演示实验 2

如图 3-6-2 所示,取一个神秘的圆筒,放到天平一端,另一端放砝码,把天平调平。用香烛烧断圆筒上的这根细线,注意看圆筒这一侧是突然上升还是下降。再观察天平最后还是否平衡。同样设计了以下三个问题:

烧断细线前圆筒对托盘的压力和纸盒子重力是什么关系?(压力等于重力)

为什么圆筒这一侧会上升?(压力小于重力)

图 3-6-2

天平后来恢复平衡说明圆筒的重力变了么?(重力不变)

学生分组讨论交流后,得出结果。老师针对结果进行总结:

圆筒在刚才这个过程中,对托盘的压力小于自身的重力,这种现象叫做失重。

通过刚才这两个实验,既激发了学生的兴趣,又轻松引入了超重和失重的概念:

物体对支持物的压力(或对悬挂物的拉力)大于物体的重力的现象,称为超重现象。

物体对支持物的压力(或对悬挂物的拉力)小于物体的重力的现象,称为失重现象。

(二)规律探究

感知什么样的运动情况下会出现超重(失重)现象?

1. 生活体验

回味生活,进行猜想,谈一谈平时我们乘坐电梯的感受。猜想什么情况下产生超重和失重现象。

2. 师生互动,实际体验(表 3-6-1)

表 3-6-1

	物体运动情况 (匀速、加速、减速)	速度方向	加速度方向	压力与重力的比较 ($<$、$>$、$=$)	判断超重、失重
电梯上升 起　动					
电梯上升 中　途					
电梯上升 制　动					
电梯下降 起　动					
电梯下降 中　途					
电梯下降 制　动					

3. 得到结论

物体超重还是失重,仅由加速度方向决定;加速度向上超重、向下失重,与物体速度方向无关。

(三)理论探究

感悟为什么会出现超重和失重现象?

小组合作,自主探究;用牛顿运动定律的分析方法来分析问题;小组代表上台讲解。

得出结果:超重与失重现象是因为物体在竖直方向上存在加速度,物体对支持物的压力大小变化,物体的重力不变。

(四)解释实验 前后呼应

小组讨论并发言,解释引入课题中的演示实验 1 和演示实验 2 的实验现象。

(五)反馈应用 拓展知识

1. 例题探究

一个质量为 70 kg 的人乘电梯下楼,电梯开始以 3 m/s² 的加速度匀加速向下运动时,求此时他对电梯地板的压力。如快到此人要去的楼层时,电梯以 3 m/s² 的加速度向下匀减速下降,求此时他对电梯地板的压力又是多少?(解答

过程略）

2. 想一想

在完全失重情况下,弹簧秤还能称出物体的重力吗? 天平还能称出物体的质量吗? 浸在水中的物体还会受到浮力吗? 水银气压计还能测出气压吗?

六、课堂反思

整堂课从趣味实验入手,精心设计问题和学生活动;突出学生思维和体验过程,让学生亲身经历科学探究,由过去教师要学生学,变为学生自己"我要学、我想学、从中我学到了什么"的主动建构知识的自主学习;通过交流、合作的互动方式,更进一步培养了学生的团结、协作的精神。

第四章

立足新模式 落实同课异构教学
——中学物理高质量教学模式下校本教研

　　同课异构是教无定法的具体表现,是教师根据课的结构、自己的教学风格,结合学生实际、现有的教学条件,所采取的教学方法和策略。由于教师不同,教学要求不同,同一教学内容应该有不同的教学设计,在教学教研中这种多维度、风格迥异的教学策略在交流中碰撞、升华,使课堂呈现出不同教学风格,给静态教材赋予了生命与活力,对学生个性特色的培养具有极大的意义和价值。同课异构要做到"君子和而不同"。"和而不同"的意思是和睦地相处,但不盲目附和。这里强调,每个人都要有自己的独立思考,不能人云亦云。"和而不同"对于同课异构的老师来讲也是重要的原则。"和",是指教研过程中的良好的氛围,同事之间拥有彼此关爱、相互协作、包容差异、和谐共生的良好教研群体关系,是一种积极向上的力量。同课异构的目的不是评定教师课堂教学能力及效果,重在讨论交流课堂上师生的表现,通过对课堂上师生双边"教"与"学"的多角度理解,在尊重上课老师对教材理解的基础上,提出更多的优化"教"与"学"的设计思路,对上课老师不"定性"好与坏,只对某一课堂现象或教学内容进行更为广泛的交流,以提供更多的选择方案。尊重不同的观点与经验,讨论与反思课堂某一现象的"改良"。

　　同课异构有利于优化课堂,为集体教研提供面对面交流互动的平台,能够共同探讨教学中遇到或发现的问题,探讨教学的艺术,交流彼此的心得体会,共同分享教学的经验。同课异构对教学评价提供了不同的视角,有利于对教学模式的优劣进行评价,为老师们教学模式的探讨提供依据。同课异构注重异中求同,发扬个性,形成共商共研的局面,经过研磨形成高质量教学模式。同课异构对课堂优化、教学质量提升、教师专业发展、青年教师迅速成长,提供了最简最快的途径。

本章通过同课异构的方式,对三维目标下的教学设计与核心素养下的"导学探练测"教学设计比较,为新的教学模式寻找方法与依据,形成高质量教学模式下的校本教研。

第一节　同课异构:闭合电路欧姆定律

三维目标下的课型设计

一、教学目标

(一)知识与技能

知道电源是通过非静电力做功将其他形式的能转化为电能的装置,知道电动势的定义式;知道闭合电路、内外电路;能从能量转化的角度理解电源的作用;学会推导并理解闭合电路的欧姆定律;理解内外电路电势的变化规律。

(二)过程与方法

完成闭合电路欧姆定律公式的自主推理,体会能量守恒定律在电路中的具体表现;经历理论探究过程,能分析推导得出闭合电路欧姆定律。

(三)情感态度价值观

通过理论推导的方法探究物理规律,强化科学探究意识。

二、教学重点

电动势的概念及对电动势概念的应用;闭合电路欧姆定律的推导及理解。

三、教学难点

电池内部能量的转化及对非静电力做功的理解;应用闭合电路欧姆定律进行有关讨论。

四、教学过程

(一)电动势

【自学感知】学生阅读课文,认真研究课本知识,并梳理出知识脉络。

教师分析:如图 4-1-1 所示,在电源内部,存在着由正极指向负极的电场,在这个电场中,静电力阻碍正电荷向正极移动。因此,在电源内部要使正电荷向正极移动,就一定要有一种与静电力方向相反的力作用于电荷,我们把这种力叫作非静电力。非静电力做功的过程中伴随着物体能量的转化,那正电荷在移动过程中电势能如何变化?

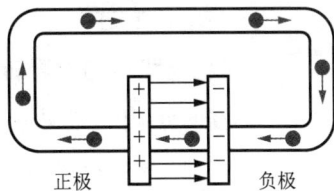

图 4-1-1

学生回答:电源把正电荷从负极搬运到正极的过程中,非静电力做功,电荷的电势能增加。

1. 电动势

(1)非静电力:电源把正电荷从负极搬运到正极的力。

(2)电源:通过非静电力做功把其他形式的能转化为电势能的装置。

(3)电动势:

① 定义:非静电力所做的功与所移动的电荷量之比叫作电动势。

② 公式:$E = \dfrac{W}{q}$。

③ 单位:伏特,用"V"表示。

2. 电动势的理解

(1)电源的电动势是表征电源把其他形式的能转化为电能的、本领大小的物理量,即非静电力移送相同电荷量的电荷做功越多,则电动势越大。

(2)公式 $E = \dfrac{W}{q}$ 是电动势的定义式而不是决定式,E 的大小与 W 和 q 无关,是由电源自身的性质决定的,与电源的体积无关,跟外电路的组成及变化无关。不同种类的电源电动势大小不同。

(二)闭合电路欧姆定律及其能量分析

教师分析:如图 4-1-2 所示,将电源看作一个没有电阻的理想电源与电阻的串联,对于闭合电路来说,电源电动势与内阻 r、外电路的电阻 R 之间会有怎样的关系呢?

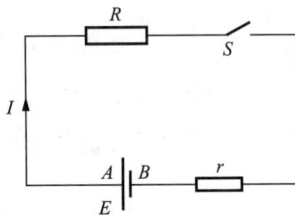

图 4-1-2

1. 提出问题

并结合已知条件推导:

(1)电流流经电源时,在时间 t 内非静电力做多少功?

(2)在时间 t 内外电路中有多少电能转化为内能?

（3）当电流通过内电路时,也有一部分电能转化为内能,是多少?

2. 闭合电路中的能量转化

（1）在时间 t 内,电源输出的电能等于非静电力做功的大小:$W = Eq = EIt$。

（2）在时间 t 内,外电路转化的内能为 $Q_外 = I^2Rt$;内电路转化的内能为 $Q_内 = I^2rt$。

（3）根据能量守恒定律,非静电力做的功 $W = Q_外 + Q_内$,即 $EIt = I^2Rt + I^2rt$,进一步得:$I = \dfrac{E}{R+r}$。

3. 闭合电路的欧姆定律

（1）内容:闭合电路的电流跟电源的电动势成正比,跟内、外电路的电阻之和成反比。

（2）表达式:$I = \dfrac{E}{R+r}$。

（3）另一种表达形式:$E = U_外 + U_内$,即:电源的电动势等于内、外电路电势降落之和。

4. 内、外电路中的电势变化（图 4-1-3）

（1）外电路中电流由电源正极流向负极,沿电流方向电势降低;

（2）内电路中电流由电源负极流向正极,沿电流方向电势升高。

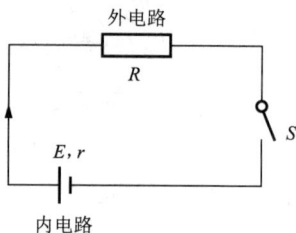

图 4-1-3

5. 闭合电路欧姆定律的几种表达形式

（1）$I = \dfrac{E}{R+r}$,$E = IR + Ir$ 只适用于外电阻为纯电阻的闭合电路。

（2）$U_外 = E - Ir$,$E = U_外 + U_内$ 适用于任意的闭合电路。

（三）路端电压与负载的关系

1. 路端电压的表达式

路端电压的表达式为:$U = E - Ir$。

2. 路端电压随外电阻的变化规律

（1）当外电阻 R 减小时,由 $I = \dfrac{E}{R+r}$ 可知电流 I 增大,由路端电压 $U = E - Ir$,U 减小。

（2）当外电阻 R 增大时,由 $I = \dfrac{E}{R+r}$ 可知电流 I 减小,由路端电压 $U = E -$

Ir，U 增大。

（3）两种特殊情况。

① 断路：当外电路断开时，电流 I 为 0，$U=E$，即断路时的路端电压等于电源电动势。（这也提供了一种粗测电动势的方法，即用电压表直接接在电源两端测电源电动势）

② 短路：当电源两端短路时，外电阻 $R=0$，此时短路电流 $I_短=\dfrac{E}{r}$。

3. 电源的 U-I 图像

电源的 U-I 图像是一条倾斜向下的直线（图 4-1-4）。

（1）图像中 U 轴截距 E 表示电源电动势。

（2）I 轴截距 $I_短$ 等于短路电流（需横、纵坐标都从零开始），$I_短=\dfrac{E}{r}$。

（3）斜率的绝对值表示电源的内阻，即 $r=\left|\dfrac{\Delta U}{\Delta I}\right|=\dfrac{E}{I_短}$，斜率的绝对值越大，电源的内阻越大。

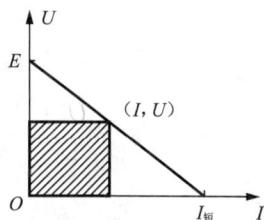

图 4-1-4

（4）面积 UI 为电源的输出功率，$P_出=UI$。

① 电源的总功率：$P_总=IE$。

② 电源内部消耗的功率：$P_内=I^2r=P_总-P_出$。

（5）图线上任一点对应的 U、I 的比值为此时外电路的电阻，即 $R=\dfrac{U}{I}$。

五、例题讲解

【例1】 下列关于电源电动势的说法中正确的是（ ）

A. 电源的电动势越大，电源所能提供的电能就越多

B. 电源的路端电压增大时，其电源提供的电能一定也增大

C. 无论内电压和外电压如何变化，其电源的电动势一定不变

D. 在某电池的电路中，每通过 2 C 的电荷量，电池提供的电能是 4 J，那么这个电池的电动势是 0.5 V

【答案】 C

【解析】 电源的电动势越大，电源移送单位电荷时所能提供的电能就越多，但总的电能不一定多，故 A 错误；电源的路端电压增大时，其电源提供的电能的能力增大，而电源提供的电能不一定也增大，故 B 错误；电动势的大小由电源本身的特性决定，与内外电路无关，无论内电压和外电压如何变化，其电源的电动势一定不变，故 C 正确；由 $E=W/q$ 可知，$E=2$ V；故 D 错误。故选 C。

【例2】 如图 4-1-5 所示的电路中,当 S 闭合时,电压表和电流表(均为理想电表)的示数各为 $1.6\ \text{V}$ 和 $0.4\ \text{A}$。当 S 断开时,它们的示数各改变 $0.1\ \text{V}$ 和 $0.1\ \text{A}$,求电源的电动势和内电阻。

【答案】 $2\ \text{V}$;$1\ \Omega$

【解析】 当 S 闭合时,R_1、R_2 并联接入电路,当 S 断开时,只有 R_1 接入电路,此时路端电压增大、干路电流减小。

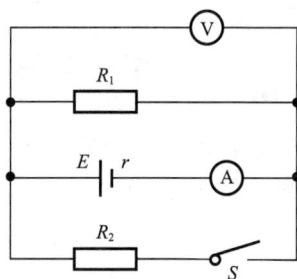

图 4-1-5

当 S 闭合时,由闭合电路欧姆定律得:

$$U=E-Ir,\text{即 } 1.6=E-0.4r \qquad\qquad ①$$

当 S 断开时,只有 R_1 接入电路,由闭合电路欧姆定律得:

$$U'=E-I'r,\text{即 } 1.6+0.1=E-(0.4-0.1)r \qquad\qquad ②$$

由①②得:$E=2\ \text{V}$,$r=1\ \Omega$。

六、达标训练

1. 铅蓄电池的电动势为 $2\ \text{V}$,这表示( )。

A. 电源将 $1\ \text{C}$ 的正电荷从正极移至负的过程中,$2\ \text{J}$ 的化学能转变为电能

B. 电源将 $1\ \text{C}$ 的正电荷从负极移至正极的过程中,$2\ \text{J}$ 的化学能转变为电能

C. 蓄电池在 $1\ \text{s}$ 内将 $2\ \text{J}$ 的化学能转变为电能

D. 蓄电池比干电池(电动势为 $1.5\ \text{V}$)体积大,故电动势高

2. 如图 4-1-6 所示的电路中,电阻 $R=2\ \Omega$,断开 S 后,电压表的读数为 $5\ \text{V}$;闭合 S 后,电压表的读数为 $2\ \text{V}$,电压表为理想电表,则电源的内阻 r 为( )。

A. $1\ \Omega$　　　　　　　　B. $2\ \Omega$

C. $3\ \Omega$　　　　　　　　D. $4\ \Omega$

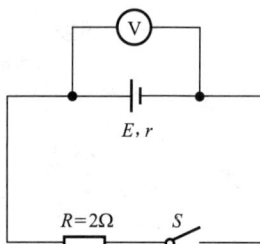

图 4-1-6

3. 电源的电动势为 $4.5\ \text{V}$、外电阻为 $4.0\ \Omega$ 时,路端电压为 $4.0\ \text{V}$,若在外电路中分别并联一个 $6.0\ \Omega$ 的电阻和串联一个 $6.0\ \Omega$ 的电阻,则两种情况下的路端电压分别约为( )。

A. $4.3\ \text{V}$　$3.72\ \text{V}$　　　　B. $3.73\ \text{V}$　$4.3\ \text{V}$

C. $3.72\ \text{V}$　$4.3\ \text{V}$　　　　D. $4.2\ \text{V}$　$3.73\ \text{V}$

4. 如图 4-1-7 所示,是利用伏安法分别测量两节不同干电池的电动势 E 和内阻 r 时作出的 U-I 图像,由此可知( )。

A. $E_1>E_2$,$r_1<r_2$　　　　B. $E_1<E_2$,$r_1>r_2$

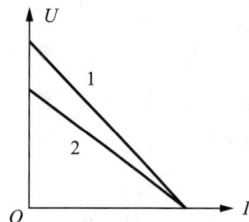

图 4-1-7

C. $E_1>E_2$，$r_1>r_2$　　　　　D. $E_1<E_2$，$r_1<r_2$

5. 如图 4-1-8 所示的电路中，电源的电动势 $E=$ 3 V，内阻 $r=1$ Ω，$R=5$ Ω，下列说法正确的是（　　）。

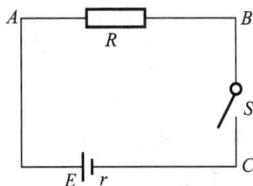

图 4-1-8

　　A. 当 S 断开时，$U_{AC}=3$ V

　　B. 当 S 闭合时，$U_{AC}=3$ V

　　C. 当 S 闭合时，$U_{AB}=2.5$ V，$U_{AC}=0.5$ V

　　D. 当 S 断开时，$U_{AB}=0$，$U_{BC}=0$

6. 关于电压与电动势的说法正确的是（　　）。

　　A. 电源电动势等于外电路的路端电压

　　B. 电压与电动势的单位都是伏特，所以是同一物理量的不同叫法

　　C. 电动势是反映电源把其他形式的能转化为电能本领强弱的物理量

　　D. 电动势公式 $E=\dfrac{W}{q}$ 与电压 $U=\dfrac{W}{q}$ 中的 W 含义不一样，表示非静电力做的功

7. 如图 4-1-9 所示是某电源的路端电压与电流的关系图像，下列结论正确的是（　　）。

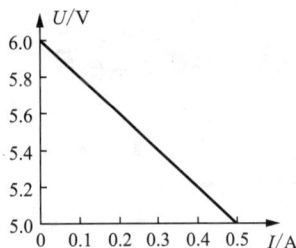

图 4-1-9

　　A. 电源的电动势为 6.0 V

　　B. 电源的内阻为 12 Ω

　　C. 电源的短路电流为 0.5 A

　　D. 电流为 0.3 A 时的外电阻是 18 Ω

8. 如图 4-1-10 所示，直线 M 为某电源的 $U\text{-}I$ 图线，直线 N 为某电阻 R 的 $U\text{-}I$ 图线。用该电源和该电阻 R 组成闭合电路后，该电阻 R 正常工作。下列说法正确的是（　　）。

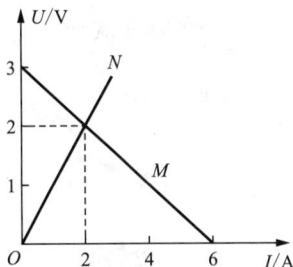

图 4-1-10

　　A. 该电源的电动势为 2 V

　　B. 该电源的内阻为 1 Ω

　　C. 该电阻 R 的阻值为 1 Ω

　　D. 该电源的输出功率为 4 W

学科素养下的课型设计

一、教材分析

　　闭合电路的欧姆定律是必修三电路知识的核心内容，在整个电路知识体系中起着承上启下的作用。该定律可以让学生在上一章的基础上更加完整深入地

理解电路知识。本节内容包括电动势概念、闭合电路欧姆定律以及应用该定律分析路端电压与负载的关系。闭合电路欧姆定律进一步揭示了闭合电路中内外电压与电源电动势的关系,是分析电路的重要理论基础,也是能量守恒规律的应用。利用能量守恒的观点推导闭合电路的欧姆定律,让学生充分感受和理解闭合电路欧姆定律,也是本节内容要突破的教学难点。本课时将通过探究实验,使学生亲眼证实内电路符合部分电路欧姆定律,探究"在外电阻不变的情况下,内阻改变时仍有电动势与总电阻的比值恰等于电路电流"的结论。这样设计符合学生的认知规律,也让学生体会运用实验的证据意识解决问题的研究思路。最后让学生自行探究路端电压与外电阻的关系,得出结论。这样处理能让学生通过合作交流参与知识形成的过程。

二、学情分析

学生通过前面的学习,对静电力做功的特点、静电力做功与电能的转化已经有了比较深入的理解。借助部分电路欧姆定律的相关知识,学生已经具备了可以通过功能关系分析建立闭合电路欧姆定律的可能。本节对于抽象概念的建立,如电动势概念,遵循学生的认知发展过程,让学生阶段性地经历一个从感性到理性、从现象到本质的渐进过程。然后利用能量守恒定律推导了闭合电路的欧姆定律,既能巩固电动势的概念,也能让学生应用前面学过的电功和焦耳定律等知识。

三、教学目标与核心素养

(一)物理观念

知道电源的电动势等于内电压与外电压之和;理解闭合电路欧姆定律的公式,理解各物理量及公式的物理意义,并能熟练地用来解决有关的电路问题。

(二)科学思维

通过实验数据分析培养学生的逻辑思维能力;培养学生分析问题、解决问题的能力,会用闭合电路欧姆定律分析实际问题。

(三)科学探究

通过实验培养学生探究的意识与证据意识;培养学生对实验现象的分析能力。

(四)科学态度与责任

利用物理知识解决实际的生活问题和解释生活现象,培养学生的兴趣。

四、教学的重点、难点、方法、教具

教学重点：电动势的概念及对电动势概念的应用；闭合电路的欧姆定律的推导及理解。

教学难点：电池内部能量的转化及对非静电力做功的理解；路端电压与负载的关系。

教学方法：探究、讲授、讨论、实验归纳。

教具准备：多媒体教学设备、自制电路示教板（两块）、干电池、化学电池、小灯泡、电阻箱、数字电压表和电流表、开关导线等。

五、教学过程

（一）引入新课

通过实验，提出问题：图 4-1-11 中小灯泡规格都相同，两个电路中的电池也相同，多个并联的小灯泡的亮度明显比单独一个小灯泡暗。如何解释这一现象呢？

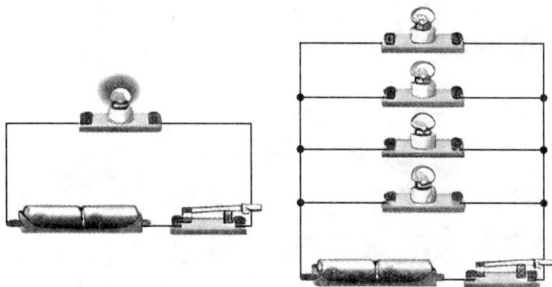

图 4-1-11

实验时，学生仔细观察对比，发现多个并联的小灯泡亮度明显变暗，引发学生思考，电源内部对电路的影响。（初中学习的是理想电源，学生会认为亮度一致，实验结果出乎意料，造成学生的认知冲突，激发学习兴趣）

提出问题，通过问题分析电源的作用，引导学生用功和能的观点来分析电源内部如何工作。如图 4-1-12 所示，电源是如何维持外电路中稳定的电流的；电源可以使从外电路流到负极的正电荷经过电源内部又搬回到电源的正极，电源怎么提供电能；提出"非静电力"，非静电力做功移动正电荷，增加电势能（消耗其他形式的能）。

学生经过思考、讨论，类比电场强度和电势

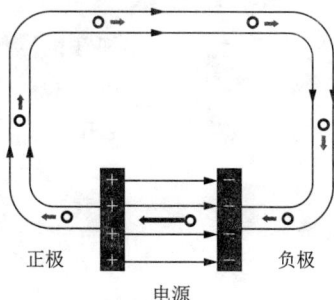

图 4-1-12

的定义,得出电源电动势的定义。

想一想:不同电源把其他形式的能转化为电势能的本领相同吗?(教师总结概念电动势)

(二)形成电动势概念

1. 物理意义

电动势是反映电源将其他形式的能转化为电势能的本领大小。电动势数值上等于非静电力把 1 C 的正电荷在电源内从负极移送到正极所做的功。

2. 定义

用非静电力所做的功与所移动的电荷量之比来表示电源的这种特性,叫作电动势。

其表达式为:$E = \dfrac{W}{q}$

3. 单位

电动势的单位是伏特(V),由电源中的非静电力的特性决定,跟外电路无关。

(三)闭合电路欧姆定律推导

1. 情景引入

学生思考并理论推导闭合电路欧姆定律,教师指导。

如图 4-1-13 所示,A 为电源正极,B 为电源负极。设电源电动势为 E,电源内阻为 r,外电路电阻为 R,闭合电路的电流为 I。

(1)如何定量描述电源提供了多少电能?
$$W = Eq = EIt$$

(2)电源提供的电能消耗到了哪里?
$$外电路:Q_外 = I^2Rt$$

内电路:$Q_内 = I^2rt$

由能量的转化和守恒定律得:

$$W = Q_外 + Q_内$$
$$EIt = I^2Rt + I^2rt$$
$$E = IR + Ir$$
$$I = \frac{E}{R+r}(纯电阻适用)$$
$$E = U_外 + U_内(纯电阻、非纯电阻均适用)$$

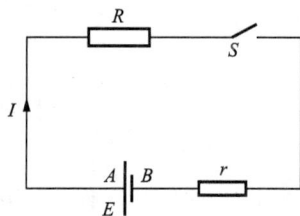

图 4-1-13

2. 提出疑问

内电路真的满足部分电路的欧姆定律吗？这样的理论推导是否可靠呢？

3. 设计思路

在物理学中,任何理论推导得到的结论均需要通过实验来佐证。1956 年,杨振宁、李政道提出弱相互作用宇称不守恒理论,但这一理论并没有得到认可。1957 年 2 月,吴健雄用 Ω 衰变实验(Ω 衰变为弱相互作用)证实了宇称不守恒,从此,"宇称不守恒"才真正被承认为一条具有普遍意义的基础科学原理。同年,杨、李也因此获得诺贝尔物理学奖。那么今天,我们就遵循物理大师的足迹,通过实验探究闭合电路遵循的规律,解决刚才的两个疑问。

实验探究佐证理论的正确性:如图 4-1-14 所示的自制实验装置,A、B 为电源的两极,a、b 为非常靠近两极的探针,数字电压表 V_2 测量外电路电压,数字电压表 V_1 测量内电路电压,数字电流表 A 测量电路电流,电阻箱可以调整外电路电阻。图 4-1-14(右)为装置实物图。

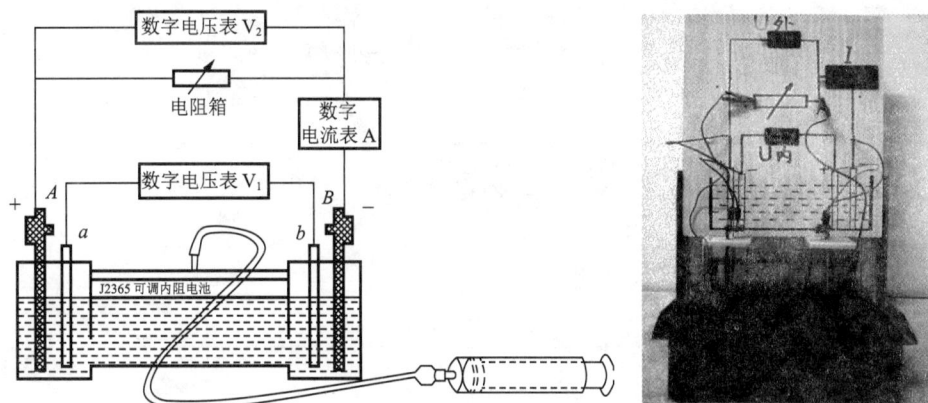

图 4-1-14

实验中,通过改变电阻箱的阻值改变外电路的结构,探究闭合电路遵循的规律;同样也通过改变内电路的电阻(用注射器向电源注入气体改变内阻),探究闭合电路遵循的规律。

4. 实验探究

(1)探究一:内电路不变,改变外电路,探究闭合电路遵循的规律。

【实验过程】调节电阻箱的阻值,记录三只电表的示数,填入实验记录卡。

【师生合作】教师完成实验(调节电阻箱阻值),学生完成实验记录卡。

【数据分析与处理】

$U_外 + U_内 = $ 定值 $\approx E$;$U_内 / I = r$ 为定值,$U_内 - I$ 图像为过原点的倾斜直线,

即内电路遵循部分电路欧姆定律。

【理论推导】通过实验探究一，我们不仅清楚了内外电压之和等于电动势，还证实了内电路遵循部分电路的欧姆定律，从而得出闭合电路的欧姆定律。当然，我们还可以进一步用实验进行佐证，在刚才的探究中是内电路不变改变外电路进行实验。那么，如果外电路不变，改变内电路是否也遵循这样的规律呢？

（2）实验探究二：外电路电阻不变，内电路改变时，探究闭合电路遵循的规律。

改变电源内阻（向电池内打气，调节液面高度从而改变内阻），记录三只电表的示数，填入实验记录卡一（表 4-1-1）。

内电路不变，改变外电路。

表 4-1-1　实验记录卡一

次　项	I/A	$U_内/V$	$U_内/V$	$R_外/\Omega$			
1	0	0		∞	$E = $　V		
2							
3							
4							
5							
6							

【师生合作】教师完成实验（调节内电路阻值），学生完成实验记录卡二（表 4-1-2）。

外电路不变，内电路变化。

表 4-1-2　实验记录卡二

次　项	I/A	$U_内/V$	$U_内/V$	$R_外/\Omega$			
1	0	0		∞	$E = $　V		
2							
3							
4							
5							
6							

【实验小结】

① 内电路电阻不变，外电路改变时，遵循 $I = \dfrac{E}{R + r}$ 的规律；外电路电阻不变，内电路改变时，也遵循 $I = \dfrac{E}{R + r}$ 的规律。

② 内电路真的满足部分电路的欧姆定律;通过实验佐证,可以得出之前的理论推导确实没有问题。

③ 闭合电路的电流跟电源的电动势成正比,跟内、外电路的电阻之和成反比:公式 $I=\dfrac{E}{R+r}$。

适用条件:外电路是纯电阻电路。

(3) 情景实验探究路端电压与外电阻的关系。

【生活实境过度】

晚上七八点钟用电高峰期,灯会暗些,而半夜时,同样一盏灯又会亮些,这是什么原因呢?

【实验演示】

依次闭合开关,模拟用电高峰期,观察灯亮度的变化;依次断开开关,观察同一盏灯的亮度,模拟半夜情况。学生观察模拟实验现象,分析讨论,得出结论。

【实验验证】

如图 4-1-15 所示,用数字电流表测出回路中电流,数字电压表测出灯泡两端电压,依次闭合开关,学生观察两表的示数并记录,是否满足"电流表示数增大,电压表示数减小"的规律?尝试作出图像。

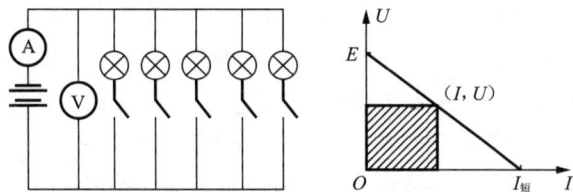

图 4-1-15

结论:路端电压与外电阻的关系。

外电阻增大时,电流减小,路端电压增大;外电阻减小时,电流增大,路端电压减小。

两个特例:外电路断路时,$R \to \infty$,$I=0$,U 端 $=E$;外电路短路时,$R=0$,$I=E/r$,U 端 $=0$。

六、教学反思

(1) 本节课整体设计思路是用实验佐证的方式探究闭合电路的欧姆定律,逻辑性比较强,能够培养学生严谨的科学态度以及证据意识,符合物理学科的核心素养要求。

(2) 本节课探究实验较多,学生的动手能力和分析理解能力相对较薄弱,需要注意实验的设计思想以及具体的操作过程的讲解。

两种教学模式的比较和反思

闭合电路欧姆定律是整个电路部分的核心内容,在整个电路知识体系中起着承上启下的作用。本节内容包括电动势概念、闭合电路欧姆定律以及应用该定律分析路端电压与负载的关系。在学习中要引导学生理解闭合电路欧姆定律,学会用闭合电路欧姆定律分析电路,让学生强化能量观念,能用能的转化和守恒的观点分析解决电路问题,充分体会功能关系在物理学中的重要性。

闭合电路欧姆定律第一个教案采用三维目标下的教学方式,以教师讲解和学生训练为主。虽然也有设置问题让学生思考,但是大部分教学是教师在自导自演,没有充分体现学生的主体地位,没有探究过程,只是让学生被动地接受知识,学习显得枯燥乏味,科学探究的能力培养得不到体现;虽然知识点讲解很到位,但是学生对于知识点的理解不一定到位,对于知识的形成过程不能准确把控,学生核心素养不能得到有效提升。

三维目标是从外在走向内在的中间环节,既有外在的也有内在的东西。包含了知识、方法、价值三个维度的要素:一是构成该学科的基础知识和基本概念的体系;二是该学科的知识背景、知识体系背后的思考方法与行为方式;三是该学科的知识体系及其思考方式和行为方式的背后的情感、态度、价值观。三维目标教学模式相对双基教学模式是全面的,但对学生的核心素养的生成关注较少。

闭合电路欧姆定律第二个教案注重了科学精神的培养,有利于学生核心素养的形成和发展。通过演示实验使初、高中知识发生碰撞,产生认知冲突,激发学生进一步学习的热情,通过情景问题分析电源的作用,引导学生用功和能的观点来分析电源内部如何工作,学生跟随教师的思路,对所提出的问题进行思考、回答、互相交流,并在教师带领下经历闭合电路欧姆定律的理论推导过程,理解内、外电路的能量转化,体验能量转化和守恒定律在电路中的具体应用。然后列举物理学大师的事例,培养学生科学怀疑并进而探索真相的科学精神,再对理论推理进行实验验证,最后在探究路端电压与外电阻的关系时同样设置情景实验,让学生观察模拟实验现象,分析讨论,得出结论。

本节课内容来源于生活真实情境,从发现问题到探究原因,再到发现规律,最后解释现象。各教学环节层层递进、环环相扣,充分运用了循环递进式教学方法。学生在一个个递进的情境任务中不断认识科学本质,寻找到物理规律,发现解决问题的科学方法。在不断探索的过程中锻炼了关键能力,提升了科学素养。每个情景都设置问题,注重了学生的讨论思考过程和探究实验过程的培养,培养创新思维和实践意识,给学生成功的喜悦。

物理学科核心素养既是物理学科对发展人的核心素养起到了独特的贡献和作用,又是物理学科独特教育价值在学生身上的体现和落实。物理学科核心素养是主线,统领着学科课程知识的选择、课程内容的组织、课程难度的确定、课程容量的安排以及课程的实施和学业质量评价标准的确立。

核心素养来自三维目标,是三维目标的进一步提炼和整合,是通过系统的学科学习之后而获得的。从表现形态上来说,核心素养又高于三维目标,三维目标不是教学的终极目标,只是核心素养形成的要素和路径。教学的终极目标是能力和品格,也就是核心素养。

第二节 同课异构:法拉第电磁感应定律

三维目标下的教学设计

一、教学目标

(一)知识与技能

理解法拉第电磁感应定律内容和感应电动势表达式 $E = n \dfrac{\Delta \Phi}{\Delta t}$,知道 $E = BLv\sin\theta$ 是法拉第电磁感应定律的一种特殊表达形式,会用法拉第电磁感应定律在具体情境中分析求解有关问题。

(二)过程与方法

经历分析推理得出法拉第电磁感应定律的过程,体会用变化率定义物理量的方法;经历推理得出 $E = BLv\sin\theta$ 的过程,体会矢量分解的方法。

(三)情感态度价值观

知道 $E = \Delta \Phi / \Delta t$ 与 $E = BLv\sin\theta$ 的内在联系,感悟事物的共性与个性的关系,体会辩证唯物主义的方法和观点;会分析、处理电磁感应中的动力学问题和能量问题。

二、教学重、难点

法拉第电磁感应定律,理解 $\Delta \Phi$ 与 $\Delta \Phi / \Delta t$ 的区别;感应电动势表达式 $E = n \dfrac{\Delta \Phi}{\Delta t}$ 和 $E = BLv\sin\theta$ 的应用。

三、教学过程

（一）进行新课

1. 观察演示实验

改变条形磁铁插入线圈的速度,观察电流表指针偏转角度大小。增加线圈匝数,以相同的高度释放条形磁铁,穿过线圈,观察电流表指针偏转角度大小。让学生对感应电流大小的相关因素有感性认识,教师讲解,明确概念和规律。

在电磁感应现象中,有感应电流产生,切割磁感线的那部分导体或发生磁通量变化的线圈相当于电源,在电源内部电流方向由电源负极流向电源正极。磁通量发生变化时,感应电动势的大小,跟穿过这一电路的磁通量的变化率成正比,与磁通量大小无关,感应电动势 $E = n \dfrac{\Delta \Phi}{\Delta t}$。

2. 法拉第电磁感应定律

（1）内容:电路中的感应电动势的大小,跟穿过这一电路的磁通量的变化率成正比。

（2）公式:$E = n \dfrac{\Delta \Phi}{\Delta t}$,式中 n 为线圈匝数。

（3）适用范围:一切电磁感应现象。

（4）公式说明:

① 感应电动势的大小与磁通量的变化率 $\dfrac{\Delta \Phi}{\Delta t}$ 有关,与磁通量 Φ、磁通量的变化 $\Delta \Phi$ 无关。

② 若 $\Delta t \to 0$,则 E 为瞬时感应电动势;若 Δt 为一段时间,则 E 为平均感应电动势。

若 $\dfrac{\Delta \Phi}{\Delta t}$ 一定,则平均感应电动势等于瞬时感应电动势,平均感应电动势一般不等于初态与末态电动势的平均值。

③ 若线圈平面与 B 垂直,则 $\Phi = BS$。

当 $\Delta \Phi$ 仅由 B 的变化引起,即 S 一定,则 $E = n \dfrac{\Delta B}{\Delta t} \cdot S$;

当 $\Delta \Phi$ 仅由 S 的变化引起,即 B 一定,则 $E = nB \cdot \dfrac{\Delta S}{\Delta t}$。

3. 概念区分

注意区别磁通量 Φ、磁通量的变化 $\Delta \Phi$、磁通量的变化率 $\dfrac{\Delta \Phi}{\Delta t}$。

① Φ 是状态量,是闭合回路在某时刻(某位置)穿过回路的磁感线的条数,当磁场与回路平面垂直时,$\Phi = BS$。

② $\Delta\Phi$ 是过程量,是表示回路从某一时刻变化到另一时刻磁通量的增量,即 $\Delta\Phi = \Phi_2 - \Phi_1$。

$\dfrac{\Delta\Phi}{\Delta t}$ 表示磁通量的变化快慢,即单位时间内磁通量的变化,称磁通量的变化率。

上述三个物理量的大小没有直接关系,这一点与运动学中 v、Δv,$\dfrac{\Delta v}{\Delta t}$ 三者相似。

例题示例:

例 1. 如图 4-2-1 所示,一边长为 L 的正方形金属框,质量为 m,电阻为 R,用细线把它悬挂在一个有界的磁场边缘,金属框的上半部处于磁场内,下半部处于磁场外,磁场随时间均匀变化且满足 $B = kt$ 规律。已知细线所能承受的最大拉力 $T = 2mg$,求从 $t = 0$ 时刻起,经多长时间细线会被拉断。

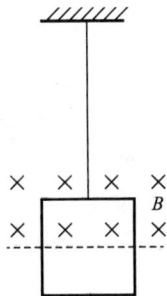

图 4-2-1

练 1. 如图 4-2-2 所示,竖直平行导轨间距 $L = 20$ cm,导轨顶端接有一电键 S。导体棒 ab 与导轨接触良好且无摩擦,ab 的电阻 $R = 0.4$ Ω,质量 $m = 10$ g,导轨的电阻不计,整个装置处在与轨道平面垂直的匀强磁场中,磁感应强度 $B = 1$ T。当导体棒由静止释放 0.8 s 后,突然闭合电键,不计空气阻力,设导轨足够长,求 ab 棒的最大速度和最终速度的大小。(g 取 10 m/s^2)

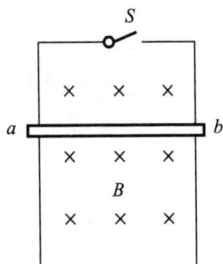

图 4-2-2

4. 推论:导体切割磁感线产生感应电动势的计算

如图 4-2-3 所示,闭合电路一部分导体 ab 处于匀强磁场中,磁感应强度为 B,ab 的长度为 L,以速度 v 匀速切割磁感线,设在 Δt 时间内导体棒由原来的位置运动到 a_1b_1,这时线框面积的变化量为 $\Delta S = Lv\Delta t$,穿过闭合电路磁通量的变化量为 $\Delta\Phi = B\Delta S = BLv\Delta t$。

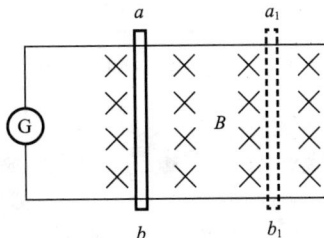

图 4-2-3

据法拉第电磁感应定律,得 $E = \dfrac{\Delta\Phi}{\Delta t} = BLv$。

B、L、v 两两垂直;导线的长度 L 应为有效长度;导线运动方向和磁感线平行时,$E = 0$;速度 v 为平均值(瞬时值),E 就为平均值(瞬时值)。

如图 4-2-4 所示,闭合电路的一部分导体处于匀强磁场中,导体棒以 v 斜向切割磁感线,把速度 v 分解为两个分量:垂直于磁感线的分量 $v_1 = v\sin\theta$ 和平行于磁感线的分量 $v_2 = v\cos\theta$。后者不切割磁感线,不产生感应电动势。前者切割磁感线,产生的感应电动势为 $E = BLv_1 = BLv\sin\theta$。

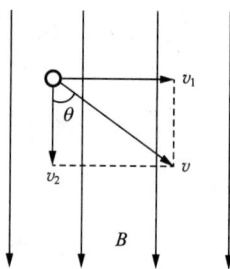
图 4-2-4

注意:在国际单位制中,上式中 B、L、v 的单位分别是特斯拉(T)、米(m)、米每秒(m/s),θ 指 v 与 B 的夹角。

5. 电磁感应电路问题解题思路

明确哪部分导体或电路产生感应电动势,该导体或电路就是电源,其他部分是外电路。用法拉第电磁感应定律或切割公式确定感应电动势的大小,用楞次定律或右手定则确定感应电动势的方向。画出等效电路图。注意分清内外电路。运用闭合电路欧姆定律、串并联电路特点、电功率、电热等公式联立求解。

例题示例:

例 2. 如图 4-2-5 所示,接有灯泡 L 的平行金属导轨水平放置在匀强磁场中,一导体杆与两导轨良好接触并做往复运动,其运动情况与弹簧振子做简谐运动的情况相同。图中 O 位置对应于弹簧振子的平衡位置,P、Q 两位置对应于弹簧振子的最大位移处。若两导轨的电阻不计,则(   )。

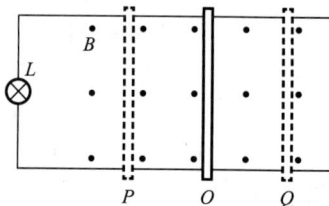
图 4-2-5

A. 杆由 O 到 P 的过程中,电路中电流变大

B. 杆由 P 到 Q 的过程中,电路中电流一直变大

C. 杆通过 O 处时,电路中电流方向将发生改变

D. 杆通过 O 处时,电路中电流最大

(二)达标练习

1. 如图 4-2-6 所示,在匀强磁场中固定放置一根串接一电阻 R 的直角形金属导轨 aob(在纸面内),磁场方向垂直纸面朝里,另有两根金属导轨 c、d 分别平行于 oa、ob 放置。保持导轨之间接触良好,金属导轨的电阻不计。现经历以下 4 个过程:

① 以速率 v 移动 d,使它与 ob 的距离增大一倍;

② 再以速率 v 移动 c,使它与 oa 的距离减小一半;

③ 然后以速率 $2v$ 移动 c，使它回到原处；

④ 最后以速率 $2v$ 移动 d，使它也回到原处。

设上述四个过程中通过电阻 R 的电量的大小依次为 Q_1、Q_2、Q_3 和 Q_4，则（　　）。

A. $Q_1 = Q_2 = Q_3 = Q_4$

B. $Q_1 = Q_2 = 2Q_3 = 2Q_4$

C. $2Q_1 = 2Q_2 = Q_3 = Q_4$

D. $Q_1 \neq Q_2 = Q_3 \neq Q_4$

2. 如图 4-2-7 所示，匀强磁场方向垂直于线圈平面，先后两次将线框从同一位置匀速地拉出磁场。第一次速度 $v_1 = v$，第二次速度 $v_2 = 2v$，在先、后两次过程中（　　）。

A. 线圈中感应电流之比为 1∶2

B. 线圈中产生热量之比为 1∶2

C. 沿运动方向作用在线框上的外力的功率之比为 1∶2

D. 流过任一横截面的电量之比为 1∶2

图 4-2-6

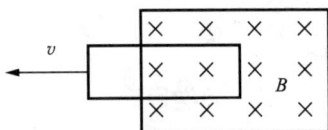

图 4-2-7

3. 如图 4-2-8 所示，固定于水平桌面上的金属框架 $cdef$，处在竖直向下的匀强磁场中，金属棒 ab 搁在框架上，可无摩擦滑动。此时 $adeb$ 构成一个边长为 l 的正方形。棒的电阻为 r，其余部分电阻不计。开始时磁感应强度为 B_0。

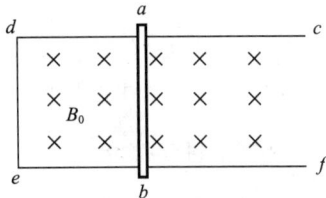

图 4-2-8

（1）若从 $t = 0$ 时刻起，磁感应强度均匀增加，每秒增加为 k，同时保持棒静止，求棒中感应电流。在图上标出感应电流的方向。

（2）在上述（1）情况下，始终保持棒静止，当 $t = t_1$ 秒末时需加的垂直于棒的水平拉力为多大？

（3）若从 $t = 0$ 时刻起，磁感应强度逐渐减小，当棒以恒定速度 v 向右做匀速运动时，可使棒中不产生感应电流，则磁感应强度应怎样随时间变化？（写出 B 与 t 的关系式）

学科素养下的教学设计

一、教学内容分析

法拉第电磁感应定律是选择性必修二"电磁感应"章节的核心内容。从知识延伸拓展上来看,它与电磁场和恒定电流有紧密的联系,又是下一章交变电流的学习基础。它既是本章的教学重点,也是本章的教学难点。在以前我们已经学习并掌握了恒定电流、感应电流的产生条件,电源电动势和磁通量的相关知识,已经构建起变化量和变化率的概念。学生学习起来难度不大。

二、学情分析

学生经过上节内容的学习,已经知道电磁感应中电流方向的判断方法,也初步了解电流大小和哪些因素有关。另外,学生在恒定电流章节的学习也知道电动势的概念和闭合电路电流的求解。面对电磁感应现象,高二学生已具备一定的抽象思维和逻辑思维,学生可以在教师的带领下通过实验和逻辑推理得出法拉第电磁感应定律。

三、教学目标

(一)物理观念

知道感应电动势的概念,体会物理观念的生成过程。

(二)科学思维

通过实验理解法拉第电磁感应定律及数学表达式,体会物理模型建立及物理方法在物理规律形成中的作用。

(三)科学探究

经历分析推理得出法拉第电磁感应定律的过程,体会用变化率定义物理量的方法。

(四)科学态度与责任

感受科学家对规律的研究过程,学习他们对工作严肃认真、不怕困难的科学态度。

四、教学重、难点

教学重点:法拉第电磁感应定律。
教学难点:平均电动势与瞬时电动势的区别。

五、教学过程

教学准备:多媒体课件、发电机、学生电源、开关、线圈、条形磁铁等。

（一）新课引入

感应电流产生的条件是什么？

猜想：感应电流的大小可能跟哪些因素有关呢？

观察实验，问题思考：感应电流的大小跟哪些因素有关？

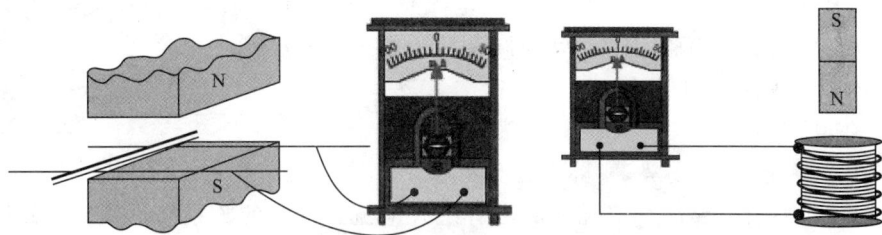

图 4-2-9

实验一：导体棒切割磁感线。如图 4-2-9 左图所示，用金属棒切割磁感线产生感应电流，发现金属棒运动速度越快，电流表指针偏转越大，反之，电流表指针偏转越小，看来感应电流的大小与金属棒的运动速度有关。

实验二：把条形磁体往下插入线圈。如图 4-2-9 右图所示，当插入速度较快时，电流表指针偏转较大；当条形磁铁插入速度较慢时，电流表指针偏转较小。得出感应电流的大小和插入磁铁的快慢有关。

实验分析：上述两个实验中，插入磁铁越快，会导致线圈中的磁通量变化越快，同样的金属棒运动越快，回路中面积变化就越快，穿过回路的磁通量变化也会越快。两个实验都能说明，当穿过闭合回路的磁通量变化越快时，回路中的感应电流就会越大，而在回路中电阻不变的情况下，感应电流的大小就会与磁通量变化的快慢有关，而磁通量变化的快慢就是磁通量的变化率。也就是说，感应电流的大小与磁通量的变化率有关。让我们再通过下面的实验来验证这个结论。

做一做：实验装置如图 4-2-10 所示，线圈的两端与电压表相连。将强磁体从长玻璃管上端由静止下落，穿过线圈。分别使线圈距离上管口 20 cm、30 cm、40 cm 和 50 cm，记录灵敏电压表的示数以及发生的现象。

分别改变线圈的匝数、磁体的强度，重复上面的实验，得出定性的结论。

结论：感应电流的大小跟穿过这一电路的磁通量的变化率成正比。

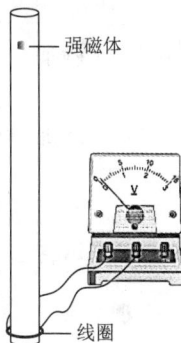

图 4-2-10

（二）新课教学

1. 电磁感应定律

若在闭合回路中要有电流通过,则这个电路一定有电源。如图 4-2-11 所示,在电磁感应现象中,闭合回路里若有感应电流,那自然也一定有电动势,这个电动势是在电磁感应中产生,则被称为感应电动势,而产生他的那部分导体就相当于电源。

在电磁感应现象中可以没有感应电流,但一定会有感应电动势,实际上是先有感应

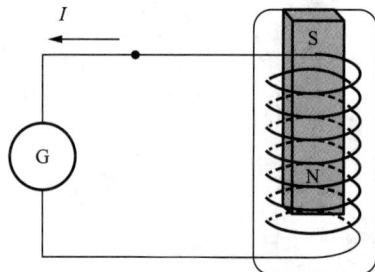

图 4-2-11

电动势,然后看电路闭合情况才决定有没有电流。两者的关系满足闭合电路欧姆定律,即 $I = \dfrac{E}{R}$。前面说了感应电流的大小与磁通量的变化率有关。

所以,闭合电路中感应电动势的大小也跟穿过这一电路的磁通量的变化率成正比。这就是著名的法拉第电磁感应定律。用磁通量的变化量除以变化的时间就是它的变化率

$$E = k \frac{\Delta \Phi}{\Delta t}$$

这个式子就表示 E 与磁通量的变化率成正比。这个 k 就是比例常量,通过大量的实验证明这个 k 就等于1。所以电磁感应定律也可以写成这样

$$E = \frac{\Delta \Phi}{\Delta t} \text{（单匝线圈）}$$

$$E = n \frac{\Delta \Phi}{\Delta t} \text{（}n \text{ 匝线圈,相当于 } n \text{ 的电源串联）}$$

我们知道磁通量 $\Phi = BS$,那么磁通量的变化就可以是磁场变化、面积变化两者同时变化引起的。所以上述表达式又可以拓展为:

（1）磁通量的变化是由磁场变化引起时,$\Delta \Phi = \Delta B \cdot S$,则 $E = n \cdot \dfrac{\Delta B}{\Delta t} \cdot S$;

（2）磁通量的变化是由面积变化引起时,$\Delta \Phi = B \cdot \Delta S$,则 $E = n \cdot B \cdot \dfrac{\Delta S}{\Delta t}$;

（3）如果磁通量的变化是由面积和磁场变化共同引起时,根据定义知,$\Delta \Phi = \Phi_\text{末} - \Phi_\text{初}$,有 $E = n \dfrac{B_2 S_2 - B_1 S_1}{\Delta t}$。

课堂练习

例 1. 关于电磁感应,下列说法正确的是（　　　）。

A. 穿过线圈的磁通量越大,感应电动势越大

B. 穿过线圈的磁通量为 0,感应电动势一定为 0

C. 穿过线圈的磁通量的变化越大,感应电动势越大

D. 穿过线圈的磁通量变化越快,感应电动势越大

解题提示:感应电动势的大小与闭合电路中感应电动势的大小也跟穿过这一电路的磁通量的变化率成正比。也就是磁通量的变化与时间的比值。

例 2. 如图 4-2-12 所示,一个 1 000 匝的线圈,在 0.4 s 内穿过它的磁通量从 0.02 Wb 增加到 0.09 Wb。求线圈中的感应电动势。如果线圈的电阻是 10 Ω,把一个电阻为 990 Ω 的电热器连接在它的两端,通过电热器的电流是多大?

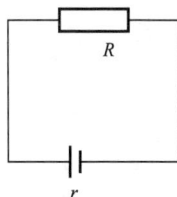

图 4-2-12

解题提示:$E = n\dfrac{\Delta\Phi}{\Delta t} = n\dfrac{\Phi_2 - \Phi_1}{\Delta t} = 1\,000 \times \dfrac{0.09 - 0.02}{0.4} =$

175 V。接入电阻后电路如图所示,根据闭合电路欧姆定律有

$$I = \frac{E}{R + r} = \frac{175}{990 + 10} = 0.175 \text{ A}$$

2. 导线切割磁感线时的感应电动势

前面我们已经学过导体棒切割磁感线,磁通量会变化便会产生感应电动势,并且可用公式 $E = \dfrac{\Delta\Phi}{\Delta t}$ 来算出感应电动势。现在来研究它另一种更简单的算法。

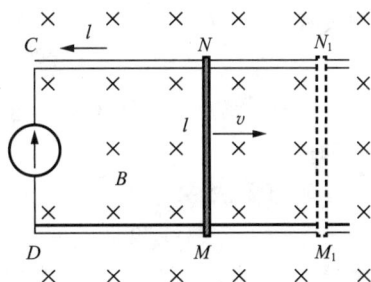

图 4-2-13

情景展示:比如,图 4-2-13 中这个金属棒在匀强磁场中,导轨之间的这一段长度为 L,磁场的磁感应强度为 B,当金属棒以速度 v 切割磁感线时,你知道产生的感应电动势是多少吗?

学生思考并推导:

用公式 $E = \dfrac{\Delta\Phi}{\Delta t}$ 计算感应电动势,先要解决 $\Delta\Phi$,它等于磁感应强度乘以面积的变化量,即

$$\Delta\Phi = B \cdot \Delta S \tag{1}$$

接下来再计算 ΔS。假设金属棒从 MN 到 M_1N_1 运动的时间为 Δt,在这段时间里,它运动的这段距离是 $v \cdot \Delta t$,而金属棒在导轨之间的这一段长度为 L,所以用长乘以宽就是这段时间内面积的变化量,即

$$\Delta S = Lv \cdot \Delta t \tag{2}$$

把(2)带进(1)这个公式得

$$\Delta\Phi = B \cdot Lv \cdot \Delta t \tag{3}$$

接着把③代入公式 $E = \dfrac{\Delta\Phi}{\Delta t}$，得 $E = n\,\dfrac{\Delta\Phi}{\Delta t} = \dfrac{B \cdot Lv \cdot \Delta t}{\Delta t}$，最终得到 $E = BLv$。

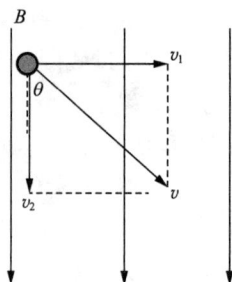

图 4-2-14

这就是感应电动势的另一种表达方法。其中 B 是磁感应强度，L 是切割磁感线的导线的有效长度，v 是导体棒相对于磁场的运动速度。在刚才的推导中，磁场是匀强磁场，并且磁场的方向、导体棒放置的方向和导体棒的运动方向，三者是相互垂直的。所以这个公式要成立，要有两个条件必须满足：① 所在磁场是匀强磁场；② B、L、v 相互垂直。

问题 1：要是 B、v 不垂直怎么计算呢？

3. 导体棒斜割磁感线

比如磁场方向竖直向下，如图 4-2-14 所示，导体棒长为 L，垂直于纸面并斜向下运动。它的运动方向与磁场方向的夹角是 θ，此时产生的感应电动势又是多少呢？

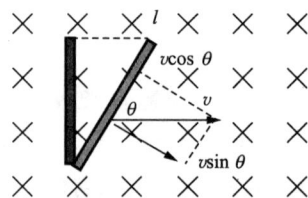

图 4-2-15

同学们已经学过只有导体切割磁感线时才会产生感应电动势。若把这个速度分解成以下两个方向的分量：

垂直于磁感线的分量 $v_1 = v\sin\theta$

平行于磁感线的分量 $v_2 = v\cos\theta$

我们会发现只有在 v_1 方向上运动才会切割磁感线、才会产生感应电动势，所以在计算电动势时，速度 v 得代入它在水平方向的分量，即：$E = BLv\sin\theta$

当 $\theta = 0$ 时，v 与 B 平行，不切割磁感线，所以 $E = 0$。

当 $\theta = 90°$ 时，v 与 B 垂直，切割磁感线，所以 $E = BLv$。

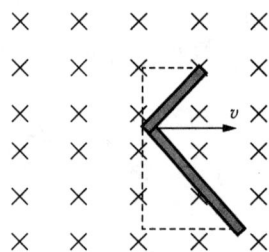

图 4-2-16

能够和前面做很好对应，所以，大家使用这个公式时一定要注意角度的问题。

问题 2：如图 4-2-15 所示，假设 L、v 不垂直又该如何求感应电动势呢？

方法：要找切割磁感线的分速度，把速度分解成平行于导线的分量和垂直于导线的分量。显然只有垂直于导线的分量才会切割磁感线，进而产生感应电动势。所以感应电动势 $E = BLv\sin\theta$。

这个式子也可以写成这样 $E = BvL\sin\theta$,这个 $L\sin\theta$ 在图中来看就是导线垂直于运动方向上的投影。即有效切割长度,为导线垂直于运动方向上的投影。以后如果发现导体棒与磁场垂直,但和运动方向有夹角时,就用有效切割长度来计算感应电动势。

如图 4-2-16 所示,这个导线,现在分为两段,所以我们分两段找它们在垂直速度方向的投影。如图 4-2-17

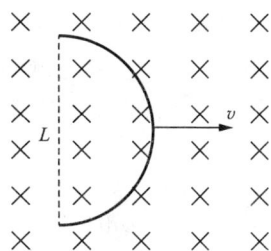

图 4-2-17

所示,圆弧切割产生的感应电动势时,就可以用连接圆弧首尾的线段来代替,也是投影。

4. 两个公式的比较(表 4-2-1)

表 4-2-1 两个公式的比较

比较项目 \ 公式	$E = n\dfrac{\Delta\Phi}{\Delta t}$	$E = BLv$
适用范围	普遍适用 磁场变化:$E = n \cdot \dfrac{\Delta B}{\Delta t} \cdot S$ 面积变化:$E = n \cdot B \cdot \dfrac{\Delta S}{\Delta t}$ S:线圈内部磁场的面积	导体切割磁感线运动相互垂直
研究对象	回路中产生的感应电动势	某部分导体电动势
物理意义	Δt:某一段时间 平均感应电动势	v:瞬时速度 瞬时感应电动势

当然这也不完全绝对,若这个 Δt 趋近于零,$E = n\dfrac{\Delta\Phi}{\Delta t}$ 这个公式算出来的也是瞬时感应电动势。若这个 v 是平均速度,那么这个公式算出来的就是平均感应电动势。

课堂练习

例 3. 当航天飞机在环绕地球的轨道上飞行时,从中释放一颗卫星,卫星与航天飞机保持相对静止,两者用导电缆绳相连,这种卫星称为绳系卫星,利用它可以进行各种科学实验。

现有一颗绳系卫星在地球赤道上空沿东西方向运行。卫星位于航天飞机正上方,它与航天飞机间的距离是 20.5 km,卫星所在位置的地磁场为 $B = 4.6 \times 10^{-5}$ T,沿水平方向由南向北。如果航天飞机和卫星的运行速度是 7.6 km/s,求缆绳中的感应电动势。

解:可以看成是导体切割磁感线。$E = BLV = 7.2 \times 10^3$ V

如图 4-2-18 所示,若接入的电阻 $R = 14\ \Omega$,ab 的电阻为 $0.4\ \Omega$,求感应电流的大小。

由闭合电路欧姆定律:$I = \dfrac{E}{R + r} = 500$ A

问题 3:既然导体棒切割磁感线会有感应电动势产生,那么由谁提供非静电力呢?

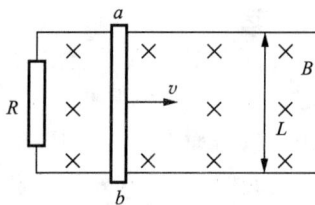

图 4-2-18

思考与讨论:

情景如图 4-2-19 所示,导体棒 CD 在匀强磁场中运动。自由电荷会随着导体棒运动,并因此受到洛伦兹力。导体棒中自由电荷相对于纸面的运动大致沿什么方向?为了方便,我们可以认为导体棒中的自由电荷是正负电荷。

导体棒一直运动下去,自由电荷是否总会沿着导体棒运动?为什么?导体棒哪端的电势比较高?

以上讨论不必考虑自由电荷的热运动。

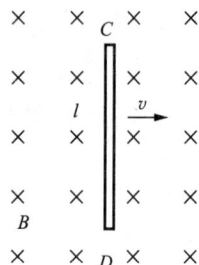

图 4-2-19

分析:如图 4-2-20 左图所示,当金属棒往右运动时,这些正负电荷也往右运动,所以其电荷在磁场中就会受到洛伦兹力的作用。根据左手定则,正电荷受向上的洛伦兹力,负电荷受向下的洛伦兹力。所以正电荷自由移动到金属棒上端,在正电荷移动过程中形成电流,和右手定则的判定的方向也是一致的。

如图 4-2-20 右图所示,随着金属棒的运动下面会带负电,上面带正电,这样在金属棒内部就会建立一个电场,所以运动的电荷除了要受洛伦兹力以外,还会受到一个电场力,直到洛伦兹力和电场力平衡为止,自由电荷就不再移动了。C 端因为聚集有大量的正电荷,所以电势高,把导体棒看成一个电源,它就相当于电源的正极。

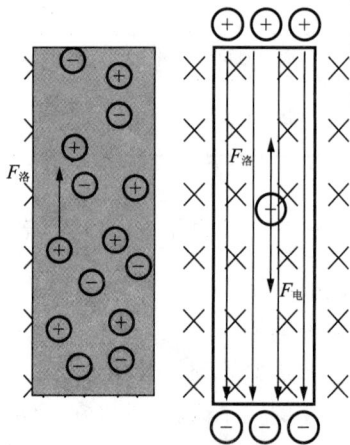

图 4-2-20

动态图展示:导体棒切割磁感线的微观过程,实验装置如图 4-2-21 所示。

5. 动生电动势

(1)由于导体运动而产生的电动势叫动生电动势;

(2)非静电力是洛伦兹力提供;

(3)导体棒就相当于电源;

(4)导体棒还会受到安培力的作用。

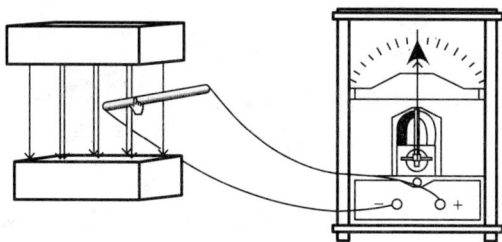

图 4-2-21

六、教学反思

本节课的拓展内容比较多，也是比较抽象的。主要分为两部分，一个是磁场变化产生的感应电动势的表达式，另一个是导体切割磁感线运动的特殊表达式。讲解好相应的拓展内容有助于学生形成完整的知识体系，只是在时间的掌控上注意把握节奏。

教学中，因为有前面学习过的磁通量的变化以及变化率、感应电流的产生条件、恒定电路等知识作为基础，在推导法拉第电磁感应定律的表达式上就比较轻松，理解比较困难的是两个公式的比较，以及它们的使用范围。法拉第电磁感应定律学习起来比较烦琐，它是由实验推出理论，然后总结成公式，这就需要先分析实验结论，才能推导公式。本节课应试图改变这种枯燥的课堂氛围，在课堂中大量采用情景实验和动图的形式展示实验过程，达到吸引学生注意力的目的。当然也有一些不足之处，如时间把握得还不够到位，问题的设置还不够精练，对学生情绪的变化不够敏感，未能及时转变课堂教学。

两种教学模式的比较和反思

法拉第电磁感应定律学习起来比较烦琐，它是由实验推出理论，然后总结成公式进行解决问题的规律课，这就要先分析实验结论，才能推导公式。后面还有公式的运用和公式的变形，电动势产生机理分析等都是比较抽象并且又是十分重要的知识点。

对第一篇"法拉第电磁感应定律"教案设计分析，本节课采用较为传统的教学方式，分为实验导入，教师讲解知识点，例题讲解、学生训练，然后让学生达标练习。虽然知识点讲解很到位，但是少了实验探究和科学思维的过程。这节课内容本身就是比较枯燥的，学生也不大能够集中注意力学习。题目设置量很大，学生在短时间内也无法完成，题目设置太多，可能很多题目要等到课后完成。即使老师讲解后学生能听懂，学生思维能力也不一定能得到有效提升。另外，在电动势产生机理上也没时间讲解，这会使学生对科学探究上缺乏锻炼，从而只会被动地记忆和接受,然后再进行枯燥地训练,学生学习会很被动,也没有学习兴趣,更达不到科学探究、科学思维能力的培养要求。

对第二篇"法拉第电磁感应定律"教案设计分析,在新课标的指引下,本节课采用实验导入,让学生带着问题进行思考,而且分情况进行讨论,层层递进分析最后得出实验分析结果——感应电流的大小与磁通量的变化率有关。另外,教师又一次设计实验让学生来验证这个结论。对于实验结论,教师分析产生电流的原因是先有感应电动势,进而推出闭合电路中感应电动势的大小跟穿过这一电路的磁通量的变化率成正比,然后通过练习加深对定律内容的理解。这种设计改变了枯燥的课堂氛围,在课堂中大量采用情景实验和动图的形式展示实验过程,达到吸引学生注意力的目的。在推理导线切割磁感线时的感应电动势表达中,教师通过设计情景让学生通过所学知识推导,充分体现了科学探究的过程,之后提出问题让学生思考和讨论不同情境下公式的表达,做到充分理解公式的适用范围和变换表达。同时还让学生对所探究的公式进行比较分析,加深公式理解深度。最后教师又设计情景问题,让学生思考与讨论感应电动势产生机理,最终得出洛伦兹力提供非静电力做功形成动生电动势。这些知识是在实验和情景中通过科学探究和科学思维的层层推进获得的,既锻炼了学生的科学探究精神,又使学生对问题的理解和掌握变得深刻,体现了核心素养的形成。

第三节　同课异构:摩擦力

学案导学　探案探究　考案测评

一、学习目标

(一)物理观念

理解摩擦力的产生条件,会区分静摩擦力和滑动摩擦力;会根据相对运动判断滑动摩擦力的方向,并能根据公式计算大小;会根据相对运动趋势判断静摩擦力的方向,并能根据二力平衡计算大小。

(二)科学思维

通过自己动手实验,培养分析问题、解决问题的思维。

(三)科学探究

通过探究影响滑动摩擦力大小因素的活动,培养实验、分析、概括的能力。

（四）科学态度与责任

在探究活动中,培养实事求是、尊重客观规律的科学态度。

二、合作探究

（一）学习任务一: 滑动摩擦力

1. 定义

两个相互接触的物体,当它们_____时,在_____上会产生一种_____
__的力,这种力叫作滑动摩擦力。

2. 产生条件

活动设计:将手放在桌面上,下压并往前推,体会滑动摩擦力的产生条件
①_____ ②_____ ③_____

3. 方向

【问题探究 1】在下列三种情境中,毛刷受到木板的滑动摩擦力作用在何处?
方向如何?
（1）木板静止,手按住毛刷并拉着水平向右运动;
（2）水平向右拉动毛刷的同时,木板和毛刷整体水平向左运动;
（3）按住毛刷不动,水平向右拉动木板。
结论:滑动摩擦力的方向_____

【思维点拨】滑动摩擦力是接触力,判断物体所受滑动摩擦力方向时应将关
注点锁定在相互接触的两个物体之间的相对运动方向,与物体的实际运动状态、
方向无关。

4. 大小

实验目的:
在接触面确定的情况下,探究滑动摩擦力的大小 F_f 与正压力 F 压之间的关系。
实验原理:
（1）比较图 4-3-1 中甲、乙两种方案,小组讨论交流如何测定滑动摩擦力?
更便于实际操作的是_____

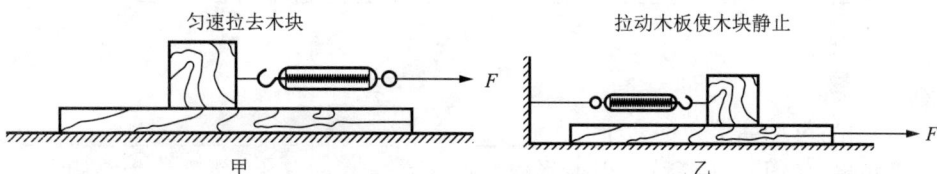

匀速拉去木块　　　　　　　　　　拉动木板使木块静止

甲　　　　　　　　　　　　　　乙

图 4-3-1

153

（2）在所选方案中，如何测定并改变正压力的大小？＿＿＿＿＿＿＿

实验步骤：

（1）明确实验所需仪器：木块（重力大小已标）、钩码（每个钩码 0.49 N）4个、弹簧测力计（估读到最小刻度的下一位）、木板或海绵纸。

（2）将木块放在木板或海绵纸上，与弹簧测力计相连，双手水平拉动木板使木块保持静止，等弹簧测力计稳定后读数，并将数据记录到表格 4-3-1 中。

（3）依次增加钩码，改变正压力的大小，重复步骤（2）。

（4）处理实验数据，在图 4-3-2 中画出 F_f-$F_{压}$ 图像。

表 4-3-1

实验次数		1	2	3	4	5
操 作		不加钩码	加1个钩码	加2个钩码	加3个钩码	加4个钩码
压力 $F_{压}$/N						
木 板	弹簧测力计示数/N					
	滑动摩擦力 F_f/N					
海绵纸	弹簧测力计示数/N					
	滑动摩擦力 F_f/N					

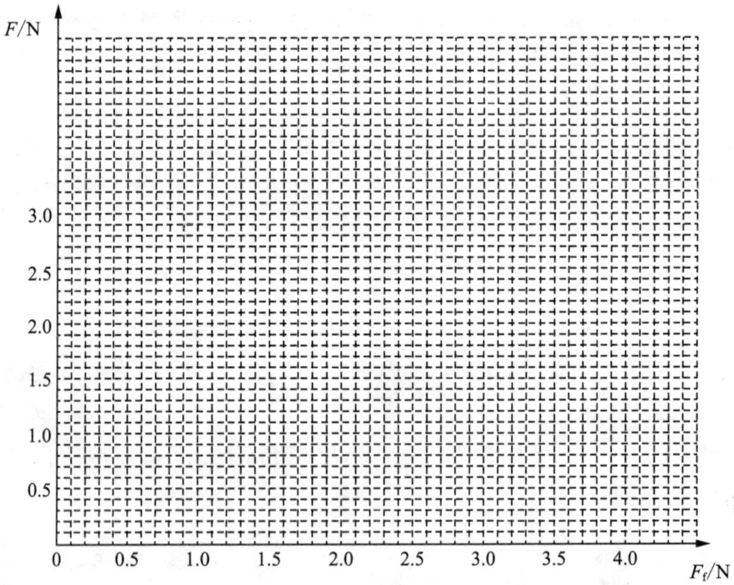

图 4-3-2

结论：滑动摩擦力的大小＿＿＿＿＿＿＿＿＿＿＿＿＿＿＿＿＿＿＿＿＿＿＿＿＿

拓展：如图 4-3-3 所示，用手将物块按压在竖直墙壁上，使物块始终顺着竖直墙壁向下滑动。物块受到墙壁的滑动摩擦力的方向向哪儿？大小如何？

【问题探究 2】在我国东北寒冷的冬季，雪橇是常见的运输工具。一个有钢制滑板的雪橇，连同车上木料的总重量为 $4.9×10^4$ N。在水平冰道上，马要在水平方向上用多大的力，才能够拉着雪橇水平向右匀速运动？（钢与冰的动摩擦因数是 0.02）

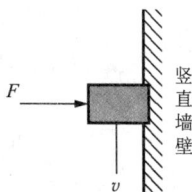

图 4-3-3

（二）学习任务二：静摩擦力

1. 定义

相互接触的两个物体之间只有＿＿＿＿＿＿＿＿＿＿＿＿，而没有相对运动，所以这时的摩擦力叫作静摩擦力。

2. 产生条件

活动设计：如何用气球提起一个纸杯？

①＿＿＿＿＿＿　②＿＿＿＿＿＿＿＿　③＿＿＿＿＿＿＿＿＿＿

3. 摩擦力方向

【问题探究 3】

（1）如图 4-3-4 所示，用手将物块按压在竖直墙壁上，使物块始终保持静止，物块是否受墙壁的静摩擦力？若有，方向向哪儿？大小如何？

（2）在水平向左拉力的作用下，静止在水平木板上的木块是否受木板的静摩擦力？若有，方向向哪儿？大小如何？

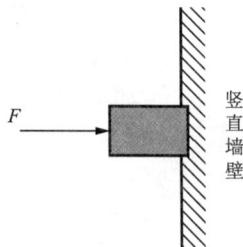

图 4-3-4

结论：静摩擦力的方向＿＿＿＿＿＿＿＿＿＿＿＿＿＿＿＿＿＿＿

【思维点拨】静摩擦力是接触力，判断物体所受静摩擦力方向时应将关注点锁定在相互接触的两个物体的相对运动趋势方向，与物体运动状态、方向无关。

4. 摩擦力大小

活动设计：一个木块放在水平木板上，用一根细绳跨过定滑轮与重物相连，木块保持静止，不断增加重物的重力，分析木块受木板的静摩擦力的大小如何变化？

结论：静摩擦力的大小＿＿＿＿＿＿＿＿＿＿＿＿＿＿＿＿＿＿＿＿

三、当堂巩固

1. 下列关于摩擦力的说法，正确的是（　　　）。

A. 受到静摩擦力的物体一定静止

B. 受到滑动摩擦力的物体一定运动

C. 滑动摩擦力的方向不一定与运动方向相反

D. 由 $\mu = \dfrac{F_f}{F_N}$ 可知,动摩擦因数与滑动摩擦力成正比,与压力成反比

2. 用力在地面上沿水平方向拉小车,通过力传感器在计算机屏幕上得到拉力随时间变化的 $F\text{-}t$ 图像,由图 4-3-5 可知( )。

A. 小车开始不受任何力的作用

B. 小车开始就受到滑动摩擦力的作用

C. 小车受到一个恒定的静摩擦力作用

D. 小车受到的滑动摩擦力要略小于最大静摩擦力

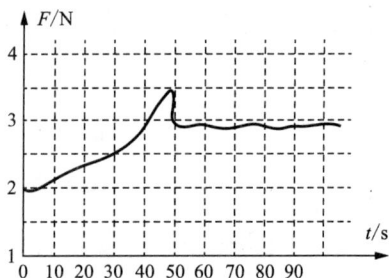

图 4-3-5

3. 重量为 100 N 的木箱放在水平地板上,至少要用 35 N 的水平推力,才能使它从原地开始运动。木箱从原地开始运动之后,用 30 N 的水平推力就可以使木箱继续做匀速直线运动。求:

(1) 木箱与地板间的最大静摩擦力是多少?

(2) 木箱所受到的滑动摩擦力是多少?

(3) 木箱与地板间的动摩擦因数是多少?

(4) 如果用 20N 的水平力推木箱,木箱所受到的摩擦力是多少?

"摩擦力"教学设计

一、教学任务分析

本节课选自人教版普通高中物理实验教科书必修一第三章第二节,学习本节既是对基本作用力的进一步认识,也为后面学习"力的合成与分解""牛顿运动定律"等奠定了基础,是高中物理的重要内容。教材在本节课中安排了滑动摩擦力和静摩擦力等内容。课程标准中要求学生通过实验认识摩擦力的规律。

本节内容是在初中摩擦力知识基础上的延伸和拓展,也是本章教学的重点和难点。本节课的重点是探究滑动摩擦力,要求会计算其大小和判断其方向,难点是静摩擦力,尤其是静摩擦力方向的判断"若有若无,方向不定",较难分析。教材将这节内容安排在重力和弹力之后,在学生具备一定的受力分析能力后能够更好地理解分析不同情形中的滑动摩擦力和静摩擦力。

同时这是一节科学探究课,教材从生活中的摩擦现象引入,以探究滑动摩擦力和静摩擦力与哪些因素有关为主线,安排了学生猜想、设计实验、实验探究、合作交流等教学过程,让学生经历探讨两种摩擦力与压力、接触面粗糙程度关系的

过程,很好地体现了新教材让学生在体验知识的形成、发展过程中,主动获取知识的精神。

二、学情分析

(一)知识与能力层面

学生在初中已经学习过摩擦力,知道摩擦力的概念及分类,了解影响摩擦力大小的因素,但是初中学习的摩擦力的概念(两个相互接触的物体,当它们做相对运动时,在接触面上产生一种阻碍相对运动的力,这种力就叫做摩擦力)只说明了滑动摩擦力,并没有对静摩擦力定义,需要进一步深入分析学习静摩擦力。

学生存在"受滑动摩擦力的物体一定运动""受到静摩擦力的物体一定静止""摩擦力一定是阻力"等错误概念,并且由于相对运动或相对运动趋势的不可观察,造成了学生在摩擦力方向的理解和判断上的障碍。

学生通过前面重力和弹力的学习已经初步具备了一定的观察能力和受力分析的能力,但仍需加强。

(二)素养层面

学生刚进入高中,他们的抽象思维能力素养开始加强,更加关注对生活中丰富的摩擦现象的分析和解释。思维定式影响:由于学生在这之前学习的重力等大多数都是恒力,学生习惯认为静摩擦力的大小也不会变化,受这种定势思维的影响,不易认识到静摩擦力的大小其实可变并存在一个范围。

三、教学目标

(一)物理观念

理解摩擦力的产生条件,会区分静摩擦力和滑动摩擦力;会根据相对运动判断滑动摩擦力的方向,并能根据公式计算大小;会根据相对运动趋势判断静摩擦力的方向,并能根据二力平衡计算大小;知道静摩擦力及最大静摩擦力的概念及区别。

(二)科学思维

通过分析摩擦现象,总结出摩擦力的产生条件;通过自己动手实验,培养学生分析问题、解决问题的思维。

(三)科学探究

通过对影响滑动摩擦力大小因素的探究活动,培养实验、分析、概括的能力;通过实例,理解最大静摩擦力。

（四）科学态度与责任

知道生产和生活中增大或者减小摩擦力的办法，培养将摩擦力知识应用于生产和生活的意识；在探究活动中，培养实事求是、尊重客观规律的科学态度。

四、教学重、难点

重点：探究滑动摩擦力，要求会计算其大小和判断其方向。

难点：实验的探究过程，引导学生自己设计实验方案，解决问题，总结规律。

五、教学方法

讲授法、实验法、讨论法相结合的实验探究模式。

六、教具、学具

木块、一端带有定滑轮的长木板、毛刷、两面不同材料的木板、弹簧测力计、钩码、气球、纸杯、细线、PPT 课件。

七、教学过程

教学过程如表 4-3-2 所示。

表 4-3-2　教学过程

教学过程	活动设计		设计意图
创设情境 引入新课	教师利用橡皮筋将一个小木块在斜面顶端弹出，请学生注意观察小木块的运动情况。提出问题： 1. 小木块为什么停止运动了？是谁对小木块施加的摩擦力？ 2. 当小木块静止在斜面上时，它还受到摩擦吗？		利用简单的器材呈现明显的现象，引出滑动摩擦和静摩擦力的存在，进而引出本节课题，激发学生的求知欲
合作探究 攻克重难	学习任务一： 滑动摩擦力	1. 定义 教师利用课件直接呈现滑动摩擦力的定义，让学生完成学案填空	由于初中学生已经简单学习过滑动摩擦力，因此直接给出滑动摩擦力的定义，让其从熟悉的内容开始本节课的深入学习更易于温故知新
		2. 产生条件 让学生将手放在桌面上，下压并往前推，亲自感受手受到桌面施加的滑动摩擦力，结合定义总结滑动摩擦力产生的条件	通过亲身体验，感受滑动摩擦力的存在，得出滑动摩擦力的产生条件，让学生充分参与到课堂活动中，能够激发学习的积极性

教学过程		活动设计	设计意图
合作探究 攻克重难	学习任务一： 滑动摩擦力	3.三要素 （1）方向和作用点 教师演示以下三种情形，让学生观察刷毛的弯曲方向，完成表格，并在此基础上归纳得出滑动摩擦力方向的特点。 演示一：木板静止，手按住毛刷并拉着水平向右运动。 演示二：水平向右拉动毛刷的同时，木板和毛刷整体水平向左运动。 演示三：按住毛刷不动，水平向右拉动木板。	通过刷毛的弯曲方向将看不见的摩擦力"可视化"，更能直观地呈现滑动摩擦力的方向，便于学生进行归纳总结。

	运动方向	滑动摩擦力方向	施力物体	毛刷相对木板运动方向
演示一				
演示二				
演示三				

（2）大小

教师引导学生回忆初中所学滑动摩擦力影响因素的定性结论，并在此基础上进一步提出问题：滑动摩擦力的大小与正压力、粗糙程度之间是否存在某种定量关系呢？引导学生明确实验目的，围绕"该定量测量谁？怎么测量"，设计定量实验、制定方案。

首先给出初中实验方案，分析如何定量测量滑动摩擦力。

然后指出该方案的不足，请学生讨论交流提出改进方案。

拉动木板使木块静止

通过三组演示实验的对比，引导学生认识到滑动摩擦力的方向与运动方向既可能相同、也可能相反、也可能非同非反，启迪学生思维，得出正确的结论。

在初中科学探究思路的基础上，以"问题-证据-解释-交流"为主线，由定性到定量，引导学生设计定量实验，培养学生实验设计能力，发展学生的核心素养

教学过程	活动设计		设计意图

<table>
<tr><td rowspan="2">合作探究
攻克重难</td><td rowspan="2">学习任务一：
滑动摩擦力</td><td colspan="2">明确实验方案后,教师指导学生进行分组实验,并将实验数据记录到学案中的表格中,进一步描点连线,找到滑动摩擦力的大小与正压力、粗糙程度之间的定量关系。</td><td rowspan="2">通过让学生全程体验物理知识和规律的生成过程,体验科学探索的艰辛。通过让学生自己动手实验,培养分析问题、解决问题的思维以及在探究活动中,培养实事求是、尊重客观规律的科学态度。

在学习了滑动摩擦力的方向和大小之后通过"问题探究和拓展",让学生独立思考、解决问题,加深对知识点的理解和应用</td></tr>
<tr><td colspan="2">

实验次数	不加钩码	加1个钩码	加2个钩码	加3个钩码
操作				
压力 F				
木板 弹簧测力计示数 N				
木板 滑动摩擦力 $F_木$				
海绵 弹簧测力计示数 N				
海绵 滑动摩擦力 $F_海$				

为了更好地呈现数据、分析数据,让一组学生将实验数据输入电脑,利用 Excel 软件拟合出"接触面确定时,滑动摩擦力的大小与正压力的定量关系",并且能够直观地比较不同接触面时数据图像的不同,进而得出实验结论。

【问题探究】在我国东北寒冷的冬季,雪橇是常见运输工具。一个有钢制滑板的雪橇,连同车上木料的总重量为 4.9×10^4 N。在水平冰道上,马要在水平方向用多大的力,才能够拉着雪橇水平向右匀速运动?(钢与冰的动摩擦因数是 0.02)</td></tr>
<tr><td>合作探究
攻克重难</td><td>学习任务二：
静摩擦力</td><td colspan="2">1.定义
教师给学生提供一个小气球和一个纸杯,引导学生想办法把气球放在纸杯内,利用静摩擦力将纸杯提起。</td><td></td></tr>
</table>

教学过程		活动设计	设计意图
合作探究 攻克重难	学习任务二： 静摩擦力	通过对纸杯的分析让学生了解"相对运动趋势"，进而得出静摩擦力的定义。 　　2. 产生条件 　　教师引导学生思考：气球对纸杯的静摩擦力是怎么产生的？得出静摩擦力的产生条件。 　　3. 三要素 　　【问题探究】 　　(1) 用手将物块按压在竖直墙壁上，使物块始终保持静止，物块是否受墙壁的静摩擦力？有的话，方向向哪儿？大小如何？ 　　(2) 在水平向左拉力的作用下，静止在水平木板上的木块是否受木板的静摩擦力？有的话，方向向哪儿？大小如何？ 　　教师演示并引导学生分析【问题探究】得出静摩擦力方向的特点。 　　教师演示并提出问题：一个木块放在水平木板上，用一根细绳跨过定滑轮与钩码相连，木块保持静止，不断增加钩码，分析木块受木板的静摩擦力的大小如何变化？ 　　进一步提出问题：最大静摩擦力的大小和滑动摩擦力是什么关系呢？ 　　教师先利用多媒体播放实验视频，让学生观察现象，然后让学生自己实验验证，得出结论	气球提杯子趣味小实验，第一时间抓住学生的注意力，激发学生的学习兴趣。 　　通过静摩擦力的"由有到无"分析，符合学生的思维特点，能够比较容易得出静摩擦力的产生条件。 　　通过演示实验，让学生定量地感受静摩擦力的大小变化，并自然认识到在压力一定时，静摩擦力的增大存在一个限度。 　　先通过视频展示，再自己动手验证，让学生亲自感受到"最大静摩擦力略大于滑动摩擦力"
当堂达标 强化素养		1. 下列关于摩擦力的说法，正确的是(　　　) 　　A. 受到静摩擦力的物体一定静止 　　B. 受到滑动摩擦力的物体一定运动 　　C. 滑动摩擦力的方向不一定与运动方向相反 　　D. 由 $\mu = \dfrac{F_f}{F_N}$ 可知，动摩擦因数与滑动摩擦力成正比，与压力成反比 　　2. 重量为 100 N 的木箱放在水平地板上，至少要用 35 N 的水平推力，才能使它从原地开始运动。木箱从原地开始运动之后，用 30 N 的水平推力就可以使木箱继续做匀速直线运动。求：	检查学生对所学知识的应用能力

续表

教学过程	活动设计	设计意图
当堂达标强化素养	（1）木箱与地板间的最大静摩擦力是多少？ （2）木箱所受到的滑动摩擦力是多少？ （3）木箱与地板间的动摩擦因数是多少？ （4）如果用 20 N 的水平力推木箱，木箱所受到的摩擦力是多少？	
课堂小结	让学生根据本节课的学习谈自己的收获，总结提升	
布置作业课后反思	1. 完成教材"练习与应用"的第 1、2、4 题。 2. 思考：在斜面上怎么求物体的正压力和所受静摩擦力的大小？ 3. 做生活的有心人：寻找生活中物体受滑动摩擦力和静摩擦力的实例并进行分析	利用课后习题对知识进行梳理的同时解答部分疑点、难点

核心素养下的教学模式比较

核心素养引领下的新教学模式主要体现在，由低阶位的内容要求标准走向高阶位的学业质量，从知识本位走向素养本位。强调真实情境下运用某类知识解决问题或完成任务；强调站在学生完整的学习过程与学习经历的视角下建构整体性、递进性的核心素养体系；强调超越割裂性的课时单位，丰富且深化教师对"物理课程育什么人"的认识；强调教学目标既要有一定的抽象性，抽象性体现素养指向和"目的地"形象，又可以对其进一步分解成课时目标以引领具体的教学。

教师根据上位的课程标准，结合对教材与学情的把握转化为下位的教学目标，把课程内容结构化，让学生学习经验的结构化，既包括学什么，也包括为什么学、怎么学、为谁学。指向核心素养培育的学习方式变革，强化学科实践，推进综合学习，让学生成为唯一的主体，真正体现目标是预期的"学习"结果的课程理念。

对于核心素养下的"摩擦力"同课异构课，第一个设计在素养落地的同时，注重了知识本位，第二个设计注重通过科学探究的方式，让核心素养落地。通过这节课的设计看到在评价核心素养课堂时，教师应基于整体性思维系统考量，关注学生完整的学习经历，从以往低阶位的内容为纲取向走向了高阶位的素养立意取向，培育学生核心素养的旨趣追求和教学实践，锚定学生核心素养的培育，强调学生学习方式的变革，保障目标可测可评。明确学生从所教的内容中学会了什么，在学习中经历了什么样的过程与方法，能及时评价本节课的收获。

第五章
立足新教材 落实物理课程标准
——中学物理高质量教学模式下教材使用

　　新教材是以社会主义核心价值观为统领,以普通高中课程标准为依据,以培养高中学生核心素养为宗旨,遵循学生身心发展规律,在继承和借鉴的基础上创新,聚焦学科核心素养而编写的,它是实施课堂教学的重要依据。只有充分认识、深刻理解、认真使用新教材,才能提高教学质量,所以实施高质量教学模式,就要充分挖掘新教材,比较与以往教材的异同,对照新课程标准寻找实施课堂教学的方法。

　　笔者从事高中物理教学三十年,经历的教学改革、高考改革、教材改革有十余次,但这一次的改革与以往的改革区别很大,可以说是教育教学上的革命。以往的改革基本上是形式与手段的变化,主要侧重物理知识考与不考的改革,或是分值在高考试卷上的变化;或是知识顺序在教材中的变化;或是在新教材中新增与删减部分内容;或是根据科技与生活的发展对一些知识的修正。基本上万变不离其宗,所以对物理教学几乎没有触动,在教法上"以不变应万变"是应对以往改革最好的办法。现在的高考改革,通过"中国高考评价体系"可以看出,与以往改革相比,几乎是颠覆性的。新教材是在此基础上应运而生的,所以新教材在教学模式的改革中起到的作用是不言而喻的。

　　在2020届、2021届学生做完高考题之后,感觉物理题出得很别扭。究其原因,学生学的是老教材,但应试的却是新高考,不仅仅学生感觉不适应,包括老师也都不太适应。因为师生还是根据老教材按图索骥,还在讲点、练点,"三讲三不讲",把教材内容讲的支离破碎,把需要培养的素养丢弃了。2022届学生则是完整使用新教材、参加新高考的第一届学生,对于刚经历过完整的一届新教材教学的我们,感觉对新高考与新教材是完美匹配的。在平时的课堂教学中我们有这么一种共识,新教材就是最好的教案,新教材几乎把所有的教学环节都设计好了,从课堂引入到知识探究推导,甚至语言过渡、注意事项、需要补充的说明、表达的观点、形成的科学的态度与责任,都表明得非常到位。仔细研究新教材,你会发现每一句话的字里行间都表达了新课程标准所要表达的思想。

新教材的教育理念在《普通高中物理课程标准》中有详细说明,它聚焦学科核心素养,提升教书育人价值,全力做到立德树人。学科核心素养是学科育人价值的集中体现,是学生通过学科学习而逐步形成的正确价值观念、必备品格和关键能力。教材根据具体的课例及教材内容前后的处理,充分说明现在课本对学科素养是如何培养的。作为物理老师要对教材挖掘到位、理解到位、用物理的视角看待对人的培养,为高质量教学模式的实施打下坚实的基础,使物理学科的育人理念得到全面落实。

教材是传播知识的文献、是学生阅读的文本、是教与学的载体,虽然教材的内容是既定的、现成的,但教材所选编的内容一定是最通识、最基础和最经典的。由于教材包含了最基本的物理思想和物理方法,通过对教材的阅读与分析,引导学生从"题海"中解放出来,重视教材的最基本内容,掌握最基础的物理知识,学会最基本的物理方法和形成最基本的能力,是实施素质教育的要求,也是提高教学质量的最有效方法和途径。在新授课的课堂教学中,要重视对教材的讲解。研究教材就要从研究每一节课的教学内容开始,挖掘并理解每个教学内容在育人中的价值与作用。课堂教学要注重和强调选取人类在劳动生产实践中,那些优秀的、经典的、已取得成功的案例或素材,让学生模拟、经历类似科学家的认知过程,通过心路历程,感悟道理,内化品质,提升能力;让学生学会应用,最后能迁移到别的领域,解决新问题,形成必备的品质和创新能力。

在物理教学中务必加强物理教材的使用,提高课堂效率,提高育人质量。但还有部分老师理解、钻研教材不深入,不能正确使用新教材,对教材的编排意图、重难点和知识联系把握不准确。有的教师抓不准教材的"结合点",不能很好结合教材引进课程资源,拓展学生的知识面,教学信息量偏少。有的教师缺乏创造性使用教材的能力,没有对教材进行二度开发,课程资源观不够正确、全面,局限于文本材料,有价值的阅读材料和学生的方法、经验、知识未能进入教师的视野。有的教师应试思想依然主导着课堂教学,教学时把关注点和"力气"放在知识的传授,灌输式课堂成为部分教师夯实"双基"的主要手段,用贴标签式的讲授来替代学生的情感体验,孤立、机械地进行科学态度与责任的教育,忽视过程,没有体现学生的学习探究过程与探究方法。有的教师被教辅材料所左右,现在教辅材料大多数还没有跟上新教材的变化,几乎沿袭了原有的知识体系、例证及课程标准要求,对应原有的高考没有问题,而对应现在的高考育人模式应该是教育教学上的一个误区。所以,强化新教材的研究势在必行,这也是落实课程标准、实施高质量教学模式的基础。

在教学实践中,教师在明白教材编写者意图的前提下,围绕教材内容,帮助学生对包括文字、图像、表格、插图、旁批等内容进行深度解读。教师要根据具体的教学实际充分挖掘教材内容,创造性地开发出适合自己学生学习的内容,对教材进行二次开发。在课堂教学中,教师要重视课程标准和教材中的典型问题情境。教材是高考命题素材主要来源之一,高考评价体系中对高考的功能明确指出导向教学,所以教材在这一点也体现得淋漓尽致。在教学中,教师要围绕教材的核心内容,进一步发挥教材的作用,注重主干知识的基本特点和研究的方法,重视教材中核心内容的思想方法。

第一节 利用科学探究培养物理学科素养

物理观念、科学探究、科学思维和科学态度与责任是物理科学教育中的不同方面,科学探究是指学生要学习和掌握的一种探究能力,它是学习物理观念、发展科学思维、形成科学态度与责任的手段和途径。新教材加大了科学探究内容,从不同的角度渗透科学探究思想,加强了科学探究手段的多样性,注重了科学探究的育人功能。

在使用新教材时,要从探究的角度来学习物理,无论是实验内容的学习,还是非实验内容的学习,要使学习者积极地参与到学习中来,带着问题通过不同方式的学习,最终解决问题。通过多次探究式的学习,学生掌握科学探究的大致方法,也就是"问题—猜想—求证—解决问题"的科学方法。在使用新教材时,要培养学生基于观察和实验提出物理问题、形成猜想和假设、设计实验与制订方案、获取和处理信息、基于证据得出结论并作出解释,以及对科学探究过程和结果进行交流、评估、反思的能力。

一、课堂问题导入——凸显必备知识、关键能力起源于科学探究

教材的每一节课都设置问题情境。以必修二第六章圆周运动为例,第一节圆周运动,问题设置为自行车大齿轮、小齿轮及后轮转动的快慢;第二节向心力,问题设置为游乐场的空中飞椅,体会受力情况;第三节向心加速度,问题设置为"天宫二号"在轨飞行的加速度的大小和方向;第四节生活中的圆周运动,问题设置为火车拐弯处轨道的设计。以上问题有的易于观察,有的可以亲身体验,有的有利于科学态度和责任观的形成,使学生基于观察引发思考,从而培养学生的问题意识。完全符合物理学科的特点,即从现象到本质、从本质到应用的规律,有

效培养学生发现问题、探究问题、解决问题的能力。

再如必修一第三章第一节重力与弹力。如图 5-1-1 所示,通过问题明确重力的教学重点,应该在复习初中知识的基础上侧重讲授关于重心的知识。通过问题知道要全面了解一个力,就应该知道受力的对象是谁,施力物体是谁,产生原因是什么,如何进行测量,力的三要素大小、方向、作用点又如何,力作用的效果是什么,产生的条件是什么,通过层层设问,然后让学生逐层探究。在新教材问题的设置上,充分体现了探究的精神,有助于教师课堂的导入,避免教师对内容进行直接讲解。

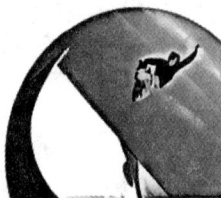

图 5-1-1

二、通过实验探究——培养学生的科学思维、增强其创新意识

实验探究是科学探究活动中的一种方法。物理作为一门以实验为基础的学科,其规律几乎都是建立在实验基础上的。实验探究能力就是在新情境中,要求学生运用提供的信息和已具备的知识、能力、素养分析解决新的问题能力,所以实验探究的能力充分体现了物理学科核心素养的能力要求。实验探究的过程有利于物理核心素养的形成,所以在使用新教材时,要重视学生的实验探究过程,培养物理学科素养。

物理课程标准对实验的考查要求作出了明确说明。在高中物理课堂中,应注重科学探究,尤其应注重物理实验,这在培养学生的探究能力和科学态度等方面具有重要地位。在物理实验中,应发掘实验在培养学生发现和提出问题能力方面的潜在价值。教师可在一些物理实验中创设情境,让学生在观察和体验后有所发现、有所联想,萌发出科学问题;还可在实验中创设一些任务,让学生在完成任务中运用科学思维,自己提炼出应探究的科学问题。

新教材在实验探究上针对实验的关键提出需要注意的问题,提供实验思路和物理的测量、实验方案的多种参考案例,并在课后练习与应用中再次提出其他设想,目的就是让实验具有开放性,通过开放性实验设计,培养学生的实验设计能力。教师通过不同实验方法进行探究验证的同时,让学生对不同实验进行合理的评判,选择出适当的实验方法,从而培养学生的分析与论证的能力。教材同时进一步要求学生设计新的实验,从而培养学生实验探究的能力,凸显了学生创新能力的培养。

(一)新教材中单独成节的实验探究

必做实验有 21 个:其中必修实验 12 个,包含 7 个力学实验、5 个电学实验;选修实验 9 个,包含 2 个力学实验、2 个光学实验、3 个电学实验、2 个热学实验。具体实验名称如下。

必修一

(1)测量做直线运动物体的瞬时速度

(2)探究弹簧弹力与形变量的关系

(3)探究两个互成角度的力的合成规律

(4)探究加速度与物体受力、物体质量的关系

必修二

(5)验证机械能守恒定律

(6)研究平抛运动的特点

(7)探究向心力大小与半径、角速度、质量的关系

必修三

(8)观察电容器的充、放电现象

(9)长度的测量及测量工具的选用

(10)测量金属丝的电阻率

(11)用多用电表测量电学中的物理量

(12)测量电源电动势和内阻

选择性必修一

(1)验证动量守恒定律

(2)用单摆测量重力加速度的大小

(3)测量玻璃的折射率

(4)用双缝干涉实验测量光的波长

选择性必修二

(5)探究影响感应电流方向的因素

(6)探究变压器原、副线圈电压与匝数的关系

(7)利用传感器制作简单的自动控制装置

选择性必修三

(8)用油膜法估测油酸分子的大小

(9)探究等温情况下一定质量气体的压强与体积的关系

例如,在"探究加速度与力、质量的关系"中,首先提供实验思路,即控制变量法,寻找加速度和力的关系、加速度与质量的关系。然后进行物理量的测量、质量的测量、加速度的测量、力的测量。提供案例1"用阻力补偿法探究加速度与力、质量的关系"。该案例延续了原教材的案例,但更具体准确,旧教材提到平衡摩擦力,而在此处为阻力补偿,也包含了空气阻力、纸带与带点计时器的阻力等,更准确全面;提供参考案例2"通过位移之比测量加速度之比",主要是方法的引导。通过以上两个实验,可以进一步激发学生拓展思维,继续进行实验设计;也可以在物理实验中创设情境,学生在观察和体验后有所发现、有所联想,萌发出科学问题;还可在实验中创设一些任务,另辟蹊径,获得实验效果。进行实验部分强调如何进行数据汇总,数据分析部分重点介绍"化曲为直"的思想。在课本的课后题中主要强化了数据的处理,这也是本节课的核心。学生在完成实验过程中一定要运用科学思维,并能够提炼出应探究的科学问题,这也是物理课程标准对实验的考查要求,即培养学生的探究能力和科学态度等。

又如对平抛运动的学习,原有教材只是对平抛运动的理论分析,重在应用,忽视探究过程。新教材为"探究平抛运动的特点",提供实验思路,重在矢量分解思想的渗透介绍,然后进行实验,提供方案一"频闪照相技术",方案二"运动轨迹描绘",提供参考案例1和案例2,在拓展学习中又介绍了"用传感器和计算机描绘物体做平抛运动的轨迹",在联系应用中第1题又介绍了探究平抛运动的方法,目的性明确,就是改变对物理概念与规律的认知形式,形成科学思维方式,增强了创新性和探究性。

(二)高考对实验考查特点促使我们用好新教材

通过近几年高考真题来看,高考对实验的考查特点有以下方面。

立足教材,重在考查基础。以掌握实验原理,培养实验技能为出发点,以实验和相关知识的联系、加强创新意识的培养为落脚点,考查形式越来越创新,考查角度越来越灵活;强化分析、强化实验数据的处理和实验步骤的分析,突出了列表法、图像法、平均值法和逐差法等数据处理的方法,强化了产生误差的原因的分析。

强调创新,强调知识的迁移和应用,增加了设计性实验和开放性实验。高考物理试题情境化特征越来越明显,有的情境来源于生活、生产实践,重在考查考生运用所学知识解释生活中的现象、解决生产实践中的问题的能力;有的情境来源于真实的研究过程或实际的探索过程,只有启动已有知识、运用创新的思维方式开展智力活动才能解决此类问题。

高考的变革,促使我们立足新教材,大力推进高质量物理实验课堂模式改革,从而提升学生的实验探究能力,提升物理课堂质量。

三、加大课内探究——改变对物理观念的认知方式

新教材加大了课内实验探究,使学生对物理观念得到深度理解。物理观念是物理学科的基础。只有通过学习物理观念,掌握物理知识,形成正确的科学观念,才能培养学生的科学思维,才能使学生更加睿智、富有经验、具有创新精神。通过对物理观念深刻理解,培养物理思维的深度,才能真正解决以后遇到的实际问题。物理学科的核心素养中科学探究是手段,同时也是学生应掌握的方法,新教材中加强了课内的实验探究,通过这种方式去学习物理观念,培养科学思维,形成科学态度与责任。在新教材中课内实验探究共有以下 16 处。

练习使用打点计时器

测量纸带的平均速度和瞬时速度

研究自由落体运动的规律

探究弹簧弹力与形变量的关系

用弹簧测力计探究作用力和反作用力的关系

探究互成角度的力的合成规律

探究向心力的表达式

研究导体电阻与长度、横截面积及材料的定量关系

探究感应电流产生的条件

探究单摆周期与摆长之间的关系

测量玻璃的折射率

探究影响感应电流方向的因素

探究变压器原、副线圈电压与匝数的关系

观察光敏电阻的特性

观察热敏电阻的特性

探究气体等温变化的规律

例如,必修一第三章第四节"力的合成和分解",这节课就是通过学生在课堂内的实验探究,引导学生对力的合成进行探究,从同一点作出 F_1、F_2 和 F 三个矢量,启发学生观察这三个矢量,猜想这三个矢量可能会组成一个怎样的几何图形。学生在合作探究中,探究力的合成规律,形成物理观念,总结矢量运算的法则。经历科学探究过程,有助于培养学生科学探究的精神,形成科学的思维方式。

四、加大演示实验——形成对客观世界的认识

新教材加大了演示实验,不仅是数量多,而且贴近实际,为学生对客观世界

的认识提供了有力的支撑。为让物理观念更加具象化,教材加大了演示实验的分量,强化了学生从物理的视角解释自然现象和解决实际问题的能力,感知知识的来源,强化学生对知识与观点的认知,加强科学推理、论证等科学思维的培养。物理观念包含从物理学的角度对客观世界的基本认识。高中阶段,物理观念包含从物理学视角形成的关于物质、运动与相互作用、动量、能量等的基本认识,同时形成构模建模能力,形成等效思想、放缩思想、极限思想、控制变量法、整体隔离法、类比法等科学思维方法。

新教材课内演示实验探究共 39 处,有一部分实验为原有的学生实验改编而来,而另一部分是在旧教材的基础上添加了大量演示实验,目的就是为了强化科学探究性,形成物理观念、科学思维,培养学生的科学态度与责任。具体实验如下:

轻重不同的物体下落快慢的研究(牛顿管)

通过平面镜观察桌面的微小形变

静摩擦力的大小随拉力的变化

观察做曲线运动物体的速度方向

观察钢球的运动轨迹

观察蜡块的运动

模拟电场线

静电屏蔽

观察电容器的充放电现象

电容器两极板电势差所带电荷量的关系

电阻率与温度的关系

观察常见磁场的分布

探究影响通电导线受力的因素

质量不同的小球的碰撞

观察两个小球的振动情况

影响单摆周期的因素

观察绳波的产生和传播

观察弹簧形成的波

水波的反射

水波的衍射

观察波的叠加现象

观察水波的干涉

蜂鸣器音调的变化

观察全反射现象

观察光在弯曲的有机玻璃中传播的路径

光的双缝干涉

观察光的偏振现象

观察电子束在磁场中偏转

观察带电粒子的运动径迹

观察铝框的运动

自感观察两个灯泡的发光情况

自感观察开关断开时灯泡的亮度

观察交变电流的方向

观察振荡电路中电压的波形

用显微镜观察碳粒的运动

模拟气体压强产生的机理

观察玻璃和云母片上的石蜡熔化区域的形状

观察肥皂膜和棉线的变化

观察毛细现象

五、通过课题研究——培养学生的科学探究兴趣和创新精神

创新是一个民族的灵魂,党的二十大报告中"科技""创新"成高频热词,并提及"建设世界一流企业""建设中国特色、世界一流的大学和优势学科"等。重点强调了推动战略性新兴产业融合集群发展,构建新一代信息技术、人工智能、生物技术、新能源、新材料、高端装备、绿色环保等一批新的增长引擎。在党的十九届五中全会公报中,也有 15 次提及创新,强调"坚持创新发展,必须把创新摆在国家发展全局的核心位置""让创新贯穿党和国家一切工作"。

新教材在对学生创新能力的培养上不遗余力,不仅体现在正课内容中,而且在教材每册书的最后都分别增加了"课题研究"栏目。栏目中给出一个具体的探究案例,然后给出供选择的探究课题。这些案例与课题都与学生生活紧密相关。

例如,研究课题样例分别为:"球形物体所受空气阻力大小与速率关系的研究""关于甩手动作的物理原理研究""充电宝不同电量时电动势和内阻的研究""橡皮筋的伸长和拉力大小的关系""标枪投掷动作的物理原理研究""手机耗电因素的研究""单摆周期与重力加速度定量关系的实验研究""弹簧振子运动周期的研究""燃气灶火力对烧水效率的影响"。

课题研究将学生的探究活动拓展到课外,培养了学生将探究的思想应用于日常生活的意识。课题设置都是开放性问题,加强了学生科学探究的设计与质疑创新思维能力。课题研究的增加,凸显了核心素养理念在物理教材的落实,也将人才的培养拉回到全面发展上来。

再如,在学习牛顿第二定律时,在理解"可以通过力的测量求解加速度"原理

的基础上,让学生用弹簧和小球设计一个能测量并显示竖直方向加速度的传感器,并进一步要求学生设计一个水平方向的加速度传感器;随后在必修第二册的"课题研究"中,课本就编写了一个"用手机测量甩手时手腕的向心加速度"课题研究范例。这样,学生在理解物理原理的基础上,应用所学知识循序渐进地完成一系列创造性活动,增强了创新意识,提升了创造能力。必修一第三章第一节的课后题第七题,就是从一个自动冲水装置的设计入手,让学生明确知识的来源与归处。

第二节　循序渐进:系统性、多维度整体构建学科素养

物理新教材充分展现了立德树人是教育的根本任务,明确学科定位是全面发展学生核心素养,确保内容的系统性、科学性、可接受性。新教材在学科素养的构建是连贯的、整体的、循序渐进的。新教材充分体现了物理学科的特点,充分体现了物理学科对学生智力与能力的培养。新教材是围绕学生适应终身发展和社会发展所需要的必备品格和关键能力来选取内容的,与学生的认知水平、思维发展水平相吻合;新教材是科学严谨的、易于教师方便操作与使用的;新教材有利于学生学习使用,有利于学生利用已学知识解决实际问题;新教材合理确定内容的广度和深度,避免过多过难。内容选取和活动设计等完全符合学生的身心特征,体现学生核心素养发展水平的层次性和成长性。新教材的知识、能力、素养结构体系具有逻辑连贯性,深度、难度具有渐进性,内容具有准确性,表述具有规范性。

一、物理观念的连贯性

物理观念包含"运动与相互作用"观念、运动的"时空观"、相互作用的"守恒观"(质量守恒、电荷守恒、动量守恒、能量守恒等)、宏观世界与微观世界的"因果观"等内容。新教材在物理观念的培养上,采取了不断渗透与融入的方式。

例如,关于物质观,必修一在讲到质点时,介绍了客观世界的物质性,在讲自由落体运动时再次提到世界是物质的,在学习必修三电场时,提到电场的物质属性,同样对磁场也是提到物质属性,让学生对物质观有了具体的形象,只要是客观存在的就是物质的,不在于看见看不见,摸着摸不着。

又如,关于守恒观,在必修二"功和功率"一节就追寻守恒量,谈到能量的守

恒,然后到必修三又讲到电荷守恒定律,在选择性必修一涉及追寻守恒量寻找碰撞中的不变量,从而引出动量守恒,守恒观是不断渗透与深化的,逐渐让学生认识这个世界有很多物理量是守恒的。

二、科学思维的多层次渗透

新教材多次对科学方法进行介绍,包括"理想模型""控制变量""演绎推理""用物理量之比定义新物理量""抽象与概括""归纳与推理"等科学方法。旁批、科学漫步、思考讨论等环节也多次对科学方法介绍与说明。

例如,理想化模型在质点中有介绍,含义是突出问题的主要因素,忽略次要因素,建立理想化的物理模型,并将其作为研究对象,是经常采用的一种科学研究方法。在此后,伽利略的斜面实验、点电荷、试探电荷、点光源、轻绳、轻杆、轻弹簧、光滑斜面、光滑水平面、光滑杆、光滑圆弧、理想电表、理想变压器、理想气体、单摆、弹簧振子、电场线、磁场线、光线、等势面、匀强电场、匀强磁场、其他各种常见电场与磁场、平行玻璃砖、薄透镜等,都是理想化模型。通过层层渗透理想化模型,培养学生科学的思维模式,让学生形成解决实际问题时抓主要矛盾、忽略次要矛盾的思路与办法。

三、科学思维多层次渗透

科学思维是从物理学视角对客观事物的本质属性、内在规律及相互关系的认识方式;是基于经验事实建构物理模型的抽象概括过程;是分析综合、推理论证等方法在科学领域的具体运用;是基于事实证据和科学推理对不同观点和结论提出疑问、批判、检验和修正,进而提出创造性见解的能力与品格。

课程标准对科学思维的培养提出要求,"体会科学思维中的抽象方法和物理问题研究中的极限方法"。其中抽象方法属于思维方法,而极限方法则为学科方法。物理学中极限的方法就包含抽象、分析、综合的思维方法。

新教材对极限方法进行了多层次、系统性地渗透讲解。在讲平均速度和瞬时速度时利用了极限微分的方法;在测速度时用平均速度代表瞬时速度,继而用 v-t 图像、利用积分的方法推出匀变速运动位移公式;然后通过习题进行巩固,在自由落体运动一节中设计从一张照片估算照相机的曝光时间习题;在推导向心加速度公式时进一步应用极限微分的方法,在探究变力做功时又进一步强化积分的方法。极限方法在物理教学中多次出现,这是学生必须掌握的方法。

在新教材中关于等效思想的思维的渗透也是层层提升。力的合成与分解中合力与分力效果等效形成矢量运算法则,自这部分开始,新教材开始层层渗透矢量运算法则中的等效思想。在运动的合成与分解、电场强度、磁感应强度的合成与分解、波的叠加原理中渗透。在实验探究时等效思想也多次出现,验证动量守恒时用水平位移代替水平速度,描绘电场中的等势线时用电流场模拟替代电场、等效替代法测电阻、半偏法测内阻、验证牛顿运动定律中用沙和沙桶重力代替拉力等(近似法)、测多匝线圈求直径、测 50 次全振动求周期等、油膜法测分子直径,实验所用间接测量、微小放大、平均值法等,这些都是等效思想。在解决实际问题时,等效电源、等效电路、有效值、重心、等效重力场、等效重力加速度、等效摆长,平抛、类平抛、化变力功为恒力功、化曲线导体切割为直线导体、化曲线图像为直线图像……这些都是对等效思想的层层渗透。

在新教材中,关于控制变量法思想渗透也是层层推进的。在验证牛顿第二定律时就提出控制变量法,探究做功与物体动能的关系、探究向心力的大小、探究影响点电荷之间相互作用的因素、验证欧姆定律、验证电阻定律、影响平行板电容器电容的因素、推导气态方程、双缝干涉实验等,渗透了控制变量法思想。要让学生明白涉及多个物理量的问题,采取控制变量法是解决问题的最好方法,从而让学生形成科学的思维,解决生活实际中涉及多个自变量的问题。

四、多层强化理论联系实际 体现物理学科特点 提高学生的实践能力

(一)问题引入联系实际

知识来自生活,然后又分析、归纳、总结、升华为理论,再用生成的理论解决实际的问题。真正学好物理必须理论联系实际,只有这样才能培养学生的实践能力,这也是最为有效的途径。只有让学生感到物理是来源于生活的,只有将学到的物理知识应用到实际生活中去,才能发挥学习物理的作用。所以新教材很好地将学生已有的生活经验同物理问题进行了紧密结合,能够使教师不再干巴巴地讲知识,让知识活了起来,对学生建构起科学的概念,掌握物理规律大有裨益。同时也提升了学生的创新能力、创新思维,要求学生时时刻刻有一双发现的眼睛——发现事物的本质,探寻事物发生发展的规律,解决实际的问题;也能让学生学以致用,提升其将来为国家及社会做贡献的能力。

通过问题创设情景是引导学生展开学习、探究的很好的做法,而问题是否联系实际,能否引发学生的思考则是学习能否有意义进行的关键所在。为此新教材每一节开始尽可能提一些学生实际中能遇到的、能引发学生饶有兴趣,深入思考的问题。通过问题的设置,可以深透理解物理知识,递推掌握解决问题的基本方法;从而提高普遍适用的思维能力。这就要求我们,在教学过程中不要为解决问题而解决问题,更多的是要透过现象看本质。

(二)突出 STSE 的思想

课后阅读突出 STSE 的思想。除正文尽可能注意物理知识与生活、技术、社

会的联系外，还特意设置了 STSE 栏目，运用大量篇幅介绍科学技术与社会之间相互关联的问题。如在必修一的 STSE 栏目"从伽利略的一生看科学与社会"中，既分析了伽利略在数学、物理学、天文学等方面所做出的卓越成就，以及他对科学发展及社会进步的伟大意义，也分析了当时他所处的那个历史时代对他正反两方面的影响。在物理必修第三册 STSE 栏目"法拉第与电气时代"中，既介绍了法拉第如何克服困难、刻苦钻研的科学精神，也赞扬了他的谦虚、朴实、献身科学的优秀品质。

（三）概念、规律的应用要联系实际

概念、规律是在大量观察生活中的现象、进行严谨的实验基础上，运用逻辑思维的方法，对一类事物本质的共同特征加以分析、归纳、演绎、推理、概括而形成的。通过概念的形成、模型的建立、规律的得出、知识的应用等活动，人们可以逐渐形成分析综合、概括、抽象、推理、想象等的思维能力。新教材在概念、规律的形成上，大量引入了生活、科技等实际的问题，并且尽可能以学生已有的社会生活经验为基础，以唤起学生已有知识与将要学习的知识间的联系，激发学生的学习兴趣，增强他们对科学的亲切感。

在高中阶段，物理学研究的物质运动是最一般的规律。关于物质的基本结构及物体与物体之间的相互作用，基本概念是他们的基石，基本规律则是他们的主干，基本方法则是他们的指南，这些构成了严密的科学体系。对这一切的构建，新教材都遵循了生活科技自然现象，通过实验探究或归纳演绎上升为概念或物理量，最后形成应用的逻辑体系。例如，在"共点力的平衡"一节中所举的例子是幼儿园滑梯设计的实际问题。

（四）练习、习题中大量题目涉及联系实际

新教材在习题设置上加大了联系实际为载体的知识运用，通过习题训练再次加深理论联系实际的重要性，进一步强化学生的实践探究能力。如"神舟五号"载人飞船返回舱最后阶段加速度问题、火车减速的问题、"嫦娥三号"登月探测器落月末速度问题、空调架受力问题等，类似这样的问题在教材的习题中屡次出现，与高考"无情景不命题"的原则相一致。

五、多角度、多层次渗透科学态度和责任

在日常中，人们一谈学习的好坏，就要谈成绩。其实学校的功能是育人，即学校的首要任务是立德树人，在实际教学过程中，德智体美劳应得到全面体现，而新教材在设计上体现了这一点。2017 年版《普通高中物理课程标准》中的"科学态度与责任"，是在 2003 年版的"情感、态度与价值观"基础又增加了"科学本

质"的内容,使得立德树人更全面化、更具象化。在进行物理教学过程中,除了像以往一样要使学生通过物理学习,养成科学的态度,形成科学的价值观,还要让学生养成积极探索事物本质的精神,知道这个自然界是可以被认知的,但还有很多未被认知的规律需要去发现,所以科学认识是发展变化的、科学不能为所有问题提供完整答案。

(一)突出 STSE 的思想 体现科学态度与责任

科学技术问题都是直接或间接与社会相联系的,强调科学技术的社会意义是当前科学教育的一个重点。这种科学、技术、社会相互联系的观点,既可以使学生了解到科学、技术对社会的积极作用,还可以使学生了解到若不能很好地利用科学、技术,将会对社会产生不利影响;同时也可以了解科学、技术、社会是如何相互促进和发展的,有利于培养学生用联系、发展的观点看待问题。只有用科学、技术、社会相联系的观点看待问题,才能培养出用辩证、发展的眼光对待世界的人。

在物理必修第三册第十二章第四节"能源与可持续发展"中提到,"能源短缺和环境恶化已经成为关系人类社会能否持续发展的大问题。人类的生存与发展需要能源,能源的开发与使用又会对环境造成影响。可持续发展的核心是追求发展与资源、环境的平衡。"

除正文尽可能注意物理知识与生活、技术、社会的联系,还特意设置了 STSE 栏目,STSE 在教材中总共有 14 处,分别是"全球导航卫星系统""交通工具与社会的发展""从伽利略的一生看科学与社会""航天事业改变着人类生活""电动汽车中的电池""汽车和能源""指南针和郑和下西洋""法拉第与电气化时代""汽车碰撞试验""主动降噪技术""输电技术的发展""寻找地外文明""机器人""量子力学的创立和索尔维会议"。

课后阅读、练习设计也凸显 STSE 的思想。

例如,某地有一风力发电机,它的叶片转动时可形成半径为 20 m 的圆面。某时间内该地区的风速是 6.0 m/s,风向恰好跟叶片转动的圆面垂直,已知空气的密度为 1.2 kg/m^3,假如这个风力发电机能将此圆内 10% 的空气动能转化为电能。① 求单位时间内冲击风力发电机叶片圆面的气流的体积。② 求单位时间内冲击风力发电机叶片圆面的气流的动能。③ 求此风力发电机发电的功率。

又如,某海湾水面面积约为 1.0×10^6 m^2,现利用这个海湾修建一座水坝。若涨潮后关上水坝的闸门,可使水位保持在 20 m 不变。退潮时,坝外水位降至 18 m。假如利用此水坝建水力发电站,且重力势能转化为电能的效率是 50%。试估算该电站一次退潮能发多少电能?

（二）关注社会发展 反映我国科技进步 体现科学态度与责任

由于中学物理的性质所限,学生学习的内容大部分都是比较经典的,在内容选择上,新教材在选取经典的内容时多用当代人生活的实例,同时尽可能反映新科学、技术的发展,使教科书有时代气息。例如,在相关内容处介绍了"相对论""量子论"的初步知识;在"科学漫步恒星的演化"中提到了黑洞及引力波等问题。

我国科技的发展有着悠久的历史,古代和现代科技的发展为全人类科学文化发展做出了贡献,以往这方面教科书反映得不够,新教材在此做了强化。例如,在能源部分介绍了我国太阳能发电、核能"华龙一号"等;在"科学漫步全球导航卫星系统"中介绍了我国的"北斗"导航;在必修三"科学漫步聆听宇宙"中介绍了我国射电望远镜"天眼"的研究与工作情况,同时配有科学家南仁东的照片;绪言介绍了我国三位科学家。另外,在教科书其他部分还有钱学森、赵忠贤、吴健雄、钱三强夫妇等科学家的介绍。教科书中有意识地反映我国科技成果和我国科学家的事迹,既可以使学生真切地感受到科技的发展就在身边,也会增强其民族自豪感,有利于学生树立献身祖国科学事业的理想。

（三）通过科学漫步栏目增强学生的科学态度与责任

教材专门开辟了科学漫步栏目,选文多达 33 篇,既注重培养学生的情感价值观,又注重培养学生的科学品质。比如,在《宇宙航行》一课中增加了航天新成就,进行科学态度与责任教育。教材提供科学漫步材料,具体为"变化率""伽利略对自由落体运动的研究""流体的阻力""用动力学方法测质量""人类对行星运动规律的认识""牛顿的科学生涯""黑洞""宇宙的起源与演化、恒星的演化""雷火炼殿""范德拉夫静电加速器""安培分子电流假说""聆听宇宙,中国天眼FAST 南仁东""历史上关于运动量度的争论""三级火箭""乐音与音阶""从日晷到原子钟""振动控制技术""光的本性""泊松亮斑、X 射线衍射与双螺旋""立体电影和偏振光""电学中的牛顿——安培""正电子的发现""无线充电技术""麦克斯韦电磁场理论的建立""形形色色的温度计""石墨烯实验研究背后的故事""液晶显示""探索热的本质""普朗克""光谱分析""天然放射现象的发现""碳 14 测年技术""华人科学家在粒子物理学领域的杰出贡献"。

第三节 基于提升核心素养 全面设计练习题

学生练习或作业是学科教学的重要组成部分,是课堂教与学的延伸。学生练习或作业的功能主要是帮助学生回顾学习过程并应用已有的知识来解决问题，表现为两个方面，一是知识的功固练习，二是知识的应用与实践。练习或作业既有巩固知识的功能，也有进一步学习的功能。认真完成教材上的练习和习题，不是单纯为了做题而做题，即不是为了完成答案，而是借这些题学会思考和分析问题的方法——过程分析、现象解释、找原因、求结果。

新教材以概念、规律的学习为载体，打好基础，注重核心素养的培养。内容的设计上体现了一些弹性，设置"拓展学习"栏。章后设置 A、B 两组习题：A 组习题对应《课程标准》中必修内容的要求；B 组与《课程标准》中必修内容相比略有超出，供学有余力的学生选做。随着学习的深入，在不同的学习阶段，我们要给学生布置不同能力层次的作业，来让学生加深对所学物理概念及规律的理解。教材课后练习题设计有以下特点。

一、加大理论联系实际比重

课后练习题的数量要适中并且体现教学目标的要求，教材的课后练习题不能太多也不能太少。教材必修一课后练习共 140 题，联系实际的题目有 90 道，联系实际题目占比 65%；必修二共 145 题，其中必修二第二章第三节、第四章第五节、第五章第一节至第四节没有设置课后练习题，联系实际的题目有 70 道，联系实际题目占比 48.3%；必修三总题目 173 道，联系实际的题目有 73 道，联系实际题目占比 42%。每一节知识点的数量基本上可以与课后练习题的数量相对应，这样保证了每一个知识点都可以在课后练习题中有所体现，总体联系实际题目占比超过了 50%。在 2020 年高考中第 1 题乘电梯下楼、第 7 题天问 1 号、第 13 题测量珠峰高度、第 15 题中医拔罐、第 17 题单板滑雪等，都体现了理论联系实际。

教材练习题设置让学生体会在生活中学、在生活中做，让学生在贴近生活中感受物理的存在、体会物理的重要性，并学会分析和解决实际生产中遇到的物理问题，充分培养学生的 STSE 教育思想。教材课后练习题的背景资料大部分来源于学生的日常生活——学生能产生共鸣的材料。

如图 5-3-1 所示，旧教材注重了知识应用，情境是理想模型，θ 角数据是题目直接给的，会应用知识就行，数据 30° 与实际情况不一定相符，纯粹为了计算而设置。新教材注重了提升素养，情境由生活中的真实物体构成，有利于利用现实的条件解决实际问题，培养了学生用物理观念解决实际问题的能力；自己建立坐标系寻找证据，自行设计测量方案，经历测量和解释过程，涉及测量技能、减少误差的方法，提升了设计方案、数据解释等科学探究能力；数据是真实的，能了解地铁运行的实际情况，理论与实际相联系，有利于养成求真务实的科学态度，形成正确的价值观。

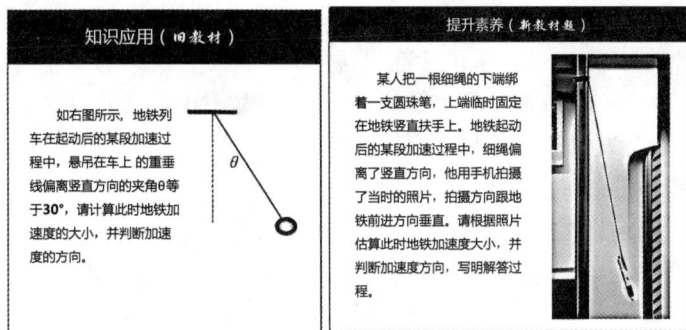

图 5-3-1

二、体现素养的生成与发展

课后练习题的形式多样化,主要的题型有选择题、填空题、判断题、实验探究题、计算题、问答题、作图题。课后练习题以问答题、计算题为主,填空题和选择题数量相对较少。可以看出,课后练习题的种类以综合性问题为主,多数练习题里面包含多个小问,课后练习题题型的设置与教材章节内容的联系很紧密。每一节课后练习题基本上可以覆盖课本内容,可以使学生巩固新学习的概念、公式、规律,通过不同题型的设置运用,突出本节课学习的重点、难点,让学生不仅学会知识,还能锻炼解决物理问题的能力。课后练习题在以下方面起到巨大的作用:完善知识构建,形成物理观念;引导知识与实践关联,以物理视角剖析实际问题;认识物理模型特点,会把现实原型转换为理想模型;经历多种思维形式的科学推理过程,用证据表达观点和证明物理结论;敢于质疑,勇于创新,乐于发现,提出问题,作出猜想,检验猜想,合理设计研究方案;用恰当形式对事实进行解释,正确认识物理学,增强掌握科学知识的责任感。

通过课后练习,可以了解学生对所学物理概念和规律及其关系的理解情况。根据学生对练习的完成情况,教师能够对学生的学业质量水平做出比较准确、合理的评价,为促进学生学习指出明确的方向,同时使物理素养在训练中得到落实。

三、注重基础性与层次性

课后练习题在设置上具有层次性,适合不同学生的需要,符合因材施教的特点。"课后练习题"主要考查一个知识点或两个知识点的简单运算和一定的复杂运算,无运算或简单运算的题目主要来自"课后练习"。教材中"课后练习题"和"章末练习题"的习题难度呈变难趋势,"课后练习题"中的习题难度较低,而且层次因素相差明显,"章末练习题"中出现一定量的复杂运算的题目。"章末练习题"主要是要求学生在领会基本概念和规律的基础上,学会运用物理知识,处理日常生活、生产中的问题。在课后练习题中,学生在练习题的解答过程,往往需要学生掌握最基础的知识和基本技能,主要是对教材的知识点的再现与回忆,目的是加深对重点知识的理解与掌握。

课后练习中部分题目对知识获取能力中的信息搜索和整体能力提出了比较高的要求,对学生将图像信息转换成文字表述的能力要求比较高,能很好地将不同学业质量层次的学生区分开来,也能为因材施教、分层教学提供合理的数据。

四、注重物理建模能力培养

物理模型思维都有自己的独特性,物理模型思维强调个体要具备描述对象、描述运动、描述相互作用、解释变量,寻找运动公式,明确初始条件和约束条件,建构模型和验证模型的思维路径和相应的建模策略。课后练习题根植于建模活动,从解决具体物理问题出发,在逻辑归纳原始资料的基础上,构建能够使学生快速获取信息渠道,让学生能够将分析问题和处理问题的基本方法迁移到解决实际问题中来,或者遇到实际问题时,可否简化成类似的模型来处理。课后练习题充分体现了必备知识与关键能力的考查。

物理学是一门精密科学,与数学有着密切的关系。从物理学的发展史看,物理的发展是离不开数学的,适合表述物理的数学工具不仅能有力地促进物理学的发展,还能使物理规律以更加清晰、简洁的方式表示出来。新教材强化了应用数学知识解决物理问题的能力,包括三角函数、数学归纳法、不等式、解一元一次、二元一次方程组等。如果学生能顺利完成作业,说明学生在分析、处理物理问题时,已经有条件意识了,知道物理现象或规律在不同条件下有不同的表现,说明关键能力得到了提升。

五、注重探究性与时代性

探究性学习是学生在教师的引导下,主动构建知识和技能、体验和了解科学探究的过程和方法,形成创新意识,提高科学态度与价值观的过程。课后练习题设置突出学生主动探究,侧重对学生科学探究和科学方法的培养,实验设置具有很大的弹性,给予学生自由发挥的空间,引导学生经历物理规律的得出,吸引学生的兴趣,挖掘和开发学生的创造力。为此,课后习题设计了很多具有实践性的练习题,在实验探究的安排上,开始采用大量的实践表格,要求学生自己去探索、探究,让学生积极参与到实验探究中来。

设置具有时代性的练习题目的目的是让学生能够认识科学技术的发展。在我国科技飞速发展的今天,以我国尖端科技或人文思想为基础的训练题非常多,通过这些练习题的设置,对强化学生的理想信念、厚植爱国主义情怀、增强奋斗精神等方面起到了显著的作用。教材还通过其他不同形式的习题形式激发学生的学习兴趣,全面彰显育人功能。

第四节　优化课程结构 凸显物理课程的育人功能

新教材已实施 3 年多,2022 届毕业生是新课程改革后首批使用新课程标准下新教材的学生。新教材内容丰富、知识面宽、注重基础、紧密联系实际、知识层次分明、知识结构合理、弹性大、实用性强。新教材注重学生的思维能力、动手能力、实践能力的培养,注重加强学生的认知规律,注重激发学生的学习动机,注重自主学习、探究式学习和合作学习,突出育人功能。近 3 年高考题也重视发挥教材的育人功能,除重视教材中的最基本内容、物理思想和物理方法外,还体现在两个方面:直接或间接源于(或改编)教材各栏目的素材;涉及物理学史(内容全部来源于教材)的考查。

一、压缩课时增加探究 强化科学探究能力的培养

新教材在章节设计上做了大量的删改和教学顺序的变化,提供了大量的教学材料,也设计了大量的问题、活动和作业。新教材对于高一学生的合格考和等级考选课起到了引领作用,解决了合格考和等级考的范围和时间节点问题。旧教材必修一、二及 3-1、2、3、4、5 共 7 本书总计 151 节课,新教材必修一、二、三及选择性必修一、二、三共 6 本书总计 125 节课,减少了课时,给予学生更多的自主探究时间和空间。

对必修一第三章进行新、旧教材比较。在教材结构上把以往教材的重力和弹力合并成为一节课,将"四种基本相互作用"的知识点移到选择性必修三"核力与结合能"一节中,从而减少了一部分教学内容;这部分内容很多初中时都学过。因此,教材不再花费过多笔墨重复初中的内容,这样教材在这部分就节约出一节课时。把牛顿第三定律由原来的放在牛顿第二定律后,现在提前放入这一章,这就为解答共点力平衡问题的受力分析奠定了必要的知识基础。为此,在重力、弹力、摩擦力的后面,增加了"牛顿第三定律"一节课,并在该节课文中,专门设立了一个"物体受力的初步分析"小标题,为分析"共点力的平衡"问题设下伏笔。把原"力的合成"和"力的分解"两节合并为一节"力的合成和分解"。这种做法不仅节约了课时,更重要的是校正了教学目标,原有的、传统的、相关力的合成和力的

分解部分的教学方式,很多教师偏离了正确的教学目标,用力的分解知识直接求解大量生产生活中的受力问题,既增加了学生的负担,更扰乱了学生的科学思维。现在把力的合成和分解设计为一节课,教学目标很明确,只要求学生学会等效替换的方法,并根据矢量运算的法则进行力的合成和分解的运算。对物体实际情境中的受力问题则放到了"共点力的平衡"一节中,而"共点力的平衡"则由第四章移至第三章,并作为重点来学习,有利于帮助教师理解和规范"力的合成和分解"的教学目标,并将矢量运算法则得以巩固与运用。学生在学习共点力平衡的过程中,所形成的一些科学思维方法,将为学习和应用牛顿第二定律带来帮助,有利于循序渐进地形成运动与相互作用观。

新教材在极个别章节设置上也存在不足,这就需要整合教材。例如,旧教材"电场"这章按照"力"和"能"两个方面人为分成了第九章"静电场及其应用"和第十章"静电场中的能量"两章。但是,在第九章第四节"静电的防止和利用"课文内容又提前加入了第十章等势线的内容,这给教师在内容处理上增加了难度。又如,旧教材"恒定电流"这章按照电路和能量分成了第十一章"电路及其应用"和第十二章"电能 能量守恒定律"两章,将电源这节分成两章讲完,多用电表也分成两章讲完。由于把知识人为分类,教师在授课时容易把知识系统打散。但同时,这也让教师处理教材时有了更大的发挥空间。再如,物理经典力学的系统学习顺序应当先学力和运动、后学功和能、再学动量,从而建立物理学完整的思维体系,但是,新教材把动量放在了选择性必修一中,也许是为了降低物理合格考的难度增加合格考的宽度,但是对等级考知识系统性学习增加了教学难度。

二、注重基础 兼顾差异 体现分层学习

《普通高中物理课程标准》在整个高中物理课程设置中除了必修课程外,还设置了选择性必修和选修课程。为了配合这种课程的设置,教材在注重加强统一基础的前提下,在内容的设计上还体现了一些弹性,兼顾不同学生的需求,为不同潜能学生的发展提供空间。主要做法如下。

(一)新教材增加了例题与课后习题的数量和难度

新教材在例题的设置上更严谨、更具有代表性、更能体现本节课所要表达的学科素养。在练习题的设置上把单元测试题分为单元测试 A、B 两组题目。A组习题对应《普通高中物理课程标准》中必修内容的要求,即是参加合格考的学生需要掌握的。B组比《普通高中物理课程标准》中必修内容略有超出,供学有余力的学生选做,即将来要参加等级考的学生来完成,题型设置具有开放性、创新性,很多题目直接就是高考题的原题。近几年以课后练习题为依托改编成高考题的题目比比皆是,这比旧教材的高考指向更加明确,题目梯度练习也加大了

开放性与发展空间。

（二）设置"拓展学习"栏目

此栏目内容多为知识或方法方面的拓展,供学有余力的学生选学。例如,微元求和的思想在物理学习中非常重要,但是其中极限的思想对全体学生都作要求,有些过高,为此教材对这类问题做了系统的考虑和系列的安排。再如,位移为什么等于 V-T 图像的面积,如何证明重力做功与路径无关,为什么可以引入电势能等内容的安排。

新教材中拓展学习共有 20 处,分别为:"借助传感器与计算机测速度""匀变速直线运动位移公式的推导""用力的传感器探究作用力与反作用力的关系""惯性参考系""基本单位的定义""用传感器和计算机描绘物体做平抛运动的轨迹""推导向心加速度公式""引力常量的测量""用传感器观察电容器的放电过程""平行板电容器的电容""示波管的原理""电流的微观解释""伏安特性曲线""欧姆表的原理""用光传感器做双缝干涉的实验""电感器和电容器对交变电流的作用""霍尔元件""理想气体的状态方程""熵与熵增加原理""威尔逊云室"。

（三）重视自主学习 促进学习方式多样化 激发思维自主学习

任何有意义的学习过程,一定是激发学生的思维,使其自主学习的过程。为了激发学生学习的积极性,使学生能更好地进行自主学习,教科书采用多种方法使学生主动参与到学习中来。创设情景,引发思考,设置问题串,深化思考,设置"思考与讨论",思辨结合。重视自主学习,促进学习方式多样化。教育的有效性要求学生学习的方式要多样化,只有学习方式多样化,学生才能在学习活动中主动地动脑、动手,产生疑问、进行思考、相互探讨;只有学习方式多样化,才能使学习不枯燥,学生更愿意主动地去学习。教师适时提出问题,引发学生独立思考安排探究实验,学生自主探究安排"做一做""拓展学习"栏目,让学生动手体验"科学漫步""STSE"中的开放性问题,引导自主学习。

三、注重旁批、科学漫步、章小结的示例作用 强化学科素养的培养

旁批与科学漫步是科学方法与思想的建立的补充,是对问题进一步深入的探讨,是进一步对科学态度与责任的核心素养培养,也是知识重要的补充与说明,有的还是承上启下的过渡。旁批与科学漫步对学有余力的学生进一步学习与探究提供了舞台。例如,新教材必修一第二章第四节自由落体运动,由生活经验引出落体问题,引导学生分析亚氏的逻辑问题。教师要创造性选择和应用这些教学材料,课文后的问题和课后作业的设计提高了难度,增加了题型的宽度和开放性。物理教材中还经常有这样的述语:"问题""思考与讨论""做一做""科学

方法""科学漫步"。其实设计这些题目的目的不在于得到何种既定答案,而在于鼓励学生去探索、去思考、去发现,可能一百个学生会有一百种发现,如果学生养成了独立思考、善于探索的习惯,自己去发现问题、解决问题,这种学习度将使其终身受益。比如"相对论时空观与牛顿力学的局限性"一节,就为学生提供了丰富的想象力空间。

在必修一第一章提供了总结及章小结示例,为以后章节总结提供了示范。它打破了原有的、以知识框架为主的小结,注重科学素养及方法的培养,具有重大的意义和价值。通过章小结示例,详细地介绍了科学思维学习中既要注意抽象概括、分析综合和推理论证思维方法的学习,又要注意在这些思维方法的学习、科学思维的培养过程中,加强总结与升华。

第六章

立足新高考 落实高考评价体系

——中学物理高质量教学模式下高考研究

　　教育部考试中心原主任姜钢说,高考"立德树人、服务选才、引导教学"的核心功能不是孤立的、静止的,而是相互联系、发展运动的。立德树人是教育的根本任务,发挥统领和主动作用,决定了高考的前行方向和运行轨迹。服务选才和引导教学必须建立在坚持立德树人根本任务的前提下,是高考实现立德树人核心功能的两个基本手段。立德树人、服务选才、引导教学构成结构严谨的整体系统,协同发挥高考的社会作用和教育价值。服务选才和引导教学的功能具有共同的基础和内在的关联。只有建立科学的高考人才选拔标准和人才选拔方式,提升服务选才的质量,才能更好地"以考促学",增强学生的创新精神、实践能力和社会责任感,促进基础教育和高等教育多样化发展。将课程改革的理念和高考改革的理念对接,充分发挥高考的积极导向功能,将促进素质教育的深入实施,全面提升学生综合素质,客观上为高考提供了高素质的选拔对象,为高考实现选拔功能、建设人力资源强国提供有力保障。

　　在新课程改革中,物理学科育人功能得到凸显,这是国家和社会战略上的重视和需要。这就要求广大物理教师真正挑起这一重任,不能仅仅满足于学科地位提升的表象,而是要努力钻研新教材,不断提升自己的教学水平,积极探索学科核心素养在日常教学中落地。从近三年高考学生的选科数据来看,物理选科整体较分文、理科时下滑幅度较大,关键因素是等级考带来的难度加大,学生产生了畏惧心理;同时社会与家庭的功利心、分数观,影响了学生的选科;老师教学不能做到低重心教学,一步到位导致很多学生掉队,高一阶段就导致部分学生失去了学习物理的兴趣。选考学生的不同直接影响等级分,一个尺度下的评价方案已经不适应现在的评价。所以新课程改革背景下,如何进行教学评价是值得研究的课题。

教学模式的高质量一定反映在育人的高质量,反之要想育人的高质量,必须认真研究高考评价体系,落实课程标准。高考评价体系是高考命题、评价与改革的理论基础和实践指南。作为教师,我们可以逆向思维,通过对高考的研究,反向认识教学模式的改革。

第一节 从阅卷教师的视角看高考

一、阅卷的总体情况

(一)阅卷的纪律要求

2022 年山东省参加等级考的学生中,有 23.4 万人选修物理,24 万人选修化学,35 万人选修生物。参加物理阅卷的老师共 190 人,其中研究生 57 人,其余全部是一线物理教师。阅卷要求非常严格,所有纸质材料必须写上名字,阅卷结束后必须上交;阅卷期间,一张纸片都不允许带出阅卷室;进入阅卷机房时,不允许带任何东西,包括手机、手表、水杯(进入楼层前,会有工作人员用金属探测仪对每位阅卷老师进行严格的检查);所有人员不允许和外界交流任何有关阅卷的信息。

(二)阅卷的总流程

第一天报到,领取材料,召开动员大会。接着通研高考试题,试评试卷,发现问题,统一标准。随后再次试评试卷,再次明确标准。最后正式开始阅卷。全部改卷完毕后,再次安排所有人员对三评试卷进行检验和复查。各题阅卷完成之后,全部阅卷员统一评阅填空题。从总流程可以看出,阅卷工作是一项严谨细致、不容出现一点问题的工作,这也是对考生负责的具体表现。

(三)阅卷的速度

从近几年的阅卷进度看,阅卷的时间一般是 9 天左右。除了第一天培训外,其他时间全部是高强度阅卷。计算题分组阅卷,每天阅卷数量多、任务重,这就要求阅卷教师在保证阅卷质量的前提下,加快阅卷速度,所以学生答题的规范性就显得非常重要。填空题是集体阅卷,阅卷速度基本保持快速度,三评率也随之增高。三评率高的原因,主要在于学生的书写,所以学生书写的清晰性显得非常重要。

（四）阅卷的原则

给一分有理,扣一分有据,不漏不错,宽严适度,要一把尺子量到底。严格按照规定的程序和标准,只要规定动作,不要自选动作。统一尺度,才能保证质量,保证公正和公平。实行一问一分制,即每一问一个分数。但阅卷组还会根据阅卷情况进行调整。第18题本来四问四个分数,最终根据答题情况,第一问单独一个分数,后面三问一个分数。每份答卷由两名评卷人员评分,即进行双评,当两名评卷人得分不一致时,提交给三评。当三人的分数都不一致时,提交仲裁。质检员随时进行抽检,发现不合理给分时,随时谈话纠正;若发现恶意评分过多,会给予解聘,并通报给所在学校,确保不出现任何问题。

二、阅卷回顾

1. 2022 年高考山东卷第 18 题

（1）原题再现。

18. 如图 6-1-1 所示,"L"型平板 B 静置在地面上,小物块 A 处于平板 B 上的 O' 点,O' 点左侧粗糙,右侧光滑。用不可伸长的轻绳将质量为 M 的小球悬挂在 O' 点正上方的 O 点,轻绳处于水平拉直状态。将小球由静止释放,下摆至最低点与小物块 A 发生碰撞,碰后小球速度方向与碰前方向相同,开始做简谐运动（要求摆角小于 $5°$）,A 以速度 v_0 沿平板滑动直至与 B 右侧挡板发生弹性碰撞。一段时间后,A 返回到 O 点的正下方时,相对于地面的速度减为零,此时小球恰好第一次上升到最高点。已知 A 的质量 $m_A = 0.1$ kg,B 的质量 $m_B = 0.3$ kg,A 与 B 的动摩擦因数 $\mu_1 = 0.4$,B 与地面间的动摩擦因数 $\mu_2 = 0.225$,$v_0 = 4$ m/s,取重力加速度 $g = 10$ m/s²。整个过程中 A 始终在 B 上,所有碰撞时间忽略不计,不计空气阻力,求:

（1）A 与 B 的挡板碰撞后,二者的速度大小 v_A 与 v_B;

（2）B 光滑部分的长度 d;

（3）运动过程中 A 对 B 的摩擦力所做的功 W_f;

（4）实现上述运动过程,$\dfrac{M}{m_A}$ 的取值范围（结果用 $\cos 5°$ 表示）。

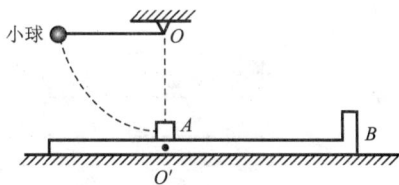

图 6-1-1

【答案】 （1）$v_A = 2$ m/s,$v_B = 2$ m/s;

（2）$d = \dfrac{7}{6} m$;

(3) $-\dfrac{3}{65}$ J；

(4) $\dfrac{3\sqrt{2}\,\pi}{85}<\dfrac{M}{m_A}<\dfrac{3\sqrt{2}\,\pi}{85(1-\sqrt{1-\cos 5^\circ})}$

（2）评分原则。

① 解题过程要把求解目标用必要的汉字描述准确。

② 不能出现因字迹潦草而扣分或者不给分的情况，整个评卷是公平公正的。

③ 注重解题过程的表达。解题过程中，汉字说明是没有分数的，但是非常有必要，反映的是学生的逻辑思维是否清晰。

④ 阅卷组组长的话：我们解题要将思维从结果中解放出来，所以所有的结果分都是一分。

⑤ 不带单位或者单位写错的没有结果分。没有将已知数据带入的，没有结果分。

⑥ 答题过程中，如果没有按照题号答题，仍然会按照公式踩分点给分。

⑦ 阅卷过程中，只要是看不清的，一切按照错误不给分。

2. 2022 年高考山东卷第 13 题

（1）原题再现。

13. 在天宫课堂中，我国航天员演示了利用牛顿第二定律测量物体质量的实验。受此启发。某同学利用气垫导轨、力传感器、无线加速度传感器、轻弹簧和待测物体等器材设计了测量物体质量的实验，如图 6-1-2 甲所示。主要步骤如下：

① 将力传感器固定在气垫导轨左端支架上，加速度传感器固定在滑块上；

② 接通气源、放上滑块，调平气垫导轨；

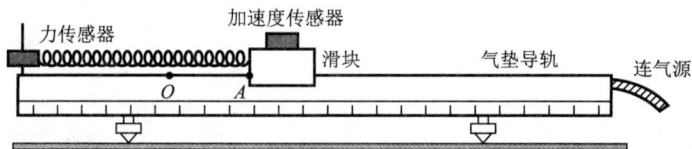

图 6-1-2

③ 将弹簧左端连接力传感器，右端连接滑块。弹簧处于原长时滑块左端位于 O 点。A 点到 O 点的距离为 5.00 cm，拉动滑块使其左端处于 A 点，由静止释放并开始计时；

④ 计算机采集获取数据，得到滑块所受弹力 F、加速度 a 随时间 t 变化的图

像,部分图像如图 6-1-2 乙所示。

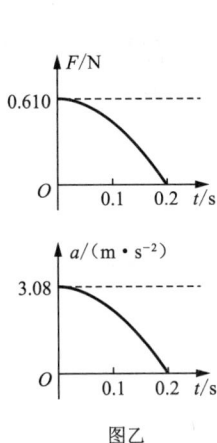

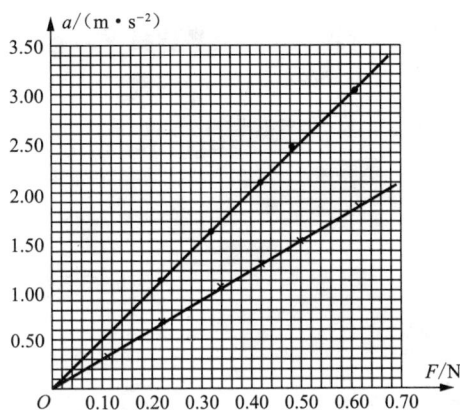

图乙   图丙

图 6-1-2

(1) 弹簧的劲度系数为＿＿＿＿＿N/m。

(2) 该同学从图乙中提取某些时刻 F 与 a 的数据,画出 a—F 图像如图 6-1-2 丙中 I 所示,由此可得滑块与加速度传感器的总质量为＿＿＿＿＿kg。

(3) 该同学在滑块上增加待测物体,重复上述实验步骤,在图 6-1-2 丙中画出新的 a—F 图像 II,则待测物体的质量为＿＿＿＿＿kg。

答案:① 12   ② 0.20   ③ 0.13

(2) 评分原则。

① 严格按照答案评分:保留两位有效数字;科学计数法也必须是正确的。

② 学生存在问题:没有按照题目要求保留两位有效数字。特别是第一个空填写 12.2、第二个空填写 0.2 的居多。不规范的科学计数法不给分。比如第一个空写成 0.12×10^2 不得分。计算错误,第二个空填写 0.19 和 0.21 的不得分。第三个空填写 0.12 和 0.14 的不得分。

三、阅卷心得

高考改革的目的是促进学生全面而有个性的发展。高考题素材来源于全国各地的高考模拟题,注重题目的新颖性,注重全面考查学生素质。高考改革的使命是为高校选拔优秀人才。坚持基础性(选择题和实验题都比较简单)、突出选择性(计算题很难),增加了考试的选择性,提高选拔人才的水平。

要引导学生树立正确的人生观和价值观。物理的教学过程一定要体现出过程化的思想,合理体现学生思维的探究式发展过程。答案一定要体现简明条理性,坚决杜绝碰瓷式回答。物理的计算题阅读量明显增多,学生需要理解题目中表达的、较复杂的物理情景。这突出考查了学生对于信息的处理能力、论证推理能力。

阅卷最大程度地保证了公平。根据阅卷规则可以看出存在较大误差的可能性极小,趋近于 0。阅卷工作量大,阅卷速度快,这就要求学生回答问题时要简洁、清晰、美观、大方。阅卷挺辛苦,但是机会来之不易,在阅卷时抓住机会与专家进行交流,也有很大的收获。最后一题难度大,得分率低。这与试题难度大有关,也与考试过程中考生心态出现波动有关,需要平时加强心理素质训练。

四、备考建议

(一)给老师的备考建议

1. 注重基础

在平时教学过程中一定要打好基础,重视课本上基本概念的理解,课本例题和课后习题的物理方法的提炼,也即通性、通法的训练。物理上的"通性"是概念所反映的物理基本性质,"通法"是概念所蕴含的思想方法。我们在解题中要注重基础知识及其蕴含的物理方法的教学。注重基本概念的理解、基本性质的融会贯通、基本思想方法的应用,培养学生联系基础、洞察本质的能力,这才是解决问题的根本。

2. 注重教材

第 18 题中第一问考查运动的物体与静止的物体发生弹性碰撞,原型在选择性必修一课本 P_{21} "弹性碰撞的实例分析"。第二问考查了典型的板块模型,原型在必修一 P_{111} 第七题。第三问求摩擦力做功,考查功的最基本的定义。第四问考查的综合一些:单摆周期公式;碰撞动量守恒,能量不增加;机械能守恒定律。也都是课本基本概念。因此,老师在平时教学过程中一定要重视对课本概念公式、结论方法等的研究与升华,多研究一般性的通用方法,不要过分追求"题型+技巧"。

3. 注重选题

教学过程中要贯彻"纯刷题无用"的思想。我们要精选题目,先易后难,步步为营。如果基础题没有做熟练,就不要碰中档题;同理,中档题没有弄熟,就不去钻难题。高三复习的过程中,学生需要多做题,更需要循序渐进、科学去做。选题要多进行一些创新性的物理过程的探究,要注重思维过程的建立,少做题、精做题。多建模、多拓展、多组合。老师要引导学生进行一题多变、一题多解。

4. 注重规范

培养良好的做题规范。高考改卷对得分点要求很严格,见到具体公式才能给分。所以要想得分,就要求做题时要重视解题过程,只有结果、没有过程不得分。在踩分点中如果公式表达不能结合具体物理情景,按评分标准不得分。所以在平时教学过程中要严格规范做题步骤,严格利用题目中给定的字母表示,严格按照题目中具体的物理情景列公式,坚决杜绝碰瓷式回答,提高计算结果的准确性和完整性。

5. 注重能力

注意学生思维能力和心理承受能力的培养。2022 年高考物理的选择题和实验题难度不是很大,但是计算题目难度大,运算量大,思维含量高。

6. 注重培优

通过跟专家交流,大家认为这套题更容易选出高校需要的顶尖人才,只有学习能力强、意志品质高、抗挫折能力强的同学,才能得高分。所以在教学过程中要培养学生的思维能力,不仅保证做题的数量,更要保证题目的质量,引导学生多思考、多总结、多升华,做到举一反三,融会贯通。也要锻炼学生的心理承受能力,能够在高压、高度紧张的环境下取得理想分数。

7. 注重构模

培养学生一题多解、多题归一的能力。对于一些技巧方法以及一些重要的二级结论要掌握,遇到非常复杂的题目时可以运用。在高考阅卷时,因为有高校老师参与评分标准制定,所以对解题方法比较宽容。最后一题第二问可以用动能定理来解决 A 的位移。同样也可以用 $v\text{-}t$ 图来得到第二问、第三问的答案。只要有理有据,运算准确,就能得分。

8. 注重评价

研究新高考、新课标,了解高考信息是备考的关键。对近三年的新高考试题横向与纵向对比研究,找准高考规律,在备考过程中有的放矢,更有针对性,时效性。要认真研究新课标,研究"一核四层四翼"高考评价体系,知道为什么考:立德树人,服务选材;知道考什么:核心价值,学科素养,关键能力,必备知识;知道怎么考:基础性,综合性,应用性,创新性;更要明确新高考是怎么由"考什么、学什么"到"学什么、考什么"的转变。

9. 注重备考

在平时备考复习的过程中,教师一定要注意让学生掌握规范的基础知识和基本公式,系统掌握高中物理各模块的知识结构体系,每一个模块都要形成规范的答题模式,基础题目的步骤还是要强调好,不能随意少关键的步骤。通法通解是我们最应该追求的方法。培养学生分析问题、解决问题的能力是关键,高考题目虽具有新意,但更多的是立足教材,考查学生临危不惧分析问题的能力、学生的思维力和意志力,这样在高考当中才能立于不败之地,取得高分。

10. 注重阅读

在平时教学过程中要重视物理阅读能力的培养,在教学中多设置与实际情境相联系的问题,旨在锻炼学生的读题能力和物理建模能力,切忌由老师包办代替审题环节;在平时教学过程中要重视概念形成过程的教学,理解本质才能以不变应万变。在平日学习中少一点套路、多一点探索和研究,课堂上把学习过程作为一堂课的重点,把课堂真正还给学生。

11. 注重素养

在平时教学过程中题目的选择要回归基础,不求"偏""难""怪"。重视典型题目的反复研究,多角度、多设问。在题目的研究中不断深化概念,提升素养。要想培养出高分考生我们还有很多工作需要做,既要具备扎实的基础知识,又要具备规范的解题步骤,老师和学生还需要付出很多的努力。

(二)给学生的备考建议

(1)强化数学能力。要加强数学计算能力的训练。近几年的高考,物理计算题的计算要求都很高。第18题的第四问,思路不难,但是对计算能力的要求特别高。

(2)强化空间想象。要对学生进行一些空间想象能力的训练。2020年考察了一个空间题16题单板滑雪U型池比赛。2022年,考察了11题打网球,第17题中国"人造太阳"。对运动的时间、空间属性考查得非常到位。

(3)强化规范意识。规则意识要强,要有针对性地回答问题。回答问题,要用题目中告诉我们的物理符号和下标表示已知量。要根据物理情景书写具体公式,坚决杜绝碰瓷式答题。改卷时踩点给分,找要点、关键公式,啰里啰唆写太多一定会影响阅卷老师找要点,导致打低分。

(4)强化卷面整洁。千万不要写运算过程,本来公式就多,你再写上运算过程,就显得太乱了,容易出现有效公式太难找,造成该得到的分数得不到。书写的时候,用的笔不要太细,有可能扫描得不清楚,造成阅卷员没法阅卷。做错了,在没有做出正确答案之前,不要随意划去。因为阅卷员给分,是根据公式踩点给分,无论你写在哪个位置,只要写对了,都会给分。答题套路要熟知。任何题目,书写很重要。下笔要均匀,不要轻描淡写,要认真美观。在阅卷老师高强度工作状态下,身体累、但更累的是眼睛。

第二节　从高考命题的视角看试题命制

要做一个全能型教师,就要学会试题的命制。试卷的命制是教师教学工作的一个重要组成部分,是教学测量和评价的基础工作,是教学信息获取的重要途径,对教学的发展方向具有直接导向作用。一份优质的试卷直接导向教学,在过程性考试中诊断学习、诊断教学等,对师生查漏补缺、检验学习与教学效果都有直接的作用。下面仅从试卷命制的类型、命制原则、创新途径等方面进行探讨。

一、新课程背景下高中物理试卷特点

新课程背景下的物理试题呈现出许多新的特点。结合近三年高考山东卷分析,我们可以看到试题重视情境问题为载体的考查,对生活实践问题情境和学习探索问题情境做了充分考查,有很多物理情境都是以三维立体空间呈现,一方面是真实问题的具体体现,另一方面可以培养学生的空间想象能力。在处理物理问题时,可以将真实的物理情境或过程转换成二维的平面空间或一维的直线上来处理。能转换处理物理问题的方式方法,就已达到《普通高中物理课程标准》中学业质量水平 4 的高度了,即能将实际问题中的对象和过程转换成所学的物理模型,对综合物理问题进行分析和推理获得结论并作出解释。

基于对学生核心素养的考查,试题注重联系实际,从中学物理教学实际出发,联系学生生活,联系科学事件,联系前沿科学的动态和发展,考查学生运用所学物理知识解决问题的能力,通过问题解决、促进物理学科核心素养的达成。试题更加注重学生应用知识解决问题的能力,注重过程的探究性、结果的开放性,且多见于贴近生活的 STSE 背景。对学生的能力提出了更高要求:一方面我们要在日常教学中深入探索学科核心素养的培养;另一方面,在日常投放给学生的试题也要向新特点统一。对学生应用知识解决问题的能力考查,培养了学生的实践能力,很好地将学生已有的生活经验同物理问题紧密结合,使学生很好地建构起科学的概念,感到物理是来自生活的,感到物理是有用的。

学习的目的在于运用,近三年山东高考物理卷很多题目是通过知识迁移、组合的方式形成的,目的就是强化学生的创新意识和创新思维以及运用知识的能力。试题注重了对信息获取与整理能力的考查,转变表述方式,考查理解能力,体现从"解题"到"解决问题"的转变。学生能将所学的知识迁移到新情境中去,解决新问题,得到新结论,既是学生思维认知能力的表现,也是运用知识的能力表现。

近三年高考山东卷注重了对物理学科核心素养的考查,突出物理观念、科学思维、科学探究、科学态度与责任。要尊重事实和证据,有实证意识和严谨的求知态度;逻辑清晰,能运用科学的思维方式认识事物、解决问题,从而培养学生科学探究的精神,形成科学态度与责任。从物理学视角解释自然现象和解决实际问题,养成科学的态度,形成科学的价值观。理解自然界是可以被认知的、科学认识是发展变化的、科学不能为所有问题提供完整答案等科学本质。

二、根据考试目的性,试卷大约分四种

形成性考试:单元测试卷;学段终结性考试:期中、期末测试卷、联考卷;选拔性考试:高考卷、模拟卷、竞赛卷;等级性考试:学业水平测试卷。形成性考试、学段终结考试、等级考试为通过性考试,怎么教就怎么考,主要起到诊断功能;选拔性考试,重在能力考查,在基础知识、能力考查的基础上,侧重区分度。

三、试卷命制的原则,以单元卷为例

科学性原则。保证试卷质量是关键,试卷必须是科学严谨的。只有试卷质量保证了,考试效度才能到位。务必有区分度,才能对同步教学效果进行检验。

指导性原则。能有效发挥考试的导向功能,数据可使用、可分析、可借鉴、可评价。同时能发现问题、校正问题。成绩真实有效是根本。

全面性原则。全面反映测试的要求,根据试卷的不同功能,达到想要的结果。知识点覆盖全面,不偏怪难,导致试卷具有倾向性。

适切性原则。难易的程度设置合理,易中难比例 5∶3∶2 或 6∶3∶1,也可以根据需要作适当调整。难易程度与考试目的相一致,制作多项细目表是命题前的重要工作。

独立性原则。试题独立,相互之间不关联,题型与题量具有一定的灵活度,方便操作。

合理性原则。谋篇布局从多项细目表、精选试题、先小后大、先易后难、先特后普、优化调整等方面考虑,评分标准简单、准确、易操作。

四、创新试题

改编试题,改变已知条件或所求量,如优化数据、改变问法等;改变物理情景,嫁接新科技、新时事;改变物理过程,主干相同但物理方法不同;改变描述方法,在文字与图像之间切换;改变题型结构,在选择与计算间切换;作知识迁移,在不同的知识模块之间切换。

原创试题,要有计划、有目的地设计,不能依靠生活中偶然的发现和灵感,不能出现知识性和科学性错误,不能超出考试范围。

创新的原则。体现科学性、时代性、创新性、甄别性、目的性。

创新试题的来源。创新来源于日常生活;创新来源于平时累积;创新来源于深入思考;创新来源于社会实践;创新来源于学习新知;创新来源于突破自我。

试题创新示例如下。

【例1】原题:24(2018·全国Ⅲ卷)如图6-2-1所示,从离子源产生的甲、乙两种离子,由静止经加速电压 U 加速后在纸面内水平向右运动,自 M 点垂直于磁场边界射入匀强磁场,磁场方向垂直于纸面向里,磁场左边界竖直。已知甲种离子射入磁场的速度大小为 v_1,并在磁场边界的 N 点射出,乙种离子在 MN 的中点射出;MN 长为 l。不计重力影响和离子间的相互作用。求:

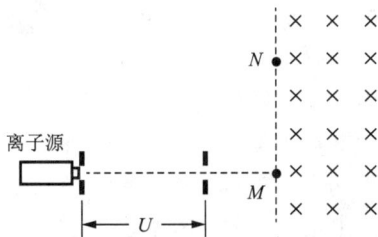

图 6-2-1

(1)磁场的磁感应强度大小;

(2)甲、乙两种离子的比荷之比。

改编题:如图 6-2-2 所示,从离子源产生的甲、乙两种离子,由静止经加速电压加速后在纸面内水平向右运动,自 M 点垂直于磁场边界射入匀强磁场,磁场方向垂直于纸面向里,大小为 B,磁场左边界竖直。已知甲种离子质量为 m_1、电荷量为 q_1,并在磁场边界的 N 点射出;乙种离子的比荷为甲种离子的 $1/4$,MN 长为 l。不计离子的重力以及离子间的相互作用力。求:

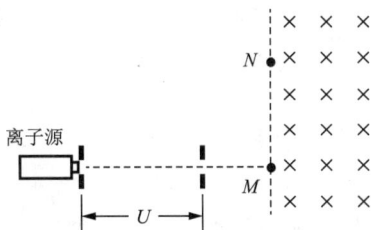

图 6-2-2

(1)加速电压 U 的大小;

(2)乙种离子从磁场左边界射出的位置距 M 点的距离。

改编方法:把已知条件与所求物理量转换。

【例2】原题:25(2018·全国Ⅲ卷)如图6-2-3所示,在竖直平面内,一半径为 R 的光滑圆弧轨道 ABC 和水平轨道 PA 在 A 点相切,BC 为圆弧轨道的直径,O 为圆心,OA 和 OB 之间的夹角为 α,$\sin \alpha = 0.6$。一质量为 m 的小球沿水平轨道向右运动,经 A 点沿圆弧轨道通过 C 点,落至水平轨道;在整个过程中,除受到重力及轨道作用力外,小球还一直受到一水平恒力的作用。已知小球在 C

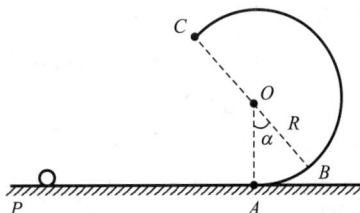

图 6-2-3

点所受合力的方向指向圆心,且此时小球对轨道的压力恰好为零。重力加速度大小为 g。求:

(1) 水平恒力的大小和小球到达 C 点时速度的大小;

(2) 小球达 A 点时动量的大小;

(3) 小球从 C 点落至水平轨道所用的时间。

(改编题)如图 6-2-4 所示,绝缘光滑轨道 AB 部分为倾角为 $\theta = 30°$ 的斜面,AC 部分为竖直平面内半径为 R 的半圆轨道,斜面与半圆圆轨道相切于 A 点,E 为轨道的最低点。整个装置处于水平向右的恒定风力场中。现有一个质量为 m 的小球,由斜

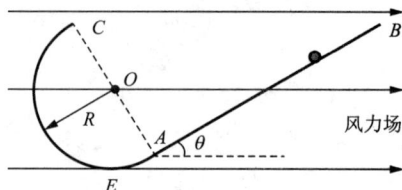

图 6-2-4

面上某点由静止开始释放,当小球通过 C 点时所受合力的方向指向圆心,且小球对轨道的压力恰好为零。已知重力加速度大小为 g。求:

(1) 水平风力的大小和小球到达 C 点时速度的大小;

(2) 小球到达 E 点时动量的大小。

改编方法:借用物理情景。

【例 3】原题:25(2019·全国Ⅲ卷)静止在水平地面上的两小物块 A、B,质量分别为 $m_A = 1.0 \text{ kg}$,$m_B = 4.0 \text{ kg}$;两者之间有一被压缩的微型弹簧,A 与其右侧的竖直墙壁距离 $l = 1.0 \text{ m}$,如图 6-2-5 所示。

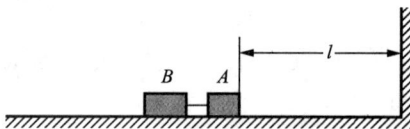

图 6-2-5

某时刻,将压缩的微型弹簧释放,使 A、B 瞬间分离,两物块获得的动能之和为 $E_k = 10.0 \text{ J}$。释放后,A 沿着与墙壁垂直的方向向右运动。A、B 与地面之间的动摩擦因数均为 $\mu = 0.20$。重力加速度取 $g = 10 \text{ m/s}^2$。A、B 运动过程中所涉及的碰撞均为弹性碰撞且碰撞时间极短。

(1) 求弹簧释放后瞬间 A、B 速度的大小;

(2) 物块 A、B 中的哪一个先停止?该物块刚停止时 A 与 B 之间的距离是多少?

(3) A 和 B 都停止后,A 与 B 之间的距离是多少?

(改编题)在水平地面上的两小物块 A、B(均可视为质点),质量分别为 $m_A = 0.4 \text{ kg}$,$m_B = 0.1 \text{ kg}$;A 以水平速度向静止的 B 运动,静止的 B 与其右侧的竖直墙壁距离 $l = 2.4 \text{ m}$,如图 6-2-6 所示。A、B 间发生正碰分离,两物块获得的动能之和

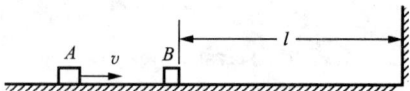

图 6-2-6

为 $E_k = 4.0 \text{ J}$。碰后 B 沿着与墙壁垂直的方向向右运动。A、B 与地面之间的动

摩擦因数均为 $\mu=0.5$。重力加速度取 $g=10\ \text{m/s}^2$。A、B 运动过程中所涉及的碰撞均为弹性碰撞且碰撞时间极短。

（1）求 A、B 第一次碰前瞬间 A 的速度大小 v_0。

（2）物块 A、B 中的哪一个先停止？该物块刚停止时 A 与 B 之间的距离是多少？

（3）A 和 B 都停止后，A 与 B 之间的距离是多少？

改编方法：改变物理情景。

【例4】原题 25：（2019 年全国 I 卷）竖直面内一倾斜轨道与一足够长的水平轨道通过一小段光滑圆弧平滑连接，小物块 B 静止于水平轨道的最左端，如图 6-2-7(a)所示。$t=0$ 时刻，小物块 A 在倾斜轨道上从静止开始下滑，一段时间后与 B 发生弹性碰撞（碰撞时间极短）；当 A 返回到倾斜轨道上的 P 点（图中未标出）时，速度减为 0，此时对其施加一外力，使其在倾斜轨道上保持静止。物块 A 运动的 v-t 图像如图 6-2-7(b)所示，图中的 v_1 和 t_1 均为未知量。已知 A 的质量为 m，初始时 A 与 B 的高度差为 H，重力加速度大小为 g，不计空气阻力。

（1）求物块 B 的质量；

（2）在图 6-2-7(b)所描述的整个运动过程中，求物块 A 克服摩擦力所做的功；

（3）已知两物块与轨道间的动摩擦因数均相等，在物块 B 停止运动后，改变物块与轨道间的动摩擦因数，然后将 A 从 P 点释放，一段时间后 A 刚好能与 B 再次碰上。求改变前后动摩擦因数的比值。

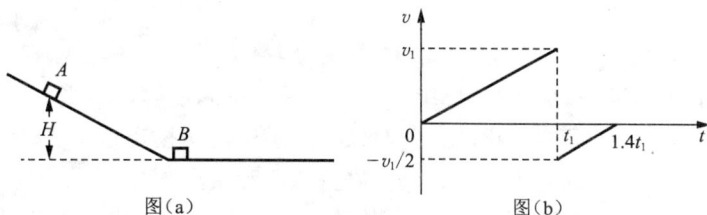

图(a)　　　　　　图(b)

图 6-2-7

模型：碰撞、多过程问题。

（改编题）如图 6-2-8 所示，AB 为倾角 $\theta=37°$ 的粗糙斜面轨道，通过一小段光滑圆弧与光滑水平轨道 BC 相连接，质量为 $m_{乙}$ 的小球乙静止在水平轨道上，质量为 $m_{甲}$ 的小球甲以速度 v_0 与乙球发生弹

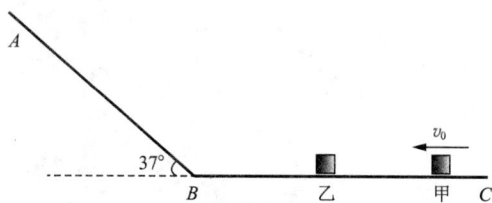

图 6-2-8

性正碰。若 $m_{甲}:m_{乙}=2:3$，且轨道足够长，$\sin 37°=0.6$，$\cos 37°=0.8$。求：

（1）两球第一次碰后甲球的速度；

（2）要使两球能发生第二次碰撞，求乙球与斜面之间的动摩擦因数 μ 的取值范围。

物理情景有别，但涉及的都是多过程碰撞问题。

改编方法：知识方法相同，物理情景有别。

五、试题选择原则

高考完全体现了"立德树人、服务选才、引导教学"的核心功能，突出对能力和素养的考查，全面提高科学选才能力。现在的高考加大了阅读量与实际接轨、运算量大、实验计算化、计算复杂化、题目语文化、数据情景真实化、内容综合化，不再单一考查知识点。在新教材中也强化了与大学知识的接轨，与现实生活、科技的接轨等内容。如洛埃平面镜干涉、菲涅尔的双棱镜干涉实验，动量定理的复杂应用。在试题选择时务必结合近几年高考的特点，按照高考评价体系去组合试题。引导教师在教学中注重教思路、教方法，让学生学分析、建模型、会逻辑表达，完成从"解题"到"问题解决"的转变。

试题的选择要做到优中选优，时间对于学生来说弥足珍贵，偏离高考路线的无目的、无实效、无原则、无补救、无方向的题目绝对不能选到试卷中。不怕题目难，也不怕题目易，只怕题目没有用，精选试题、选好题目是老师的水平和能力的体现。

好题目的标准，达到训练目标的题目就是好评题目，作为教师平时训练选题要遵循以下原则。

综合性原则：突出知识、方法、能力的综合，突出通性通法，控制在中档水平；

高价值原则：思考价值高，思维力度大，典型性强，能够以一当十；

新颖性原则：题目类型新，题目背景新，联系生活科技实际紧密；

全面性原则：题目类型全，考点覆盖全，题目背景全；

目的性原则：题目具有导向性，或考试具有目的性，符合核心素养立意；

靠纲靠本原则：不脱纲，不偏题，防止考试失真，起不到诊断功能。

第三节　从高考备考的视角看物理复习课

"忽如一夜春风来，千树万树梨花开"。我想关键不是春风，而是我们是否已经种下了那些梨树。

每一年高考尘埃落定之时，难与易的争论就不绝于耳。针对近几年高考试题,我们要做仔细研究:难,难在哪里? 难在哪几道题上? 还是全部都难? 容易,是否有陷阱? 是否有知识的死角? 学生能否得满分? 仔细研究近几年的高考物理题,因为物理施行等级赋分制,难也罢、容易也罢,对学生而言"无关紧要",对教师而言却非常重要。高考是指挥棒,它发挥着导向教学的功能。现在高考题由只要学习就会做的送分题、只要认真学习就会做的中等题、需要刻苦练习才能做的难题和饱含思维含量的超难题构成。那么平时我们在教学中应该怎样去把握呢?

我们都知道,高三一轮复习的主要任务是夯实基础,对于物理的复习,在基本物理概念、物理规律、实验探究、模型构建等方面务必夯实到位。以近几年的高考题为蓝本,从最基本的概念入手,以课本为原材料,做到知识与题目一定由课本引出,不能把知识建在空中楼阁里。强化对学过的基础知识梳理和归纳,并加以升华,对方法凝练与总结。复习功夫是否下到位,将直接关系到我们的高考成绩高低,可以说一轮复习的成功与否,就决定高考的成败。

高考物理试题的难易度不管如何变化,对物理基本知识的把握还是有要求的,获取信息、转换信息、分析问题、处理问题的基本方法和基本能力等基本要求是不会变的。作为老师要把自己的教学经验转化为学生学习的经历,所有的模型、方法都要与真实的问题情境结合,在真实问题情境的处理中培养学生的解题能力,呈现学生的思维表达能力。

一、物理复习要关注高考试卷的变化

在进行复习时,教师要认真研究课标山东卷,同时要参考其他省份试卷,但没有必要分析山东物理试卷与其他省份物理试卷的异同,因为学生根本不知道其他省份试卷怎样考。如果在这种情况下告诉他山东卷与其他卷的异同,就无异于告诉他一条错误的探寻道路。只是我们作为物理教师应该对教学思路、方法、策略、注意事项有宏观把控,深入研究即可,无需学生参与。

我们要认真研究《中国高考评价体系》,高考评价体系指导下的高考不断强化考试的育人功能,系统性地加强考试内容的思想教育和价值引领作用,要认真研究国家政策的变化。高考评价体系指导下的高考命题,呈现出"无价值,不入题;无思维,不命题;无情境,不成题"的典型特征。要注意高考试题考查的关键能力包括但不限于信息获取与加工、逻辑推理与论证、科学探究与思维建模、批判性思维与创新思维、语言组织与表达等,要用开拓创新的眼光看高考试卷。

二、物理复习要注重低重心教学

(一)降低高度 放缓坡度

在进行复习时,要注重对物理现象、概念、规律、理论基本知识的梳理与排查;注重掌握基本物理思想和方法;注重具备基本技能,理解能力、推理能力、分析综合能力的培养;要求解题做到读题、审题、画图、运算、文字、符号说明、书写清楚、卷面美观等方面的基本规范。关于概念的复习要让学生明白为何引入这一概念,如何定义这一概念,是什么类型的概念,如何测量相关物理量,常用单位是什么,引入这一概念有何应用,对应规律有哪些,与其他相关、相近物理量的区别与联系。关于规律的复习要让学生理解实验过程、推导证明、内容表达、公式表达、图像表达、适应范围、拓展应用,注重规律的来龙去脉,做到系统化掌握。

要善于用物理观念思考,把问题看透。要培养学生学会用数学方法解决物理问题的能力,但不要养成总是先用数学解析的办法去分析物理问题的习惯,导致物理学习总是不得要领,生搬硬套,简单问题复杂化。一定要先从物理观念上去理解,数学解析只是一种物理辅助,千万不要把物理学成了数学。

降低高度、实施低重心教学,不是要我们把知识落脚到最后一名学生,而是指学生与知识点要从最低点抓起,要把学生的起点放低,不要跳跃思维,不要跳跃式教学。一轮复习时需要慢慢推进,小步子密台阶,夯实基础,能力不是教出来的,是培养出来的,我们把基本的题型、基本的解题思路讲清楚、讲明白就可以了,讲再多的题也是徒劳,题海战术培养不出学生的素养。

(二)避免高大深难怪

物理复习最忌讳高大深难怪。我们不能把进行得慢定义为落实了基础,基础是什么?是根本。在复习的起始阶段要对步步陷阱、过深过复杂的高考题做到少选精选,它对学生的基础与能力的提高意义不大。比如2022年高考第17题的电磁问题,对立体空间想象力要求得非常高,重点考查了运动的时间与空间问题。像这样大型的综合题目要随知识与能力的提升逐步渗透,在一轮之后,学生形成物理观点和学科能力之后慢慢开展。

高,指的是高度或者是角度高,是讲给少数人听的,难度特别大的、最终少数人也未完全听懂,想一步到位,会出现全部掉队现象。高考题应该是目标或是作料,一轮复习时可以用来提味,但味道过浓学生也适应不了。虽然制度约束着他跑不出你的课堂,但他的心已经跑了。

大,指的是大型的综合性的题目,步骤烦琐,对于一轮而言,就点论点,前后知识稍加贯通即可,要小步子密台阶,一些学生知识已经回生,需要仔细认真梳理方可。复习时不要脱离课本,不要脱离最基本的练习,不要简单题入不了眼,不能臆测学生已经掌握了。多给学生讲讲基本题型,往往就是这些题让优秀学生存在失误。高考题重在基础、考查能力,所以我们要做到所有题目经过我们的手过滤一遍时,大鱼小鱼都要在,不能筛子眼太大,只有大的、没有小的,结果我们把大的给学生时,只有极个别的学生能拿住,其他学生手中空空。当他们手中空空时,学生就会失去学习的兴趣,很快就会滋生其他问题,那样学生的管理难度太大了,班主任的压力也就太大了。

深,深度。所谓的深度往往指的是陷阱的深度,坑太深了,我们的孩子是爬不上来的,老师为了帮助学生理解,又进行了层层铺垫,也就是又挖了不同的坑,结果是大坑未出来,又进入老师设计的连环坑。复习过程中尽量滤掉这种题目,如果确有必要,就干脆利索地讲解就是了,这很明显是讲给少数学生听的,就不要浪费大家的时间。

难,烦琐、计算量大、思考角度偏、物理观念前后联系复杂等。这种题目不要讲得过多,这是对极少数学生才能掌握的,偶尔弄出一道题目把玩一下未尝不可,真正进行有意识地讲练还得在二轮之后切专题进行。

怪,蹊跷、小众欣赏的、物理思维特别的。讲课一定讲普适的做题方法,少讲技巧。很多时候技巧来自于突发灵感,讲多了,让学生一门心思走捷径了,其实捷径往往是崎岖的山路,对于大多数学生而言有去无回。

三、物理复习时注重五个做到

规划做到精细。长期规划,是对物理总共 6 册书的总规划;中期规划,为 1 个月的规划,需精细到章节;短期规划为 1 个星期的规划,需精细到一节课怎样上。尽量地打得紧一些,宁省囤尖、不省囤底。

资料做到落实。不要放下这个、摸起那个,补充讲义最好以题的形式呈现。每一本成熟的资料都有其完备的知识体系,只要落实好,基本就不会有问题。

考案做到精准。在进行物理复习时,采取三案复习法:讲案、练案、考案。讲案、练案以一轮资料为依托,考案要精选,典型题、重点题、一轮资料补充题,做到难题重现、重点反复。需要有经验的老教师进行主备,不是分摊到每一个人,教学就是相互提携。

选题做到无误。题目是知识的载体,没有载体,你所讲的知识无处落脚,但载体过多则容易冲淡知识,所以多题归一比一题多解好。再就是分类过细,学生光记住那些分类就需要耗费大量的精力,这个模型、那个模型,其实在课本里很少见到我们所说的模型。题目不要区分旧题新题,因为旧新是对老师而言的,对学生而言都是新题,所以经典的、靠纲靠本的、能讲清楚知识的就是好题,不要求新求异,新题也是相对而言,明年就是旧题,所以不要一看到过去的题目,就觉得题目太旧了。毫无新意,关键是我们讲出新意了吗?每复习一部分内容,都要注重与这部分内容相关的围绕重要结论性语句设计的选择和判断题;每复习一部分内容,都要注重与这部分内容相关的、介于规律和一般题目之间能得出二级结论的题目;每复习一部分内容,都要注重能体现与这部分内容相关的、基本解题方法的题目。

讲课做到简洁。讲课或讲题时，要讲关键点，直接明了，不兜圈子、绕弯子、挖陷阱，应该告诉他怎样做，注意些什么，而不是你看看问题出在哪里，你再看看，你好好看，你再做一遍找找，少玩一些猫捉老鼠的游戏。当学生被弄得筋疲力尽时，也就对这门学科失去了兴趣。要强化物理建模思想，牢固树立对象模型、过程模型；建立等效思想、对称思想；掌握控制变量法、微小放大法、类比法、微积分法、极限法、外推法、整体隔离法，明确时空观点、动力学观点、质量观点、动量观点、能量观点等。强化将知识、方法等归类、整合，加深理解和迁移应用，如直觉、灵感、猜测、顿悟、升华、经验等。

四、一轮复习注重实效性

精心选题。每日做题、议题、选题，形成一张好讲义。研题：狂做、精选、分层；集体备课：合作、细化、把关模拟试卷。试卷一定高质量，切忌错误百出，版面乱七八糟，产生负效率。

定时定位。对于学生训练，不同的情景会有不同的状态，自由做和认真紧张地做、效果大相径庭，所以要做到训练的有效性，必须进行定时训练。训练要有目的性，是考查物理概念还是物理规律，是考查学生的学科素养还是考查学生的细心程度或克服困难的程度，要定位准确。

认真批阅。只有批阅才能发现问题所在，知道学生是怎么错的，不要估计，也不要听别人说，正确的答案总是相同，不同的答案有各自的不同，有条件可以面批，使得问题得到当面解决，同时可以全面了解学生存在的问题——共性和非共性的问题，采取不同的解决办法，使得课堂效益最大化。

全面分析。静下心来研究试卷，会发现问题所在，教的问题与学的问题自然而生，诊断问题解决问题是根本。

上好讲评课。关于讲评课的上法多种多样，很多人提倡归类讲评，其实有时候由出错得多的地方讲起也行，从头讲到底也未尝不可，关键是学生听懂了吗？能够通过考试得到效益了吗？

出好补偿题。不要用套题，组题的过程也是出补偿题的过程，选择题目一定要具有针对性，我们从网上下载考试题不做选择，只会低效耗时，让学生浪费大量时间，导致知识得不到落实与巩固，还影响其他学科。

相互交流。我们要关注学生的学习状态是否愉悦、忙碌、静气，这需要兴趣、习惯、氛围形成气场。对学生的管理注重扁平化、心贴心式的管理，自习做到零抬头。考试的主旋律应该是普润、鼓励、不放弃，只注意数据的考试最终连分数都容易失去。其实当老师与学生不再关注分数，而是关注教学的得失、学习的得失，关注自己是否又有了新的提高与进步时，才说明考试的导向性和真正目的。

五、进行物理复习时要注重反思

反思自己的课堂，一定有回音。站在自己的角度看课堂，怎么上课都行，因为我们对知识非常熟悉，但对学生而言，并不是我们认为的那样。想想当初我们上学的时候，老师讲的是滔滔不绝，我们听的是云山雾绕，老师例题分析得头头是道，我们看的是眼冒金星。对绝大多数学生而言，对知识掌握的精准程度与我们相比尚差很远，所以教师看似简单的问题，学生还得折腾半天，这时候更多的是给他们以鼓励，而不是批评与讽刺，相信假以时日他们就会掌握了，再过几年他们也许就会成为我们的同事，再假以时日他们就替代了我们，甚至强于我们。

作为老师，要备好每节课，讲好每类题，认真对待每一次考试，公平对待每一个学生；作为备课组，要精心出好每一张试卷，认真准备每一次集体教研，认真听好每一节先导课。通过个人和备课组以及学生的共同努力，一轮的复习要达到以下目标：物理常识熟悉；基本概念透彻；基本规律牢固；数学知识完备；基本方法熟练；思维能力过硬；试卷作答规范；心理稳定成熟。

第四节　从高考选拔的视角看考试技巧

学生在一生中会遇到大大小小、不计其数的考试，学会考试非常重要，这也是培养学生面对问题时如何解决问题的能力，有利于培养学生的科学思维，养成良好的思维习惯。纸笔考试就是将文字转化成自己熟悉的情境，用通用的、规范的方式表达出来。对于物理学科有四种表达方式：语言、文字、函数、图像（函数图像和情境图像）。要熟练完成"文字、函数、图像"三者之间的转换，即重视图形和图像的应用与分析。

一、考试前考有所备

（一）知识篇

知识梳理。对物理知识要进行梳理，使知识系统化、网络化、整体化。尤其要注重基础知识的梳理，对物理的基本概念、基本规律、基本方法、基本题型做到驾轻就熟。应对知识熟悉到就像骑自行车一样，不需要去管车把在哪里、脚踏在哪里、怎么蹬、怎么拐，你的注意力只是观察路面的坑洼、路上的行人、车辆以及红绿灯等。如果你还需要注意怎么蹬车，说明你不会骑车。犹如我们做题还需要思考用哪一块知识,说明我们还不会做题。你的注意力应是题目中的明条件、暗条件、陷阱与绊马索,至于应用哪些规律、应是随手拈来的事情。

查漏补缺。突破知识的难点,强化知识的重点,对常考题要落实习题集、错题集、好题集,对易错点落实讲义、尝试旧题新作、尝试方法归一。考试就考那几个题,题型的构建及角度几乎都有迹可循,仔细想想高考题解题的方法始终未变,变得仅是我们而已,尤其是容易受一些教辅资料的影响,受一些解题技巧的诱惑,要牢记大朴至真,普适的才是永恒的。

总结升华。整理解题思路与方法,归纳与升华,以高考题为蓝本进行总结升华。高考具有记忆性,旧题新考比比皆是,一定要牢记题目仅仅是载体。高考的目的是选拔人才,一是基因型的(聪明的),二是劳苦型的、甘于奋斗的。因为这两类人推动了社会的前进,所以高考题也会按劳苦型的、基因型的两类题来出,目的是把这两类人选拔出来、同时也区分出来。所以高考题不会避讳旧题,不会避讳知识点的重复,不会避讳难易的截然分开。

试题设计。能根据考试的内容自己设计试卷,需要根据考题的类型自己总结出各种题型的考点及解法。物理试卷总计 18 道题:8 道单选、4 道多选、2 道实验、4 道计算。大脑一定要有一个基本的设计,第一题考什么、怎样解决,第二题考什么、又怎样解决。这是一种能力,体现了自己思维的逻辑性。

重温教材。物理教科书是最好的复习资料,每天都要坚持看。做过的作业、试卷、错题集和笔记本也要经常翻阅。处理好"考试"与"落实"的关系。每节有计划,每分有收获。坚持这样的原则:容易题,确保不失分;中档题,争取多得分;难度题,不放弃,做一步是一步,得一分是一分,分厘必争。

保温小测。考试过程中的自习课,建议进行一些小的定时训练(短时训练),如一道题的定时训练、选择题的定时训练等,而不是翻阅以往的资料,走马观花式地翻阅资料毫无意义。相互之间不要讨论,因为那样效率低还容易开小差。考前小的定时训练既有利于手感,又能安抚自己紧张的心灵。高考前不要听那些小道消息,什么信息卷、密卷,都是不切实际的。那只是卖资料的一个噱头,实际上毫无意义,不仅让我们做了无效劳动,把力气花在不该花的地方。最可怕的是,当我们到了考场上才发现自己得到的信息毫无价值,这时就慌了手脚,需要一段时间才能恢复。

(二)心理篇

心态平和,克服极端思想。过度兴奋容易使人得意忘形,易犯低级错误;过度悲观会使人丧失斗志,遇到挫折止步不前;而无所谓的态度只会使自己自暴自弃,复习无激情、考试无状态,最终落于平庸。因此考试前要做好准备,顺其自然,不过多改变平时的安排,保持适度的兴奋,要有平静的心态,"我易人亦易,我难人亦难,一切抛天外,唯我独存在"。

缓释压力。应对考试要积极,有压力、有焦躁感是正常现象,适度的焦躁是取得好成绩的关键,因为你对考试重视才会出现焦躁感,不要怀疑自己。即使晚上失眠了,说明自己不困,说明自己精力旺盛。同学之间不要开无聊的玩笑,因为大家精神状态已经绷到极限,由不得半点风吹草动,弄不好同学之间还会大动干戈、伤了和气。

补强弱科。打铁还须自身硬,你感到困难的学科是你最不扎实的学科,所以在考前应加大复习力度,心中有底气才不惧考试。同时告诉自己、困难的学科只要不输得太惨就是胜利,但也应注意自己的强势学科在考试遇到挫折时,要相信其他人也好不到哪里去。

保证休息。考前的晚自习一定要保持良好的纪律,潜心对第二天的学科备考。晚自习的复习对考试知识内容基本毫不相关,对第二天考的好坏基本没有一点关系,对成绩的影响微乎其微。想想半年的复习不如一晚上,岂不是笑话。但考前的晚自习的纪律对自己心理的影响至关重要。班级乱了,说明心散了、神没了,斗志与状态也被带走了,第二天的考试肯定会受影响。

(三)身体篇

按时休息。轻易不打破作息规律,休息好,保证充足的睡眠,不开夜车,最好的休息就是拥有充足的睡眠,开夜车是最不可取的。不争吵,不外出,不谈考试内容;不为偏、难、怪题耗心费神;第一场考试要提前到场,不能迟到。

注意饮食。合理安排饮食,整个高三期间、特别是高考期间,你的自主神经并不是非常协调,比如经常出现感冒、发烧、拉肚子、失眠等情况。高考结束这些症状都会消失,所以不吃垃圾食品、不暴饮暴食,有的同学感觉这样的生活太苦,其实成功的前提是抵制住诱惑、耐得住寂寞。

注意健康。考前宜静不宜动,不作剧烈运动,如踢足球、打篮球等,防止不小心受伤,在以往高考前有不少不小心受伤的案例。适度的散步是有益的,可以缓解压力。不冲冷水澡,积极预防感冒,高考时感冒发烧,没有人同情你,高考依旧会进行,大学录取依旧看分数。

二、考试中考有所巧

(一)入场关

考前物质准备。在考试前一天晚上睡觉前,就要准备好准考证、身份证及考试用品(中性笔、铅笔、橡皮等),将考试用品装入专用的塑料袋。另外,最好提前去考点看一下自己的考场位置,这样既熟悉了考试环境,也熟悉了从住处到考点所需要的时间。

入场须做"心灵操"。首先,进场铃响时进入考场,看一看教室四周,熟悉一下陌生的环境。入场不要闲谈。提前入场找到位置,坐下后一定不要与任何人闲谈,可以闭目养神略作小憩,调节心理状态。坐在座位上,尽快进入角色,不再考虑成败、得失;调整一下迎战姿态:文具摆好,眼镜摘下擦一擦,证件放在桌上角,以便老师检验。把这些动作权当考前稳定情绪的"心灵体操"。

(二)开考前

填写项目要仔细。考前 10 分钟,填涂答题卡,多次检查,防止出错。

认真涂卡。考前 5 分钟,拿到考卷后 5 分钟内不允许答题,考生应先在规定的地方写好姓名和准考证号、考试号,以免最后仓促交卷,成为"无名氏"。现在实行条形码,这一点不用担心,有的同学对条形码贴得不规范等细节很纠结,其实不必纠结,具体到时自然会处理好。然后对试卷做整体观察,看看这份试卷的名称是否正确、共多少页、页码顺序有无错误、每一页卷面是否清晰、完整,同时听好监考老师的要求。这样做的好处是可以及时发现试卷错误,如有异常可尽早调换,避免造成不必要的损失。考试过程中一定不要污损、折叠答题卡,否则会带来不必要的麻烦。

开始预热。考前 4 分钟,开始做选择题,一定要慢做,因为此时的状态是比较差的,何况是白拾的时间,力求做一个对一个,注意千万不要动笔。

(三)考试中

1. 规范填涂答题卡

填涂答题卡不难,但平时考试总有人因涂卡不认真而丢分,近期阅卷,发现的问题有:没有时间涂卡,最后匆忙涂上,高考打了结束铃是不允许涂卡的;涂得不完整,轻轻一划或不足半个格,导致读不上;不按要求涂,涂在偏上或偏下框外导致读不上;涂得偏左或偏右超过框导致单选变多选,不得分;修改擦不干净,把不该读的读上了,识别时成了错误答案;涂错位串了行,漏涂、错涂现象也少量存在。需要提醒同学们的是,最迟要在Ⅰ卷做完后就把卡涂好,即做完选择题接着涂答题卡,然后翻扣在桌面上,接着做非选择题;英语选择题多,应分开涂,不要等到最后 15 分钟再涂。

2. 卷面整洁且美观

笔答题一定要用黑色中性笔书写,图像要用铅笔作图,尽量做到卷面整洁、步骤规范、书写认真。虽然考前考生也会多次提醒自己一定注意卷面,但往往做着做着就找不到北了,功夫在平时,临时抱佛脚肯定不行。要知道,工整的书写、整洁的卷面很可能使阅卷老师"一见钟情",所以,书写时要注意耐住性子,尽量整齐美观,特别是涂改时应轻划一斜杠,不要一改就是一个墨疙瘩,很影响卷面的整体效果。心理学的晕轮效应表明,一个人对某人有了一定认识后,会影响其对此人其他方面的认识和评价。高考主观题阅卷是一项十分艰巨的任务,天气热、时间紧、工作量大、难度高。阅卷老师在这种高强度、枯燥、单调的批改过程中,难免会产生疲劳、厌烦的心态。现在高考的主观题一般都是"踩点给分",若试卷涂涂改改、不堪入目,阅卷老师自然无法始终如一地在"丛生的杂草"中苦苦搜寻、披沙沥金。做物理计算题时最好分成版面做题,分栏写步骤这样让人感觉简练有条理。做错了轻易不要划掉,直到有正确的结果后,用一道斜线划掉,不要涂鸦,因为未得到正确的之前,原来做的方向未必错。注意语言叙述要到位,尽量用公式表达,不要长篇大论,以免出力不讨好。

3. 认真审题要牢记

每做一道题都要全面、正确地理解题意,弄清题目要求和解答范围,抓住重点,然后扣题作答。有些题目,似曾相识,貌似简单,一些考生匆匆瞥上一眼,欣欣然大笔一挥便已了事。而实际上,题目中虽然只更换了一两个词,但已变换了问题的角度,为你设下了一个"美丽的陷阱",而你一不留神就上当了。有些题目的表述较繁,必须认真剖析、反复推敲,抓住关键词,单刀直入、切中肯綮。所以,审题时务必要千万小心! 有些考生可能会疑惑,这样谨小慎微地审题,哪能按时完成? 其实,"磨刀不误砍柴工",在审题上多花时间,正是为后面做题更少浪费时间,少走弯路,提高准确率。

选择题要做到四点:一是审题干把握材料中心点;二是审题肢,寻找干肢结合点;三是审指向,确定选择切入点;四是展开联想发散思维,运用平时所学知识,做出准确的选项。综合题要理清思路,使复杂的问题条理化,用三个步骤来解题。首先阅读理解材料,审清题意;审材料,把握试题的中心点;审设问,寻求问题的结合点;审指向,确定答题的切入点。其次要最大限度获取有效信息,形成综合性的信息解读。最后能充分利用有效信息,并结合所学知识对有关问题进行规范性答题,在论证中做到观点明确,表达清晰,逻辑严谨,尽可能接近高考评分细则的答案要点,切忌交空白卷。

对待容易题,就要小心了,越是容易题、越治所谓的好学生,关键是考查学生的细心程度,一定要慢做求全对,高手与低手的区别就在于高手能把容易题做到极致。对待难题,你把题读三遍,一定会找到思路,或者做出一部分,不至于一分不得。对待熟题,更要小心。在考试中没有熟题,都是必须做的考试题,不然熟题变输题,因为可能题目中的数据已经发生了变化,即使没有变化,他人也做过,你还有什么可高兴的,应认真对待、才是考试的心态。

4. 答题策略要讲究

要答好题目,必须明确主观题答案是由三大要件构成的。一是理论部分,要求准确选择与解题有关的基础知识,而且陈述要准确、简洁。二是论述部分,要求在论述过程中,把学到的知识和题目材料所对应部分挂起钩来,或者用理论分析材料,或从材料中提炼出观点,或用观点分析材料,或用材料论证观点。总之,要有机结合,顺理成章。同时要注意做到层次清楚,条理分明,详略得当,重点突出。三是小结部分,在小结时,或针砭时弊,或表达态度,或点明意义。这些都要从题意出发,点到为止。

要特别讲究答题策略:先易后难、先熟后生。先做简单题、熟悉的题,再做综合题、难题。应根据自己的实际,果断跳过啃不动的题目,从易到难,可以增强信心,但也要注意认真对待每一道题,力求有效,不能走马观花,有难就退,伤害解题情绪。先小后大,小题一般是信息量少、书写量小,易于把握,不要轻易放过,应争取在大题之前尽快解决,从而为解决大题赢得时间,创造一个宽松的心理气氛。注意分段得分,高考阅卷评分办法是分段评分,或者"踩点给分"——踩上知识点就得分,踩得多就多得分。所以对于难度较大的题目采用分段得分的策略实为一种高招儿。对于会做的题目,要解决"会而不对、对而不全"这个老大难问题。会做的题目要特别注意表达的准确、考虑的周密、书写的规范、语言的科学,防止被"分段扣点分"。如果遇到一个很困难的问题,确实啃不动,一个聪明的解题策略是,将它们分解为一系列的步骤,或者是一个个小问题,先解决问题的一部分,能解决多少就解决多少,特别是那些解题层次明显的题目,或者是已经程序化了的方法,每进行一步都可以得分,最后结论虽然未得出,但分数却已过半,大题拿小分。

高考是限时限量的选拔性考试,现在各科题目不仅难度大,而且阅读量大,时间很紧张,不允许做大量细致的解后检验,所以要尽量准确,立足一次成功。解题速度是建立在解题准确度基础上,不但从数量上,而且从性质上影响着后续各步的解答。所以,在答卷时,要在以快为上的前提下,稳扎稳打,字字有据,步步准确,尽量一次性成功,提高成功率。不能为追求速度而丢掉准确度,甚至丢掉重要的得分步骤。假如速度与准确度不可兼得的话,就只好舍快求对了,因为解答不对,再快也无意义。

采用灵活策略。选择题,千万别留空白,真不会就凭感觉,相信自己的第一印象;简答、论述题,要条理清晰,最好采用"首先""其次""最后""1""2""3"等标志语分出层次;计算题要上下排列有序;主观题,要分步解答,做一步算一步,即使不会,也要理解多少就答多少,做总比不做强。

5. 剩余时间

首先检查答题卡填涂的正误,再攻克没有做出的题,没有必要走马观花式地检查,做毫无意义的事情。着重检查有无漏题,是否切题,有无笔误。做完后要检查题目答全没有,有无漏答;检查答案与题目要求是否吻合;检查答案是否正确、完备；检查有无错字、别字、掉字、掉句现象。

（四）交卷后

考完一门后，不比、不议，盯紧下一科，全力以赴；即使自感失误较多，也要抱着"这科考差了，下科捞回"的积极心态，以旺盛的斗志、必胜的信心迎战下一场。一些考生在平时已养成一种陋习：一科考完后，急于对答案。考得好则沾沾自喜，怡然自得，导致下一科"大意失荆州"；考得不好则长吁短叹，黯然向隅，以致下一科考试无精打采，匆匆收场。实际上，这是胸无城府、心浮气躁的表现，乃考场之大忌。所以，在高考期间，不管考得怎样，都不要过多去想，自寻烦恼；更不要急于对答案，自添包袱。要善于及时遗忘，力求保持一种平和的心态，调整好情绪，全力以赴地准备下一场的鏖战。总之，高考虽"高"，但并不是高不可攀，并不可怕。只要我们准备充分，临场不乱，娴熟地运用应试技巧，就一定能超水平发挥，战胜高考。

（五）考试期间的自习

考试期间平常化，早晚自习、卫生、纪律等如平常，越在关键的时刻越是体现一个人的素质。

三、平时考试后要考有所思

考试过后进行对错的分析、估计分数、对试卷反思、成绩下来后与估计分数的比较、整体评价反思、写考后反思、与班内同学比较分析、与最好同学之间差距的分析等。具体而言，要做到以下六个学会。

学会估题。通过估题培养学生对重、难点的认识，对知识有一个整体的框架。估题的过程也是对知识总结升华的过程，是素养与能力提升的有效手段。

学会考试。通过考前的考技指导，培养学生良好的做题习惯及答题技巧。应考技巧不是投机取巧，而是一种逻辑安排，这也是对生活、工作等的一种逻辑能力的培养。

学会估分。现在使用网上阅卷，学生看不到老师批阅情况，通过估分与实际得分的比较寻找得分点与失分点，来找与自己估计的差异。估分也是自我评价、自我认知的过程，通过与最后真实评价相互对照，对自画像的线条加以纠正，为以后的学习、工作找出方向，这是自我剖析、自我提升的过程。

学会纠错。能针对标准答案，找到知识的盲点与不牢固点，然后进行弥补。纠错重在措施，措施得当，防止此类问题不再犯才是根本，不是就题解题、纠正答案。反馈落实、自我纠错才能使自己前进的方向不会跑偏了。

学会总结。总结不是对自己的鞭挞，也不是对自己的咬牙发狠说下一步如何如何学习,关键是要找出自己的问题所在,从心理上到知识上认真剖析,为以后作为借鉴。总结的目的是让自己不再犯此类的错误,吸取教训,也对自己取得成就作出肯定,找出原因,为下一步学习提供动力。

学会成长。在考试中不断积累经验,不仅是知识上而且心理上逐步地成长起来。学生的发展才是根本,通过考试让学生的素养生成,落实物理学科核心素养,为国家培养人才。

除了高考,高三的所有考试之后都要立即分析试卷中存在的问题,做到趁热打铁,试卷要做到在教师讲前全部落实好。真正高素质的同学,特别注意这些时间,大家都在松懈的时候,唯独你投入进去了,你将比别人多收获很多。注意自己的情绪,"失之东隅,得之西隅",舍得舍得只有舍才有得,退一步是为了更好地进一步,要有斗志,不能停留,不能因为一次考试就丧失了自己勇往直前的勇气。考得超过你的预期,你要小心了,说明有很多是侥幸得的,不是每一次都会这么幸运,所以要更加刻苦。考试总有起落,好则不喜,差也无需恼怒,应及时发现问题,准备后面的学习。

附考试纵横编制

考试纵横　第三期

主　　编：　　　　　执行主编：

考试时间：2020 年 11 月 10—12 日

考试名称：高二年级期中考试

本次考试我的成绩

语　文	数　学	英　语				总　分	班　名	级　名	市　名

阅卷 分析	一、选择题 　　得分率较低的题是 5、10、12。其中 12 题得分率仅为 3.8%，失分的原因是不知如何着手分析图像题，分析图像，切记找交点、拐点、平衡点、横坐标、纵坐标各自代表的含义。 　　二、非选择题 　　15 题：实验题基本上没有满分，问题主要出在第一个选择题和第二个填空题上。第一个选择题基本上是漏选，错的很少。出现这种情况主要原因应该是思维不够全面或不敢选造成的。第二个填空题改卷的时候必须卡两点，一是打开充气开关，第二是滑块能静止或连续两次通过光电门的时间相等。第一条基本上就没有对的了，这个空就得不了分了。第三个实验题就是会与不会的问题，少数同学出现了漏减安培表内阻的现象。 　　16 题：答题空白的同学至少占 1/4，答题的同学错误主要出现在记错了安培力公式，许多同学写成了 $BI=FL$，而且不知道安培力的方向。其次就是磁感应强度的单位没记住，各种单位都有。还有计算问题，公式写对了，答案全错了。 　　17 题：全对的同学约占总数的占 1/4，空白卷的同学也约占 1/4，有一半的同学能得分，但得不到满分，错误主要在以下几点： 　　第一，写加速度公式时忘记重力，导致结果错误，计算出的电势差错。 　　第二，由闭合电路的欧姆定律求电流时，找不清回路的总电阻，导致电流出错。 　　第三，电源的输出功率和总功率分不清。 　　18 题：第一问，a 球下落用动能定理时，质量代错，导致计算错误。a 球碰 b 物块时字母书写混乱，不写原始方程，直接背结果解 a 和 b 的速度。第二问，在写能量守恒表达式时写成了对 b 的动能定理导致错误。另外就是把第一问错误数据带入第二问导致结果错误
自我 剖析	
目标 措施	
师生 互助	

第五节 从高考人才选拔的视角看优生优培工作

新时代对高尖端人才的需要比以往任何时候都更加迫切,对科学知识和卓越人才的渴求比以往任何时候都更加强烈。优秀学生是培养出来的,这一点我们非常清楚,而名优生培养是一个系统工程、是一个长期的过程,应本着"方法上引领、精神上激励"的管理策略。关于优秀生的几点思考:优秀的背后是成长的方式不一样,习惯决定孩子发挥智商的水平,思维方式决定孩子的未来;能力和知识的关系,知识为重的时候付出得多收获得少,能力为重的时候付出得少收获得多;开始的时候越慢越有后劲,开始的时候越快越没有后劲。高中三年一盘棋,从高一就要开始做好长期的培养计划,高一、高二着力于提升学生的综合素质,主抓物理竞赛辅导工作,拓展学生的物理核心素养,高三着力于物理知识体系的完备、能力体系的形成、应试心理的调适、应试技能的提高等。

一、优生培养的基础工作

高一精准选苗,着力培养。高一工作就是选苗育苗,做到层层筛选,不断优化,选苗过程也就是培养的过程,也是最用心的过程,要注重调研学生的家庭、格局、视野、素养。同时选择一位好班主任非常重要,好的班主任会引领一个班级、带动一个年级。

高二习惯培养,班主任是核心。高品位、高格局、高情商、高智商的班主任,会自如驾控班级,能从关爱的角度看待学生的兴趣与爱好,能拿捏与把握好"教之道在于度、学之道在于悟"的精髓。优秀的学生必能自主学习,但优秀并非自然养成的,起始阶段的培养、引领非常重要,这也是班主任和老师最辛苦的阶段。多通过活动引导,让学生体悟向上的动力、人格的魅力、感恩的心态,少给学生灌输心灵鸡汤。严而有格,对优秀学生纪律的要求是最严格的,对老师学习指导能力要求是最高级的,要求老师不仅能教好,关键是能指导好。假期绝不停歇,学生自主学习,老师投放任务,老师一周每人有一次答疑。在这里学生的自主学习就会放大凸显。

高三名师引领,老师更重要。学校一直坚持"有为才有位,吃苦才吃香",积极落实五项激励措施。进高三时,面对全校找老师,荣誉待遇尽力倾斜,让付出的人不吃亏。

二、聚焦聚力 聚心聚智

高一、高二着力于提升学生的综合素质,主抓各学科竞赛辅导,拓展学生的学科素养,高三着眼于知识体系的完备、能力体系的形成、应试心理的调适、应试技能的提高等。

(一)聚心聚力 择优培养

以名优生需求为参照物,要求老师进行课堂设计及讲授,做到高起点、快节奏、重落实,特别是要还时间给学生。试题的组织及批阅,课堂的提问、板演等是针对这部分学生展开的。我们说的"盯""蹲""靠""泡",其核心就是坚持,围绕核心人、核心事丝毫不动摇地坚持,贯穿始终地坚持。

给师生明确高考目标,确立自己努力的方向。分解目标,把成绩分解到各个学科,给共同设定基本的分数目标到每个学科、甚至到每个题型。

(二)聚心聚智 实施个性化培养

为名优生量身定制具体的培养措施,建立名优生潜力档案,重点记录名优生在上课、作业、试卷上的差错并制订相应的纠错方案。针对学生的薄弱学科确立各培养对象的跟踪老师,扬长补短、扬长在前、补短在后,扬长为主、补短为辅。弱势学科的形成是一个历史长期遗留的问题,不是一朝一夕能提高的,千万不要挤占强势学科的学习时间,拆强补弱,很有可能弱的没补上,强的拆掉了,策略决定成败,策略一定要对。

高考复习的后期,采用"以考点为核心,以试卷训练为切入点,以错题为线索,以诊断出名优生在基础知识、基本能力、心理上的薄弱点为真正目的,而后专题训练、专项突破,达到夯实基础、提升能力、强化自信"的复习模式。为达到为名优生查缺补漏、强基提能之目的,需要做的工作:精选试题,限时训练,强化熟练程度;错题登记整理,沉淀,课本找依据,夯实基础;换位分析找出学生在考点、能力点上的不足;横向联系、专题突破、提升能力;反馈练习、强化巩固。

(三)严格要求 杜绝失误

提高名优生答题的技巧,就是减少失误的技巧。名优生的成绩已经到了一个极限位置,提升空间不大,零失误是名优生修炼的基本功。所以在考试中要养成清算应得而未得的分数的习惯;要清除屡犯重复错误的毛病;要克服答题不规范的弊端;要改正审题不清、题意理解不准确的错误;要留意粗心大意出错的地方;要加强识记,保证记忆题的得分;要训练答题的速度,学会合理安排时间;要提高书写质量,注意规范答题;要注意答题步骤的清晰性和周密性;要严格遵守题目的要求。

（四）挫折磨炼 锻炼强大的抗压能力

适当地进行各种体育活动，如羽毛球训练、打乒乓球、踢毽子等；再如组织名优生一起看励志视频，一起听励志歌曲，一起分享状元心得，让学生得到调整和放松；又如通过温馨提示、经典名言等不同方式从不同角度来鼓励学生，增强信心，稳定状态。平时练习，压低分数。压住才能让学生绷紧，才能倒逼学生寻找问题，才能做到切磋与琢磨。压住多磨砺，锻炼学生的心理承受力。

（五）强化自主学习 增强合作学习

在教学中尽可能地创设宽松的学习环境，还学生主体地位，创设宽松的学习环境，同时给名优生创设一起切磋交流的机会，交流学习方法，交流学习心得，以思想碰撞思想，在碰撞中升华思想，互相砥砺，彼此解惑，取长补短。合作学习的内容有：研讨、交流各科的学习方法、收获与体会；解决学习中存在的模糊问题；交流应考的经验与方法、教训与启迪；提供典型的问题一起讨论、分享。

三、欲培养优生先培养优师

培优班的老师不仅仅需要能力，更要具有责任担当、无私奉献的意识，具有团结合作、勇于变革的意识。培养带培优班的老师是市区教研室和学校的重要工作之一。以教研员为代表的强大的专业研究团队给予了我们学校极大的支撑，每月一视导，既是指导又是督促。学校领导带培优班，已经是学校的惯例，校长每月一集听、一调度，小班每周一教研，处处彰显对培优班重视的高度。各科教师既要制定长期目标又要制定阶段性目标，保证每位名优生都有足够的学习动力和健康的心理，积极营造出昂扬向上、不甘落后的学习氛围。

档案细致跟踪。按照确定的名优生名单，对名优生成长进行过程性记录，做到不流于形式。各科教师必须监督名优生建立常错题本，将名优生每次月考中常错题做记录并分析。重视对名优生解题规范的训练，使他们在考试中不丢不该丢的分。从每次考试中分析名优生试卷卷面，针对试卷中出现的问题进行诊断，并针对性地编制个性化习题，清除名优生的知识盲点和能力盲点。

注重品质培养。重视对名优生优秀品质的培养，经常指导督促名优生对学习策略、过程、学习方法等进行自我归因反省，有意识培养学生自我监控、驾驭自我的品质。如考试后个人小结反思等。老师的功夫是命题，培养名优生讲课，并且要求名优生进行归类讲评。

提供个性化辅导。辅导要因人而异，但必须坚持面授这种最有效的辅导方式。对名优生必须做到学科适度平衡，扬长补短，切忌顾此失彼。重视对名优生解题规范的训练,使他们在考试中不丢不该丢的分。

提供海量资料。为名优生提供有价值的素材、试题信息、报刊文摘等。可在网上搜集各地针对名优生所出的训练试题;搜集名优生月考试题。集本学科资深教师集体智慧,为名优生会诊。

做好优生心理辅导。为名优生排忧解难,名优生是指成绩好的学生,但成绩的优劣只是学生成长的一部分,学生是否拥有健全的人格,正常的心理对他们的一生都至关重要。

四、高三后期优生培养措施

高三是名优生培养的冲刺阶段,必需措施得力,方能使名优生脱颖而出。要求学生具备的能力,老师也应具备,老师的水平直接制约着学生的水平。这里的水平指的不仅仅是知识,更多的是素养,对于物理教师而言,人文素养是一个短板。

协调好考试与复习的关系。一轮之后,打破二轮、三轮的界限,打破专题讲评的思维,以考带练,通过考情切专题讲解,根据需要进行考试。需要最重要,双周考或一周多考,或某个科目阶段性的多考都可。每套试题做完之后,要总结归纳自己的收获,切忌钻研难题偏题怪题,好高骛远。

抓弱科、稳强项、提效率。扬长补短、重在扬长。强势学科找弱项,让强势学科真正做强,使总成绩始终有一个强有力支撑;弱势学科找强项,让弱势学科不至于太弱,让弱势学科在逐渐补充的过程中有计划地变强。

时时调节应试心态。心态决定命运,在二轮复习中要实现巨大的跨越,就要学会培养良好的心态。正确看待学生受到的挫折:如切如磋,如琢如磨,多去磨砺学生,登大殿之际跌一跤,只为了让自己更清醒。人都是有弱点的,名优生也不例外,而班主任就是最好的心灵导师。班主任要做到真诚以待,做到倾诉、同感、共鸣、转移、消化、激情投入,告诉学生,谁的成功不是跌跌撞撞、摇摇晃晃地走过来的? 哪有一帆风顺的成功? 做到点燃、共享、碰撞、共鸣、落实、践行。

查缺补漏,夯实基础,拓宽视野,强化建模。一轮复习重点放在基础知识、基本技能上。基础知识是分析问题、解决问题的工具、依据,只有基础夯实了,能力提升才有了保障。教材是高考命题的依托,也是高考复习的依托,抓基础一定要看教材。一定要把教科书认真读一读,把基础知识认真落实;抓基础一定要把课本上的题认真做好,有些高考试题就是课本上的练习题的变形,课本上的练习题是最基本的,不但要会做而且要熟练;抓基础还要认真分析期中试卷、一轮试卷,跟着老师分析试卷是必需的,自我分析也是必需的,成功经验、失败教训、得分原因、失分原因、解题思路、解题切口等,一定都要清清楚楚。

查缺补漏的具体做法是关注已做过试题中的错题,分数的增长点就在错题上,对那些易错易混的知识点,一定要摸清摸透,避免不必要的失分;要对高考进行专门的研究,以把握命题方向,还要穿插解题思想与方法,进行思维能力的培养;对近三年来的新高考试题进行研究,把握当年的命题方向与脉搏。这里面还要穿插如何进行做选择题、填空题、解答题,进行专项训练,学会"秒杀"客观题,规范解答主观题。

拓宽思维,强化奥赛。着重加强名优生的奥赛辅导工作,加强奥赛强基的培训,拓展他们的思维。根据不同的学生制定不同的奥赛套餐,从农村专项、强基等不同层面,引导学生参加奥赛辅导。从高一抓起,高三仍需不断强化。多阅读有高度、有深度的关于最新高考导向的文章,把握最新的高考脉搏。引进外地新高考研究的专家和名师给学生做讲座或直接进入课堂上课,让大家感受最新的高考课堂改革动向。

稳住军心,静待花开。高三后期的任务,平稳最重要。引导学生做自己的欣赏者,不做功利的负重者,从容登场,优雅离场。

培优的具体过程,就是遵循教育规律、静待花开的过程。培优一直在路上,我们还走在培优的路上。

第七章

立足培养人 落实立德树人根本任务

——中学物理高质量教学模式下育人观

党的二十大报告指出，全面建设社会主义现代化国家，必须坚持中国特色社会主义文化发展道路，增强文化自信，围绕举旗帜、聚民心、育新人、兴文化、展形象建设社会主义文化强国，发展面向现代化、面向世界、面向未来的，民族的科学的大众的社会主义文化，激发全民族文化创新创造活力，增强实现中华民族伟大复兴的精神力量。提高全社会文明程度，实施公民道德建设工程，弘扬中华传统美德，加强家庭家教家风建设，推动明大德、守公德、严私德，提高人民道德水准和文明素养，在全社会弘扬劳动精神、奋斗精神、奉献精神、创造精神、勤俭节约精神。

教育部考试中心原主任姜钢说，高考必须坚持立德树人。习近平总书记指出，教育要坚持正确方向、坚持立德树人、坚持服务大局、坚持改革创新；教育要为人民服务、为中国共产党治国理政服务、为巩固和发展中国特色社会主义制度服务、为改革开放和社会主义现代化建设服务。高考为国选才、为高校选拔新生，是高校人才培养的第一关，必须始终把坚持正确政治方向放在首位。要把"四个坚持"和"四个服务"作为高考命题和内容改革的基本遵循，把握好人才培养和人才选拔规律，使其贯穿于高考全过程，全面提升高考的育人功能和积极导向作用。坚持以立德树人为核心，全面深化考试内容改革，着力考查社会主义核心价值观，弘扬以爱国主义为核心的民族精神和以改革创新为核心的时代精神，加强对中华优秀传统文化、革命文化和社会主义先进文化的考查，引导学生增强宪法意识、国家意识和社会责任感，树立中国特色社会主义共同理想，增强中国特色社会主义道路自信、理论自信、制度自信、文化自信。

"立德树人"是教育的根本任务和时代主题。育人为本，在于立德铸魂，作为每一位教师有责任、有义务，培育和弘扬社会主义核心价值观，让学生坚守理想信念,把自己的"小我"融入祖国的"大我"、人民的"大我"之中,更好实现人生价值、升华人生境界。社会向前不断发展,教育同步不断改革,但立德树人根本任务始终未变。只有始终把立德树人作为教育教学的中心环节,回答好"培养什么人、怎样培养人、为谁培养人"这一根本问题,春风化雨、凝心聚力,才能培养更多德才兼备的有用人才,汇聚起铸就教育强国的磅礴力量。

有时治愈,常常帮助,总是安慰。作为医生是这样,作为老师亦是如此。更多的是给予学生信心与力量,真正的成长是学生自我的成长,作为老师应该有育人的理念和境界,给学生指明方向与道路。以下四节是从育人角度,在教学过程中,笔者对学生的指导。

第一节　沉浸其中　沁润于心

——渡过高中这条河　做最优秀的自己

很多时候我们以为自己已经长大,于是我们展开自己弱小的翅膀进行了一次又一次地试飞,而每一次都是跌跌撞撞,甚至遍体鳞伤,而恰恰就是这一次又一次的锤炼,让我们不断汲取生命的力量,从而拥有了迎风高翔于九天的能量。而那些被岁月碾过的痕迹,后来都有了生命的样子,最终成为经久不衰的历练与成熟。

高中的整个过程就是这样,因为它是人生最重要的一次超越、升华和蜕变。我们如何渡过高中这条河,今天需要我们做的依然是扎扎实实踩实脚下的每一步,安安静静过好当下的每一天,使自己每一天都沉浸在学习的愉悦中,沁润在感悟的成长中,努力去做最优秀的自己。

高中的学习,情绪是智慧的天敌,唯有沉着才能让我们成长,所以我们要做到沉而不浮。

在前进的道路上有困惑、心理有变化,这是正常的。面对自己未知的前途与未来,谁都不可能是麻木的,只是有的人显得成熟一些,有的人显得急躁一些。这也是高中的魅力,经历就是成长也就在于此。我们会面对诸如努力了成绩不升反降、错题整理不过来、努力不见效、该不该熬夜、要不要补课、心浮气躁怎么办等问题。有困惑是正常的,但很多都是表象的、错误的,这需要我们优化心智,调整思考问题的思维方式,从当下的小事做起,人人大有可为。我们要明白,生活亦如此。带了伞,却没下雨;很努力,却未如愿。很多时候别急于否定,多点耐心,相信会越来越好,所有的美好都会不期而至。

任何时候、任何事情,我们都不要过于乐观,因为一招不慎将满盘皆输,现在还是攻城拔寨的时候,还远没有达到一定江山,一时的大意就会节节败退,所以应该继续努力、再努力,争取最后的胜利。同样也不要过于悲观,仿佛自己如坠深渊、无药可救,这是非常可怕的。一个人的悲哀不在于技不如人,而在于自暴自弃,其实不必沮丧,十年河东十年河西,胜负还未可知,这是十二回合的拳击比赛,不是表演赛,不要在意每个回合的点数,而是在于自己是否具有雷霆一击的能力。

浸泡其中。高中的学习,成功来自坚持,只有专注而投入、方有所获,所以我们要浸泡于学习中。只要方向正确,那么就浸泡其中,方法是多次努力尝试之后的结果,不要相信所谓的灵丹妙药。大直若屈、大巧若拙,最好的方法就是浸泡其中。背靠优秀的教师团队不慌乱,个人静悟落实增实力,量力而行做小事,一点一滴抓落实。刻苦努力,拿事把时间填满,无事易生非,当自己沉浸在学习的愉悦中,也就没有那么困惑。状态是练出来的,务必练至终章;一天一点变化,每天都有成就感;用心体会,拿感觉把心填满。

解决问题靠落实。落而不实,学而不思,贪多贪大,是学习的大忌。我们要充分发挥练习与考试的诊断功能,因为查漏补缺是进步的最佳捷径。随着期中考试的临近,考试密度还会加大。我们要在一次次诊断和补差中百炼成钢,自然就会笑傲考场。不要被试卷的"难"所困惑,要读懂考试,既然高考具有选拔功能,自然就存在层级差,难是正常的,尤其平时的练习难度是为了让你来俯视高考,而不是仰视。始终做到难题使我清醒,时刻注意难从易中来、抓小集大、点滴积累,条理、扎实的考后落实,会让考试真真正正走出感性,走入理性。

学习抓过程。每个人的生活经验都是由自己去体会的。生命的价值在于经历,努力的经历,用心的体会。一个人真正的优秀在于当下他有多努力,一个人真正的快乐在于自觉投入、自我实现带来的愉悦,一个人真正的成功是磨砺中抵达了心灵的驿站。生活中百分之十是你将经历的事,而剩下的百分之九十是你要应对它的过程,过程中少不了质疑和嘲笑,但那又怎样,哪怕遍体鳞伤也要笑的漂亮。因为梦想注定是孤独的旅行,所谓的光辉岁月,并不是以后闪耀的日子,而是无人问津时,你对梦想的执着。

感悟即成长。面对考试,戒骄戒躁,一城一池的得失不会决定你的未来,但是砌一砖添一瓦的能力,却能决定你的一生。因为没有一砖一瓦,何谈一城一池。面对错题,无需沮丧,兴奋在问题的发现中,胜算在问题的解决里;面对分心,需要自律,人生至少要有一次为了某件事而忘了自己;面对浮躁,做就是了,做才心静,拼才心安,沉浸于做事的人总是让人敬重;面对关键时刻,学会坚毅,要用自己的汗水洗礼自己的心,用自己的光照亮自己的路。

沁润于心。高中的学习,成长不仅仅是知识上的,更是心智的成长,所以我们要沁润于心。

认识自己很重要。我们要认清自己，读懂自己，并树立人生的目标与志向。作为百米运动员，百米最美妙的是枪响后，这世界只剩下自己和终点，然后是享受奔跑的愉悦，去挑战点燃的奋斗激情，激发起前进的欲望。高中也是如此，目标既是高考，也是挑战人生。人往往会在经历中认识自己，在反省中成为自己。

超越昨天的自己。优于过去的自己，未来才可期。"未经审视的人生不值得过。"在自我审视中看清方向，在不确定中勇往直前。真正的成长，正是不断优于过去的自己。人生中最大的懒惰，就是明知自己拥有作出选择的能力，却不去主动改变，而是放任它的生活态度。

欣赏今天的自己。欣赏自己，取悦自己，才是顶级的自律。"我们跟整个宇宙相比，只是短短几十年，一刹那的事情，希望自己快乐一点"。每个人终其短暂的一生，最该取悦的人是自己。真正接纳自己，才能拥有更强大的内心，才拥有解决问题的能力。自己在自我的成长、自我的管理中，要学会自我悦纳、自我激励。

成就明天的自己。成长自己，正确面对遇到的问题。人生是有一个一个问题串起来的，犹如今天的学习，一个问题一个问题不断地出现，解决了这些问题，那么你就掌握了这些知识。谁都不欠你一个完美的现实世界，你所拥有的就是解决不断出现问题的能力，不要抱怨他人、不要抱怨环境，沧海横流方显英雄本色。可能一些问题难以解决，那就正确地去面对它，寻找解决的办法。如果已经过去，那就应当丢开它，不要老是把它保留在记忆里，更不要时时盯住它不放。痛苦的感受犹如泥泞的沼泽地，你越是不能很快从中脱身，它就越可能把你陷住，越陷越深，直至不能自拔。与恶龙缠斗过久，自身亦成为恶龙；凝视深渊过久，深渊将回以凝视。

期中考试就要来临，他仅仅是这个学期中一个小小的考验，是高三学习过程中一次短暂的停留，但我们还是要充分认识考前这段时间的重要性，因为每一次的胜利都会为下一次胜利奠定基石。这段时间是提高分数的黄金期，也是艰苦的，越到最后越艰难，越容易心态浮躁、着急焦虑、心理变形；机会恰在这儿，越是艰难越向前，把心思收回来，不浮不躁，扎扎实实地过好每一天。这就是高中生活，单调也单纯，多愁也多彩，难熬也难忘。

世界上有一条很长很美的路，叫做梦想；还有一堵很高很硬的墙，叫做现实；翻越那堵墙，叫做坚持；推倒那堵墙，叫做突破；坚定不移的过程，叫做定力；不忘初心的努力，叫做信念。关键时刻，拼搏、坚持，就会突破。人生的美妙，只有拼过了才知道。

同学们，请继续你一次又一次地试飞，请坚信"大鹏一日同风起，扶摇直上九万里"。

第二节 忠于内心 致敬青春

"我听见回声,来自山谷和心间,以寂寞的镰刀收割空旷的灵魂,不断地重复决绝,又重复幸福,终有绿洲摇曳在沙漠。我相信自己,生来如同璀璨的夏日之花,不凋不败,妖冶如火,承受心跳的负荷和呼吸的累赘,乐此不疲。"这是泰戈尔《生如夏花》中的第一段。

同学们,十六七岁的年龄,青春伊始的阶段,现在你所处的时光就是你人生中最好的时光,既没有少年时代懵懵懂懂的青涩,也没有成人工作的忙碌与压力,你所谓的忧愁也是不识愁滋味的苦涩。在这最美好的时光里,应该如夏花般绽放。在这最美的青春岁月里,我们在干什么呢? 我们珍惜了吗?

十六七岁在一个人的一生中,浓缩了太多沉甸甸的意义。你可知道,十六七年,一个母亲是如何在含辛茹苦中逝去了美丽的容颜? 她的青春是如何点滴地汇入我们的血液,一路延伸在我们成长的串串脚印里? 六千多个日日夜夜,她的心口,永远深藏着岁月流动中最永恒的善良,我们曾经的无知为她划下的每一道伤痕,都默默祭奠着我们的成长。你可知道,十六七年,一个父亲是如何在心酸坎坷中将我们这粒希望的种子培植成一株葱郁的大树? 其臂膀是如何不知疲倦地撑起这个家庭,一任岁月压弯他曾经挺拔的身躯? 十六七次寒来暑往,他的肩头永远扛着生活流息中最沉重的负荷,我们曾经的脚步为他踩下的每一点压力,都悄悄剥落着他额头昔日的光泽……

在他们一汪深情的伫望中,我们用什么回报我们的父母? 在这个年龄,这个最应该投桃报李的季节里,我们是否认真思考过回报父母最好的礼物是什么?

当你真正领悟到这个季节的真谛,你就会明白,这个季节后就不应该再有幼稚和依赖,而是应当以更主动的姿态去明确生命的意义里饱蘸的自强和自立,让自己的青春里不再有消极、彷徨和退缩,让自己的字典里写满对自己的未来的主动进取和开拓;当你真正明白成人的要义,你就会知道,人活着不仅仅是为了自己,人生命的价值里浓缩着爱、感恩和责任,对自己、对他人、对父母、对家庭、对社会负起应有的责任,是一个成人一生不息的使命;当你真正去思考成人的真正价值,你就会晓得,十年寒窗苦学,我们将一路蹒跚,到瓜熟蒂落之时,或成或败,里面承载着多少值得我们冥思的人生意义。那时,你也就会了悟,完成国家规定的十二年的基础教育,顺利毕业并走进理想的大学,一个人的懵懂少年时节也就完美谢幕,以责任为标志的青年时代也即随之到来。以优异成绩走入美丽象牙塔,既是对十几年来父母培育最好的报答,也是给自己成人的最好的礼物。

我们如何以优异的成绩走入优秀的大学呢? 那就要养成良好的学习习惯,实现自己的人生梦想。

学习源于兴趣,形成于习惯。我们首先要耐得住寂寞,经得起诱惑。

在我们周围吸引我们的地方很多,比如闲话、闲书、闲思、闲情,比如网络。这些都会耗费你的时间、你的精力,也未必把你向好路上引领。要养成良好的学习习惯,就不能对自己妥协,不能为自己找借口,要养成一个良好的习惯,首先要接受三周的心理的煎熬,半年的坚守,一年的不断反省。而养成一个不良习惯,只要随意地放纵一下即可。由天堂到地狱只有一步,因为出了天堂的门就是地狱,而从地狱到天堂却遥不可及,因为你迈不出地狱的坎。所以关键在于自己的坚守,而不要祈求改正。要养成良好的学习习惯,就要妥善处理男女恋爱问题。我们全身心地投入学习中去都未必能够成功,何况心猿意马。在这里我奉劝那些男生、女生,要自珍、自爱、自重。

好看的皮囊千篇一律,有趣的灵魂万里挑一,其实现实中"自律的灵魂"比有趣的灵魂更加稀缺。没有一个学生能靠天生稳夺清华北大,它需要勤奋、努力、提升、突破。而每一个学霸成才的经历,都是一段学海无涯苦作舟、严苛自律的旅程。努力只能及格,拼搏才能优秀,没有谁的幸运凭空而来,只有当你足够努力、竭尽全力,你才会足够幸运,这世界永远不会辜负每一分努力和坚持。

其次要有信仰,要学会坚持。

拥有信仰的天空才能照亮自己的人生,只有坚持才会获得成功。你没有试过你如何知道自己不行,你应该让自己有梦想、理想,哪怕是幻想、空想,也比什么都不想强。如果一个人对自己的未来自暴自弃,相信他一定不会为善。人要有希望,要有追求,人一旦感觉不到希望,他将生活在茫茫的黑夜里,他一定会自暴自弃,他一定不遵守规矩。其实每一位同学都有自己的梦想,并且都是积极的、向上的。我们可以看看墙上贴着的自励书中,对父母说的话、对自己说的话是多么的真诚,自己的理想是多么的高远。有人认为有的学生的理想大学目标太高了,可能永远无法达到,这说明我们的梦想是多么的美好,即使我们达不到自己的理想,只要我们旦旦而为之,就有可能完成或接近完成。有梦的年龄,更应该为梦想而奋斗。

但丁说过,能够使我飘浮于人生的泥沼中而不致陷污的,是我的信心。信心可是比金子还要闪耀的东西,我们无论处在什么处境,都不能丢失对自己和未来的信心。相信自己,坚持下去,你将无往不胜。

再次要亲其师信其道,且学且珍惜。

很多时候我们把错误归结于别人,以期得到别人的理解。作为学生的你是否在成绩不如意时会埋怨所学的知识难、老师教的没有听懂,总之似乎与自己毫不相关;成绩如意时感觉是自己努力拥有了收获。真正使你强大的是你的老师,还有关键的是你自己,所以要做到亲其师而信其道,所以要不断地付出。有些同学抱怨宿舍、餐厅、环境等。其实每一个优秀的人,都不是与生俱来带着光环的,也不一定比别人幸运。他们只是在每一件小事上,都对自己有所要求,不因舒适而散漫放纵,不因辛苦而放弃追求。记住牢笼囚禁了你也养育了你,我们要耐心等待放飞的那一天,展翅高翔的那一天,因为你属于蓝天,千万不要因为今天而磨灭了斗志。

作为高中生的你,应该有一颗青春驿动的心,一种蓬勃、一种渴望、一种无法用语言描述的冲动。高中是我们正在攀登的山峰,可能我们脚步匆匆没有来得及看一路的风景,但侧目俯视,风景犹在,不是一点而是一片,装进心里的一片,待到山顶时我们不要惆怅没有风景,因为我们就是那一道风景,被别人仰望的风景。

人就是在不断地历练中长大和成熟,从而留下了青春烙印的。从今天开始进入考试季了,没完没了的讲义,一次又一次的重复练习,在不断地告诉我们,期末考试是多么的重要。分数、成绩固然重要,但更为重要的是一种精神状态和意志品质。在考试我们应该学会估题、学会答题、学会估分、学会纠错、学会总结、学会成长。这些我在"考技指导"中都做了详细解读,不再赘述。当这些拥有了,过程也就好了,分数、成绩就会水到渠成。现在我想对大家说在期中考试面前要勇敢,不怕失败就是你要收获最大的经验;总是在患得患失中错失机会的人会成为一个悲剧,别还没开始,就给自己贴上一个失败者的标签。

同学们,青春是一本打开后再也合不上的书,在你最美的青春岁月里一定会记录你的足迹,是一路铿锵有力,还是跌跌撞撞,都由你自己来选择。现在这个阶段,对于人生的意义更多的是在这个青春的转捩点上,第一次面对"独木桥"上汹涌的人群,第一次承受在海水与火焰中的淬炼与涅槃,第一回感受到远方梦想的拼图不再遥远,第一次清晰责任与担当的压力,第一次感觉到十字路口的彷徨与执着的挣扎。其实我们将面对很多很多,这些我们无法回避。责任,并不是别人给你的,而是由自己成熟的思想内定的。

按照现在的社会发展速度,就像二十年前生活在沂河边上的沂蒙人、罗庄人根本不敢想象今天城市的车流滚滚、高楼栉比,再过二十年,巨大的经济活力催生出来的创业机会和美好愿景,我们现在也是根本就无法想象的。而当那一天真正到来的时候,我们的老师和家长们都将从时代的前沿纷纷谢幕,活跃在时代各个角落的,将是今天的你们。但时代的脉搏总是攥在佼佼者手中,明天的主人也必将是那些在今天的光阴中埋头准备的人。十二年后,三十而立的你能否会因今日对高考的充分准备而站稳自己于社会的一席之地呢?

想到这些,你又会做何感想呢? 忠于自己的内心,聆听内心的声音,这是对青春的敬畏,也是对自己的尊重。那我们还要等待什么呢?高举奋进的大旗,向胜利进发,在自己青春的画卷上写下最浓厚的一笔!

第三节　优秀需要坚持

从前,有一个老婆婆在她的屋子后面种了一大片玉米。有一天,一个颗粒饱满的玉米说道:"收获那天,老婆婆肯定先摘我,因为我是今年长得最好的玉米!"

可是收获那天,老婆婆并没有把它摘走。

"明天,明天她一定会把我摘走!"长得最好的玉米自我安慰着……

第二天,老婆婆又收走了其他一些玉米,可唯独没有摘这个玉米。

"明天,老婆婆一定会把我摘走!"这个玉米仍然自我安慰着……

可是……从此以后,老婆婆再也没有来过。

直到有一天,玉米绝望了,原来饱满的颗粒变得干瘪坚硬。

可是就在这时,老婆婆来了,一边摘下它,一边说:"这可是今年最好的玉米,用它作种子,明年肯定能种出更好的玉米!"

也许我们一直都很相信自己足够优秀,但是我们是否拥有在绝望的时候再等一下的耐心?是否在经历漫长的等待后,仍然保持积极的心态?很多时候,输得起才能成就大格局,不是你多聪明、多睿智,而是你努力够不够,你在挫折面前是否低过头。优秀需要坚持,坚持才会成就优秀。

作为高中生,今天我们必须坚持。

因为坚持才会让我们拥有选择的权利。一个人的价值在于他的不可替代程度,一个人的不可替代性越强,价值越大,他的选择权利就越大。若是人人可替代你的工作,你只有处于被动选择的地位。所以今天我们必须努力学习,成为强者。

因为坚持是我们打开上升渠道的、最好的办法,否则你永远都在为命运抗争,都在满腹牢骚中度过,总在诅咒社会的不公平,其实我们很多时候需要去责备自己,在同样的机会面前,自己是如何的堕落与不堪,看到别人的成功,心理上如何的扭曲不安。

高中的学习过程是自我练习与自我修炼的过程,所以需要我们坚持。通过坚持努力可以提高职责与认识,增强专业素养,使自己胸怀得以宽厚、担当与包容得到提升。让自己拥有大局观、协作意识,让自己拥有创新的魄力与勇气,让自己拥有拼搏精神、吃苦的精神、健康的心智、正确的三观。

那么我们如何坚持?

站在人生的转捩点上,我们要毫不犹豫地将自私、虚荣、侥幸、埋怨、懒惰、浮躁、诱惑、狭隘等统统舍去;带着勇气、健康、责任、感恩、珍惜、毅力等轻装上阵。

带着勇气坚持。高考的路都是用卷子铺成的。没有拼就不会赢,要特别能吃苦、特别能忍耐、特别能坚持,这才是高中生活。现在可以冥想一下自己的梦想是否还在? 今天的你必须鼓足勇气坚持努力。

带着健康坚持。燃烧人生并不是一味地透支,即使再强的身体也有疲劳的时候,劳逸结合是一种生存的策略,身体是革命的本钱,休息是奔跑的前奏。课间操、体育课必须上好,垃圾食品坚决拒绝,不开夜车、保持卫生等都是拥有健康体魄的前提。

带着责任坚持。以对自己负责为起点,学会修身;以对家庭负责为基本点,学会孝敬;以对学习负责为支撑点,学会求知;以对他人负责为凝聚点,学会关心;以对社会负责为制高点,学会报答。生命如果跟时代崇高的责任联系在一起,你就会感到它的伟大与高尚。

带着感恩坚持。感恩是一个人与生俱来的本性,是一个人不可磨灭的良知,一个连感恩都不知晓的人,仅是拥有一颗冷酷绝情的心。感恩让我们以知足的心去体察和珍惜身边的人、事、物,感恩让我们领悟和品味命运的馈赠与生命的激情。

带着珍惜坚持。惜时如金。高考没有彩排,人生不能重来。抓住点滴时间,永远只做与学习有关的事,手中不能无书,等待不能不学(候操候饭、手不离卷)。我们要珍惜机会、珍惜亲情、珍惜友情、珍惜师生情。

带着毅力坚持。耐心和持久胜过激烈和狂热。即使天赋超常而没有毅力和恒心的人,也只会成为转瞬即逝的火花。许多意志坚强、持之以恒而智力平平乃至稍微迟钝的人,都会超过那些只有天赋而没有毅力的人。懒惰是一种毒药,它既毒害人们的肉体,也毒害人们的心灵。任何事情不能如果,否则只有苦果,因为从来没有如果,只有结果。

带着务实坚持。制定切实可行的计划,不为明天做准备的人永远不会有未来,今天就要准备好明天的事情。想到就一定说到,说到就一定做到,做到就一定见到(成绩)。预习到位、听课到位、回答到位、记录到位、理解到位、总结到位。周测月考,分析到位、修改到位、考后全会。我做了,就理解了,我总结了,就会了。如果盲目地忙碌,只能给你带来踏实的麻木,那样的青春只不过是一些日子,无法盖起你的理想高楼大厦。

在所有学生努力坚持的道路上,老师一定会尽力相助。

只有源于内心,才能属于自我,无效的陪伴只能让人厌烦。

我们一定坚持做到,尊重学生的天性,培养学生进取的心,让学生具备追求幸福的能力。从而塑造一个个有趣的灵魂,不让他们生活在自己制造的监狱中。少给学生下结论性的东西,少呵斥,少做定性的要求,少说教,少假设,少类比,少做价值观的判定,在学生成长的道路上,坚持做到陪伴与引导,坚持做到感情上的投入。

我们一定坚持做到,培养学生的自主性、自律性、自觉性,让学生在宁静中能够寻找自己的目标,在忙碌中不失去方向,在跌宕起伏中不随波逐流而坚持自我,在诱惑中不迷失方向失去自我。因为我们知道约束下的学习与工作都不会成为永远。让学生自我成长、自我的管理、自我悦纳、自我激励、日清日励,是我们应尽的职责。

要成就任何事,都需要艰苦用心、坚持坚守。蛹变成蝶之前,痛苦的蠕动和挣扎是必不可少的一个过程,只有这样,它才能蜕变出美丽的翅膀和轻盈的身体。当苦难碾过生命留下的伤疤,都会留下狰狞的面孔、恐怖的痕迹,但当我们回首时,细读碾过生命的痕迹,会发现那是历久弥新的历练与成熟;是铿锵有力的气概与豪迈;是掷地有声的自我辉煌与灿烂!当生命有了曾经、有了经历,我们才会变得更加坚强。

这个世界上很多方法本身无对与错之分,关键在于能否长期坚持。再简单的方法,持之以恒一定会有效果;再巧妙的方法,只做一次也不会有用。如果将简单的事情做到极致,那就是成功。

我相信我们所有的老师与同学,一定会坚持一如既往的优秀,把生活、工作、学习过成我们喜欢的样子,幸福、安定、从容、快乐……

第四节　心之所向　素履以往

"云天收夏色,木叶动秋声"。一阵风,送走了夏,迎来了秋。就这样,时光的脚步渐渐清晰,光阴的旋律渐渐舒缓,没有一个季节比秋天更加富有诗意了。秋,是深邃的,真正的成熟,便是这般,不声不响,不骄不躁。散去浮华,在秋的丰盈里,收获充实。

列夫·托尔斯泰说过"信仰是人生的动力"。"学不可以已"是中国古代学者的为学信仰;"不为五斗米折腰"是古代贤士的为人信仰;"鞠躬尽瘁,死而后已"是古代能臣的为世信仰;而"为人民谋幸福,为民族谋复兴"是中国共产党人矢志不渝的信仰。这种信仰体现在让中华民族站立起来的浴血革命之时,闪耀在让中国人民富裕起来的改革开放之路,迸发在让中国强大起来的、发展中国特色社会主义的新时代。

《觉醒时代》里的陈延年、陈乔年慷慨就义；"杂交水稻之父"袁隆平院士一生躬耕田野；武汉金银潭医院院长张定宇步履蹒跚与时间赛跑；奥运健将苏炳添以9秒83的成绩惊艳世界。是什么指引着他们在漫漫征途上一往无前？是理想信念！

理想信念是指引人生航向的灯塔，是照耀奋斗之路的明灯。今年是中国共产党成立102周年，百余年的时间跨度，掩不住真理的光芒，见证了理想的力量。百余年来，一批又一批中国青年为了实现国家富强、民族复兴、人民幸福接续奋斗，为了建设他们理想中的美好中国甚至不惜献上年轻的生命。进入新时代，一批又一批中国青年与时代同行，在实现中华民族伟大复兴中国梦的生动实践中放飞青春梦想。虽然他们奋斗的方式不同，但奋斗的底色始终如一——那就是共产主义的远大理想。希望同学们牢记革命前辈的嘱托，珍惜来之不易的幸福生活，厚植家国情怀，擦亮青春底色，树立对马克思主义的信仰、对中国特色社会主义的信念、对实现中华民族伟大复兴中国梦的信心，增强做中国人的志气、骨气、底气，努力做走在时代前列的奋进者、开拓者、奉献者。

"生如逆旅，一苇以航；心之所向，素履以往"。身处风云激荡的百年变局、适逢前路漫漫的复兴征途，挑战与磨难不可预见，也不可避免。但我相信，只要心中有信仰，脚下就会有力量，就能在波诡云谲中乘风破浪，在艰难困苦中披荆斩棘，在百舸争流中脱颖而出。

"请党放心，强国有我！"这响亮的青春誓言于7月1日在天安门广场上空久久回荡，彰显着新时代中国青年的志气和豪气。青年不仅要有兴国的理想，还要有强国的本领和报国的担当。高中是探寻真理、启迪心智的殿堂，也是淬炼精神、磨砺灵魂的战场。无论你怀抱什么梦想，学习仍然是你当前的第一要务，是你不能逃避的天职。

岁月不居，时光如流。同学们要保持拼劲、钻劲和韧劲。拼——拼点滴时间、拼班级士气、拼读书状态、拼课堂效率，钻——钻逻辑思维、钻方法规律、钻重点难点、钻迁移联系。宠辱不惊，坚持不懈，培养良好习惯，练就强大内心。同学们要静气而平和地学，勤奋而高效地学，扎实而细致地学，自主而反思地学，自信而坚持地学。

亲爱的同学，现在的你们正处在砥砺奋进的新时代，生逢其时，重任在肩。未来的日子还要面临许多考验。但我相信，三年的高中生活，带给你们的绝不仅仅是一张通往理想大学的通知书，更重要的是一种胸怀祖国、志在天下的家国情怀，一种全力以赴、追求卓越的精神力量，一种百折不挠、精益求精的奋斗经历；还有你们在高中养成的梦想力、激情力、吃苦力、抗压力、专注力、凝聚力、自律力、坚持力和良好习惯。希望你们无论身在何处，都能继承好这份新鲜而强烈的归属感,根系人民,胸怀祖国,放眼世界,让未来时代因为你们而被赋予更多亮丽的色彩。

同学们,今天我们又踏上了新的学习之路、赶考之路。中国共产党团结带领全国人民也踏上了实现第二个百年奋斗目标新的赶考之路。青春心向党,青春遇见新时代。待到 2050 年现代化强国建成之时,你们适逢近 50 岁的人生黄金期,刚好与第二个百年奋斗目标实现阶段相契合。我们深信在不久的将来会有越来越多的临沂十八中人在教育、金融、法律、企业、医院、中央部委、行政单位、新闻出版、科研院所等各行各业,成为推动国家富强、民族复兴的中坚力量。

亲爱的同学,你们的努力,就是我们临沂十八中的努力;你们的进步,就是我们临沂十八中的进步;你们的样子,就是我们临沂十八中的样子。奋斗铸就成功,卓越来自努力。希望你们持信仰之光、秉信念之力、践信心之举,做勇担复兴伟业的民族脊梁,做勇立时代潮头的奋斗青年。心有所信,方能行远。

参考文献

[1] 中华人民共和国教育部. 普通高中物理课程标准[M]. 北京:人民教育出版社,2020.

[2] 中华人民共和国教育部. 普通高中课程方案[M]. 北京:人民教育出版社,2020.

[3] 中华人民共和国教育部. 普通高中物理课程标准:实验[M]. 北京:人民教育出版社,2003.

[4] 彭前程,黄恕伯. 普通高中教科书·物理. 北京:人民教育出版社,2019.

[5] 中华人民共和国教育部. 中国高考评价体系(2019)[M]. 北京:人民教育出版社,2021.

[6] 尼古拉斯·泰特. 教育的真谛[M]. 陈玮,译. 上海:社会科学院出版社,2021.

[7] 泰勒. 课程与教学的基本原理[M]. 施良方,译. 北京:人民教育出版社,1997.

[8] 廖伯琴. 普通高中物理课程标准解读[M]. 北京:高等教育出版社,2020.

[9] 杨学为. 高考政策与命题解读(2020)[M]. 北京:社会科学文献出版社,2020.

[10] 高考评价体系解读(2023)[M]. 北京:现代教育出版社,2022.

[11] 姜钢. 论高考"立德树人、服务选才、引导教学"的核心功能[J]. 中国高等教育,2018(11):31-35.

[12] 胡卫平. 科学思维培育学[M]. 北京:科学出版社,2004.

[13] 叶澜,白益民,王枬,陶志琼. 教师角色与教师发展新探[M]. 北京:教育科学出版社,2001.

[14] 《基础教育课程》编辑部. 为国富民强培养物理人才:访普通高中物理课程标准修订组负责人廖伯琴[J]. 基础教育课程,2018(1):51-55.

[15] 何通海. 新高考百问百答[M]. 太原:山西教育出版社,2018.

[16] 卢明. 教案的革命2.0普通高中大单元学历案设计[M]. 上海:华东师范大学出版社,2021.

[17] 邓跃茂. 立德树人——成就最好的学生和老师[M]. 北京:东方出版社,2020.

后　记

　　我自曲阜师范大学物理教育专业毕业后,从教已近三十年。在近三十年的高中物理一线教学生涯中,我曾亲身经历了国家高考改革和物理教学改革的历次变动。工作中也取得了一点成绩,随着教龄的增长和思考的深入,一直想把从教以来教学的心得体会以及对教改与高考改革的思考认真地、深入地整理一下。尤其是在新高考背景下,我围绕物理教学的核心素养问题有计划有目的地进行了专门的实践与研究。随着研究的深入,渐渐就有了这本书。

　　我一直认为,物理教学的实践和研究永无止境。

　　作为一线教师,我不断学习相关教育教学理论,力求掌握精髓,用应用理论方面创新来指导教学实践,并在教学实践中取得了良好的效果。针对课程与教材研究,本书在新旧课程标准比较、课标的解读与实施、教材比较与分析、新教材教学适应性研究、课程资源的开发(自主开设校本课程)、物理学科育人价值的深度挖掘等方面都做了较为细致深入的探求,深入挖掘了教材当中所蕴含的核心素养教育的方方面面。在教学实践研究中,本书也关注了教学方式与模式、教学设计、教师课堂教学行为、学生学习方式等方面。本书以生动鲜活的案例展示核心素养在物理教学中的作用,进一步阐明了物理学科(课程)核心素养的基本教学路径:围绕物理学科领域的核心内容;设计恰当的物理教学情境;提出反映物理学科本质和物理学科思想的问题;通过学生的有效参与,引发学生的深度探究与思考。通过以上方面的研究,梳理出物理教学的基本途径,实施"导学探练测"教学模式,落实物理学科核心素养。并按照此途径引领教学实践,教学成果突出。在此,也为高中物理老师提供一个践行的方向,从而提高教育教学质量。

　　研究工作占用了大量的时间和精力,但我一直不放弃三尺讲台。虽然研究与教学兼顾很辛苦,但我作为一名教师的本心与本性,一直没有改变。非常感谢临沂市教育科学研究院高中物理教研员、临沂大学兼职教授冯连奎老师,冯教授不仅为本书的大框架和具体内容提出了很多具体性的指导意见,还热情洋溢地为本书作序;感谢临沂市罗庄区教研室主任崔广胜老师为本书的出版做了大量事务性的工作;感谢以临沂市罗庄区教研室高中科主任庄步华老师为代表的各位同仁,他们对本书的写作提出了很多指导性意见,并贡献了他们的智慧。

由于本人水平有限,书中难免有不足之处,恳请专家和读者批评指正!

朱崇山

2023 年 3 月 1 日于临沂第十八中学